KB264573

옮긴이 **김 재 현**

신학과 철학을 공부했다. 계명대학교에서 기독교 교양을 가르치고 있다(교양교육대학 초빙교수). 지은 책으로는 『Q의 예수 이야기』, 『Q복음서와 원시 기독교』, 『인문학을 만나다』 등이 있다. 여러 가지 커뮤니티에 접속하여 성경, 신학, 철학을 즐겁게 공부하고 있다.

옮긴이 **배 성 민**

학습컨설팅 〈바꾸다〉를 운영하며 학생의 학습고민을 풀려고 노력하고 있다. 대학원에서 철학을 공부한다. 옮긴 책으로는 『누가 포스트모더니즘을 두려워하는가』와 『유기적 공동체』, 『우리는 왜 아플까』가 있다.

기독교, 교실에 말 걸다

지은이 스티븐 웹 Stephen H. Webb
옮긴이 김재현 배성민
초판발행 2012년 06월 14일

펴낸이 배용하
책임편집 배용하
등록   제364-2008-000013호
펴낸곳 **도서출판 대장간**
     www.daejanggan.org
등록한곳 대전광역시 동구 삼성동 285-16
편집부 전화 (042) 673-7424
영업부 전화 (042) 673-7424 전송 (042) 623-1424

ISBN   978-89-7071-294-9

 값 14,000원

기독교, 교실에 말 걸다

스티븐 웹 지음

김재현 배성민 옮김

TAKING RELIGION TO SCHOOL

CHRISTIAN THEOLOGY AND SECULAR EDUCATION

STEPHEN H. WEBB

■ *Chapter 1*

어느 한 신학자의 고백: 왜 가르쳐야 하는지 어떻게 배웠을까? _35

■ *Chapter 2*

종교: 공교육에서 사라졌다가 다시 발견되다 _81

새로운 종교 교육학이 필요하다 | 교실상황은 어떻게 종교를 대적할까? |

종교인의 목소리를 잠재우는 전략 | 종교: 곧바로 토의할까? 에둘러 토의할까? |

기독교가 주도권을 잡을 것 같아 걱정된다 | 진화논쟁을 슬그머니 무시하지 않는 법 |

성품교육에 한마디 | 교수법 모형: 주석 | 종교를 가르치는 일은 외국어를 가르치는 일과

얼마나 비슷할까? | 종교 교육과 패싱passing의 은유 |

종교를 종교인답게 가르친다. 한마디로 정의하면?

■ *Chapter 3*

가르침의 신학과 신학의 가르침 _125

파커 팔머: 교실에서 온전함을 추구하다 | 피터 핫지슨: 자유를 찾아 나서다 |

벨 훅스 : 급진적 교실 | 계급: 종교 연구의 숨은 문제 |

벨 훅스 말고 다른 길이 있을까? | 희생과 사랑: 교실에서 다시 따져보기

한국의 세속화된 기독교 사립대학교에서 기독교 교양과목을 가르친다
는 것이 얼마나 어려운 일인가를 토로하는 것은 새삼스러운 일이 아닐는
지 모르겠습니다. 그 일이 힘든 이유는 첫째, 학생들이 종교 자체에 관심
이 없다는 데에 있습니다. 둘째, 한국인의 정서에 자연스럽게 스며들기 전
에 이미 한국 사회에서 주류 종교가 된 기독교에 대한 반감 때문입니다.
셋째, 학교 당국의 어정쩡한 태도 때문입니다. 학교 설립이념이기에 필수
과목으로 지정하여 운영하고 있지만 찬밥 대접합니다. 이 마지막 이유 때
문에 학생들의 불만과 불평이 크며 어려움이 배가된다고 하겠습니다.

기독교 교양과목을 가르치는 것의 어려움과 그로 인한 결과는 고스란히
담당교수의 몫이요 책임입니다. 하여, 10년 째 기독교 교양과목 강의전담
교수인 저는 이런저런 다양한 시도를 해 오고 있는 중입니다. 그러나 그
결과는 만족스럽지 않습니다. 교수인 저 자신은 물론이고 제 수업을 들었
던 학생들의 반응도 제각각이라는 점에서 그러합니다. 제 수업을 들었던
학생들의 의견은 크게 세 가지로 나뉩니다. 가장 높은 비율을 차지하는 의
견부터 소개하자면, 첫째, 특정 종교에 치우치지 않은 중립적인 교수의 태
도와 종교를 학문적으로 접근하는 방식이 좋았다는 반응입니다. 둘째, 과
목의 이름에 걸맞게 기독교를 좀 더 다뤘으면 좋겠다는 의견입니다. 셋째,
교수가 기독교를 강조하고 권했다는 의견입니다. 제가 생각하는 기독교
교양교육은 전통적인 기독교의 신념체계를 학생들에게 일방적으로 전수
하여 학교를 교회화하려는 '교회확장'의 수단이 아니라, 자유교육의 방법
에 따라 기독교라는 렌즈를 통해서 삶의 의미와 가치를 생각하게 하는 교

육입니다. 전체의 70% 이상을 차지하는 첫째 의견은 제가 생각하는 기독교 교양교육의 목표에 부합하는 반응이라 한편으로 만족스럽지만, 다른 한편으로 각각 10%, 5% 미만에 불과한 둘째, 셋째 의견이 저로 하여금 고민하게 만듭니다. 제가 인문학자이기도 하지만, 기독교 신학자로서의 정체성이 더 강하기 때문일까요?

이런 실존적인 고민 속에서 저는 이 책을 소개받았습니다. 아니, 정확히 말하면 '추천의 글'을 쓰기 위해 이 책을 추천받았다고 해야겠지요. 책을 읽는 내내 힘들었습니다. 책 내용이 그리 어렵거나 복잡한 내용이 아님에도 불구하고, 저의 평소 책 읽는 속도보다 훨씬 더디게 이 책을 읽었습니다. 물론 저의 명민하지 못한 탓이겠지만, 이 책이 제기하는 문제와 대화에의 초청이 그리 녹록지 않다는 증거겠지요.

미국 기독교 사립대학교의 종교학과 교수이며 기독교 신앙을 가진 저자의 '삶의 자리'는, 한국 기독교 사립 대학교의 기독교 교양과목 담당교수인 저의 '삶의 자리'와 당연히 다릅니다. 그럼에도 '종교를 종교인답게 가르친다'는 것과 이를 위해 저자가 시행하고 제안하는 교수법 모형인 '테오 페다고지'는 제가 간과했던 부분을 뼈아프게 드러내어 줍니다. 저자에 따르면 테오 페다고지는 "학생에게 종교적 상상력을 불어넣어 영적 삶에서 무엇이 정말 중요한지 느끼게 하고, 학생 자신의 신앙을 더 넓고, 더 깊은 맥락에서 조명하는 기술"입니다. 즉, 테오 페다고지는 "환대와 나눔의 교육학"입니다. 그런데 저는 수업시간에 저의 중립적인 태도에만 신경 쓰느라(기독교인이지만 저라는 사람이 얼마나 멋진 학자인지를 입증하느라), 정작 학생들로 하여금 스스로 자신들이 가지고 있는 다양한 종교와 신념체계를 내어놓고 객관화시키며 성찰하게 하는 작업은 소홀히 했습니다. 하여, 방학 동안 다음 학기 수업을 어떻게 만들어 갈 것인가를 고심하고 있는 저에게 이 책은 좋은 참고서가 될 것입니다.

이 책의 장점은 새로운 정보와 이론을 제공하는 데에 그치지 않고, 저자의 경험을 진솔하게 보여주고 들려줌으로써 독자로 하여금 고민하고 성찰하게 한다는 것입니다. 저자는 교수로서의 자신의 시행착오를 숨기지 않습니다. 학자로서의 정체성과 기독교 신앙인으로서의 정체성 사이에서 갈등하는 모습을 가감 없이 드러냅니다. 또한, 저자는 자신의 스승과의 대담을 통해 자신의 교육철학과 교수법에 대한 확신을 포기하지 않으면서도 상대방의 의견을 존중하고 배울 수 있음을 보여줍니다. 기독교 사립학교에서 기독교 교양교육/종교교육을 담당하고 있는 분들에게 제가 일독을 권하는 이유입니다.

이 인 경
계명대학교 교양교육대학 교수

개신교가 우리나라에 실질적으로 들어온 해는 1885년이라고 할 수 있다. 선교사들은 교회를 개척하기 전에 병원과 학교를 세웠고, 그들이 국내에 들어온 지 30년이 못 된 1910년경에 우리나라에 대략 950개의 학교를 설립했다. 이는 실로 한국 교육사에서 전무한 '교육 혁명'이었다. 그래서 심지어 어떤 사람들은 한국 기독교는 처음에 종교로 받아들여지기보다는 위대한 교육집단으로 여겨졌다고 평가한다. 해방 이후에는 많은 기독교 대학이 생겼다. 그래서 지금 대한민국에는 기독교 대학과 기독교 학교가 많이 있다.

대한민국에 있는 기독교 대학 대부분은 설립이념이나 대학 정체성 문제와 관련하여 채플과 기독교 수업을 실시한다. 그리고 전국에 산재한 기독교를 기반으로 하는 중·고등학교에서도 기독교 수업을 실시한다. 대학이나 고등학교에서 학생들에게 기독교를 가르치는 교사들은 그리스도인과 비그리스도인이 섞여 있는 상황에서, 심지어 반anti-그리스도인이 함께 참석하는 상황에서 어떻게 가르쳐야 할지 난감한 경우를 많이 겪는다. 이러한 상황에서 실질적으로 국내에는 기독교 교육이라는 이름의 저서는 많지만, 일반 대학에서 기독교를 가르치는 것을 주제로 하면서 신학적 수준에서 성찰한 서적을 찾기는 어렵다고 할 수 있다.

이 책을 번역한 필자도 역시 그리스도인들이 세운 대학에서 학생들을 가르치고 있다. 종교와 무관하게 구성된 학생들이 강의를 듣는다. 이들에게 기독교 과목을 가르치면서 자연스럽게 다양한 고민이 생길 수밖에 없었다. 처음에는 내가 하는 일의 의미를 몰랐으며, 그 다음에는 어떻게 가르쳐야 할지 몰라 당황한 적도 많았다. 이 책은 그러한 고민의 상황 가운데서 마치 가뭄의 단비처럼 갈증을 채워주었다. 무엇보다도 기독교 대학에서 가르친다는 것이 무엇인지, 아니 가르친다는 것이 무엇인지를 이해함에 있어 많은 도움을 주었다.

스티븐 웹Stephen H. Webb의 『기독교, 교실에 말 걸다』*Taking Religion to School*는 매우 실험적으로 기록된 책이다. 이 책은 여느 기독교 교육 교재에서는 볼 수 없는 신학자의 고백록으로부터 출발해서, 대학의 역사와 대담록까지 포함되어 있다. 그리고 칼 바르트K. Barth에서 미셸 푸코M. Foucault까지, 아우구스티누스에서 벨 훅스Bell Hooks까지 다양한 저자들의 생각을 담고 있다. 또한, 학술적인 책이라는 느낌을 강하게 주면서도 현장의 문제도 깊게 다루고 있다. 도대체 이러한 다양한 방식의 글쓰기를 통해서 웹은 무엇을 말하려고 하는 것일까? 그러나 외견상의 다양함에도, 이 책은 처음부터 끝까지 일관된 메시지를 담고 있다.

나는 이 책을 번역하면서 '고백', '테오 페다고지', 그리고 대학이라는 세 가지 주제에 관해서 많은 것을 배울 수 있었다.

먼저, 나는 이 책에서 등장하는 고백과 관련된 내용들을 인상 깊게 읽었다. 나는 평소에도 '고백'이나 '고백록'에 관심이 많았다. 이는 아우구스티누스의 고백록에서부터 시작되는 '자서전적 글쓰기'에 대한 관심 때문이었다. 자서전적 글쓰기는 그 자체로 혼의 여정의 기록이며, 그러한 글쓰기로 말미암아 글 쓰는 이의 기존 자아가 해체되면서 새롭게 된다. 웹은 1장에서 '어느 한 신학자의 고백'을 기록하면서 자신이 어떤 과정을 통해서 성장했고, 신앙적 발달과정을 겪어 왔는가를 말해 준다. 그리고 신학자로서 성장하면서 느꼈던 문제의식과 교육자로서 겪어야 했던 도전과 고민이 솔직하게 나타낸다. 나는 웹의 인생여정을 흥미롭게 읽었으며, 그 내러티브의 말미에서 나타난 고백에 감동받지 않을 수 없었다. "그리스도인으로서 나는 하나님을 소망한다. 그러나 교사로서 나는 학생과 소통하고 싶다", "종교를 가르치는 교수가 됨으로써 나는 구원받았다", "종교 수업은 교회와 비슷한 곳이 될 수 있으며 교회를 넘어선 교회가 될 수도 있다."

고백을 교실에 도입할 수 있다는 웹의 생각은 내게는 충격으로 다가왔다. 가르침과 고백의 상관관계가 이토록 깊은 줄 몰랐다. 웹은 가르침이라는 것 자체가 하나의 고백의 행위이며 학생들에게도 고백하도록 격려해야 한다는 주장을 당연하게 여긴다. 그는 이 책에서 고백을 일종의 예술 행위로 바꾸었던 푸코와 겨루면서 고백이 구원받아야 한다고 소리를 높인다. 웹은 고백이 구원받으려면 실존의 미적 가꿈과 같은 예술적 행위가 아니라 종교적 의례가 돼야 함을 강조한다. 고백이 자기 정화와 궁극적 구원과 연관될 때, 고백은 구원받을 수 있다. 웹은 고백이 있는 교실의 장점을 책 전체에서 반복해서 말한다.

이 책에는 웹 개인의 고백이 있을 뿐 아니라 자신이 몸담았던 워배시市 대학의 사례가 등장한다. 이것 역시 소중한 기록이다. 1장에 나타난 고백록이 개인의 고백록이라면, 6장에 나타난 대학의 사례는 일종의 '사회 전기' social biography이다. 웹은 대학의 이야기를 서술한 후, 종교를 공정하게 대하는 유일한 길은 종교를 객관적으로 가르치는 것이 아니라 종교적으로 가르치는 일임을 재확인하게 한다.

나에게 강한 인상을 남겼던 두 번째 주제는 테오 페다고지theo-pedagogy 이다. 테오 페다고지를 굳이 번역하자면 '신학-교육학' 이 될 것이다. 테오 페다고지가 이 책의 핵심이다. 이 책에서 웹은 미국에서의 종교 교육의 현황을 설명하면서 새로운 종교 교육학이 필요함을 역설한다. 여기에서 웹은 미국 종교 교육에서 기독교가 겪는 부당함을 항변한다. 동시에 웹은 자신이 주장하는 교육적 신학과 신학적 교육학과 연관하여 세 명의 교육 학자들을 소개한다. 그 세 사람은 교실에서 교사의 온전함을 추구했던 파커 팔머P. Palmer, 학생들의 자유와 해방을 추구했던 피터 핫지슨P. Hodgson, 급진적 교실을 모색했던 벨 훅스이다. 웹은 이들 세 사람의 교육학 모델을 고찰한 후 더 나은 길은 없는가를 묻는다. 이러한 기존의 교육학의 한계에 직면하면서 웹은 자신의 새로운 종교 교육학인 '테오 페다고지'를 제시한다. 종교 교육학은 '종교학적 혹은 비교종교적'인 것이 아니라 '신학적'이라는 것이 책 전반에서 나타나는 웹의 일관된 주장이다. 웹은 종교 교육학은 원래 신학적인 것이라고 역설한다. 그래서 그에게 진정한 종교 교육학은 신학적 교육학이다. 왜냐하면, 종교를 가르치는 것은 결국 궁극적으로 하나님의 신비에 주목하는 것이기 때문이다. 종교를 가르치는 것 자체가 신학을 수행하는 것이며, 하나님을 알아가는 작업이다. 또한, 웹이 주장하는 '테오 페다고지'는 환대와 나눔의 교육학이다. 수업시간이 초대와 만남의 시간이며, 교육은 예배의 한 절차와 비슷하다. 그래서 웹은 자신의 테오 페다고지를 종교를 참으로 종교답게 가르치는 것이라고 주장한다. 왜 종교 수업이 다른 분과의 패러다임을 따라야 하는가? 종교 교육은 종교 고유의 패러다임과 방식을 취할 때 가장 잘 이루어진다.

웹은 교실에서 교사들이 종교 간의 대화나 자유를 강조하는 것이 아니라 자신의 신앙을 고백하고 그 가운데 진정한 공동체로 존재하는 것이 참된 교육이라고 주장한다. 그는 교실이 희생과 사랑의 공간이 돼야 하며 성만찬이 이루어지는 곳과 같은 그러한 곳이 돼야 한다고 주장한다.

이 책을 읽으면서 놓칠 수 없는 세 번째 주제는 대학이다. 최근 우리나라에서도 대학의 문제와 관련하여 다양한 대학 담론이 논의된다. 특히, 이 책의 5장은 오늘날 논의되는 대학 담론에 독특한 기여를 할 수 있다고 생각된다. 웹은 대학이라는 것이 종교의 붕괴와 더불어 교회와 신학의 역할을 대체한 것으로 이해한다. 그런데 이제 포스트모던 시대에 대학이 무너지고 있다는 것이다. 5장에서 웹은 빌 리딩스B. Readings의 『대학의 붕괴』

*University in ruins*를 진지하게 고찰한다. 리딩스는 민족–국가가 이제 더는 자본의 재생산을 위한 장소가 아니라는 논쟁에서 출발한다. 자본은 초국적인 특징을 지니게 되었고 오늘날의 세계는 소비지상주의의 경향을 띤다. 그에 맞추어 대학과 교육은 상품화되고 있다. 웹은 포스트모던 시대의 대학은 이념이 부재한 '다학' Multiversity이 되고, 다학이 된다는 것은 곧 대학의 정치화를 의미한다고 주장한다. 그런데 다양성은 무차별, 즉 무관심을 의미한다. 여기에서 웹은 종교의 귀환 가능성을 점친다. 그는 무차별한 다양성의 재난에서 종교는 다시금 학생들의 지적인 정체성을 찾는 일에 도움을 줄 수 있을 것이라고 내다본다.

이 책은 신학교가 아닌 기독교 이념으로 세워진 사립학교에서 기독교를 가르치는 교사들과 교수들에게 매우 유익한 책이다. 웹 자신도 밝히고 있다. "나는 이 책에서 공립 고등학교* 교사를 염두에 두고 관찰하며 논증했다. 물론, 고등학교 이상 교육기관의 교원도 고려했다." 특히, 중 · 고등학교와 대학에서 일반 학생들에게 기독교를 가르치는 사람은 신앙 고백을 포기하지 않으면서도 진정한 기독교 교육을 시도할 수 있는 방법을 모색하는 데에 도움을 얻을 수 있을 것이다. 무엇보다도 기독교 교육의 정신을 느낄 수 있을 것이고, 깊이 있는 교육 신학적 사색은 교육자 자신의 방향 정위orientation에 도움이 될 것이다.

필자는 이 책이 신학생들과 목회자들 그리고 교회의 교회학교 교사들에게도 큰 도움을 줄 것이라고 확신한다. 비록 일반적인 교실에 관한 이야기를 주로 다루고 있지만, 이러한 이야기들은 포스트모던적 문화 환경에서 다양한 문화적 배경을 가진 오늘날의 세대에게 사역해야 하는 이들에게도

---

*미국 공교육은 기독교의 기반에서 시작하였다가 계몽주의 이후 기독교를 언급하지 못하게 한 상태이다. 한국은 공교육에서 종교과목을 가르치지 않을 뿐 아니라, 종교가 기독교를 의미하지도 않는다. 이 책에 사용하는 공립학교는 한국 상황에서는 '사립미션 스쿨'에 해당한다.

적용될 수 있다.

이 책은 일반 그리스도인들에게도 도움을 준다. 웹은 주로 교실에 대해서 이야기했지만 같은 관점이 회사, 가정, 친교모임 등 모든 곳에 적용될 수 있다. 웹은 교실을 예배하는 곳으로 만들자고 주장했다. 그렇다면 다른 곳이 예배하는 곳이 되지 말아야 할 이유는 무엇인가? 교실이 고백하는 곳이 될 수 있다면, 다른 영역도 더욱 그러할 것이다. 이 책은 다원주의적 문화에서 자신의 고백의 목소리를 억압당하는 그리스도인들에게도 새로운 관점을 제공해 줄 것이다.

덧붙이자면, 이 책에는 특히 교양교육을 가르치는 이들이 귀 기울여야 할 내용이 많이 있다. 진정한 교양교육을 추구하는 교사들은 이 책에서 여러 가지 도움이 되는 생각과 통찰들을 발견하게 될 것이다.

김 재 현

종교를 종교인답게 가르친다는 것은?

1987년 가을이었다. 나는 가르치는 법을 몰랐다. 정확하게 기억난다. 나는 대학원 신입생이었다. 가르침은 사유보다 조금 저급한 행위임을 대학원에서 배웠다. 이유는 간단했다. 대학원에서 아무도 가르침에 대해 말하지 않았으니까. 대학원생이었던 내가 브루스 윌리스 영화를 좋아한다고 말하긴 어려웠던 것과 마찬가지로 우리는 가르침에 대해 논하기를 꺼렸다. 우리는 교사가 아니라 사상가가 되려고 훈련받는다고 생각했다. 그래서 우리는 전혀 준비하지 못한 채 가르침이란 과제를 떠맡아야 했다. 왜 교수들은 가르침에 대해 이야기하지 않았을까? 이런 침묵에는, 참된 지식은 학자의 정신에서 자연스럽게 생긴다는 생각이 숨어있다. 겸손하게 배우려는 학생만 있으면 누구나 교사가 될 수 있다는 것이다. 교수로서 첫 학기를 지나 가르침에 대한 이런 생각은 통하지 않음을 금방 알아차렸다. 이런 교수법이 통하지 않는다면 어떤 교수법이 통할까? 적어도 내가 아는 모든 것을 학생에게 말했지만, 학생은 감동하거나 감사하지도 않았다.

그래서 살짝 화가 났다. 다른 교수들과 함께 인문학부 3학년 저녁 콜로키엄을 맡으라니! 콜로키엄은 일주일에 한 번이었고, 매번 다른 교수들이 고전을 가지고 토론을 지도했다. 나와 함께 수업을 지도한 교수는 에릭 딘이었다.

딘은 오랫동안 인문학부 종교학과의 학과장이었고, 워배시에서 가르치는 교수들의 영원한 기둥 같은 존재였다. 적어도 나에게 그랬다. 딘은 소크라테스처럼 질문하면서 수업을 이끌었다. 학생의 주장에 질문을 던지면서 훨씬 복잡한 문제를 제시했다. 학생은 혼란에 빠지지 않을까 다소 두려워했다. 하지만, 딘은 학생을 실망시키지 않았다. 나도 두려웠다. 수업을 이끄는 딘이 존경스러웠다. 나는 한두 개 주제를 가지고 토론을 인도했다. 나는 학생보다 더 빨리 머리를 돌리면서 학생이 질문하도록 유도했다. 하지만, 교실은 침묵의 낭떠러지로 점점 다가갔다. 딘은 나에게 다가와 수업을 잠시 중지시켰다. 나는 두려워 말문이 막힌 채 딘을 쳐다보기만 했다. 딘은 미소를 지으며 "이제 자네가 질문해보게"라고 말했다.

딘은 훌륭한 선생이었다. 딘은 3학년 학생이 억지로 질문하는 분위기를 잘 이겨낼 수 있다고 믿었다. 물론, 딘은 다른 상황에서 질문을 유도하지 않았을 것이다. 딘 앞에서 수업을 하다니. 딘은 내 마음이 얼마나 어려웠는지 몰랐을 것이다. 가르치는 직업은 정말 은밀하다. 다른 교사가 수업하는 것을 보는 교사는 거의 없다. 자기 수업에 대해 다른 교사와 이야기하는 교사도 거의 없다. 수업은 사람처럼 개성이 있다. 교수법에 문제가 있어도 그것은 교사 개인의 문제이다. 교사를 괴롭히는 은밀한 약점과 한계가 수업에 침투한다. 그래서 교사는 친한 친구나 가족과 함께 수업에 대해 이야기한다. 교직원 식당에서는 비잔틴 학파의 정책과 학교 행정문제가 주된 화제이다. 교사의 수업은 은밀하다. 물론, 학생들은 교사에 대해 이런저런 말을 한다. 하지만, 교사가 무엇을 가르치고 어떻게 가르치는지 드러내놓고 말하지 않는다.

대학생이 되었을 때, 나의 전공은 오직 종교라고 생각했다. 그만큼 나는 종교에 기댔다. 다른 사람이 이성과 신앙을 어떻게 통합하는지 꼭 알아야 했다. 나의 종교체험도 조금은 사리에 맞고 평범하다는 것을 보여줘야 했다. 내 인생은 믿음과 의심이 만들어 내는 무늬에 얼룩져 있었다. 이것을 밝혀내야만 내가 청소년기에 겪은 고통을 분명히 이해할 수 있다. 물론, 나는 청소년이 전형적으로 겪는 고통을 겪었지만.

대학원에서 다음과 같은 사실을 알게 되었다. 종교도 하나의 과목을 배우는 것과 같다는 것이다. 한 묶음의 지식과 방법론을 익히는 것이다. 나는 모교에서 교수로 일하게 되었다. 하지만, 곧 분명해졌다. 계속 가르치려면 종교 생활과 학문적 업적을 긴밀하게 엮는 법을 익혀야 했다. 나는 정말 가르치는 법을 몰랐다. 이것을 분명히 깨닫게 되자 우선순위를 정리하면서 왜 가르치는 것을 좋아하는지 되돌아보게 되었다. 매학기 수업을 시작할 때마다 불안이 스멀스멀 올라왔다. 내가 제대로 가르치는 걸까? 종교 연구의 내용을 완벽하게 익히면 수업에 대한 불안은 사라질 거라고 종종 상상했다. 하지만, 이런 소망은 허구에 가깝다. 교사라면 누구나 수업을 앞두고 두려워하니까. 사실 나는 종교와 권위와 불화했다. 이런 감정을 되돌아보면서 나는 가르친다는 것에 대한 불안에 대해 적절히 대처할 수 있었다. 하지만, 불안을 완전히 없애지는 못했다. 나의 열정이 어디서 나오고, 내 목소리가 교실에서 어떻게 들리는지 알려면, 내가 겪는 불안이 뭐라고 말하는지 들어야 했다.

종교를 가르치기 전에 먼저 종교인으로서 내 정체성을 분명히 하기로 했다. 나라는 존재가 교실에서 내가 하는 행위를 규정하기 때문이다. 나는 내가 느끼는 갈등을 학생에게 솔직하게 드러내기로 했다. 그렇게 해야 학생도 나를 본보기로 삼을 수 있고, 적어도 자신이 느끼는 갈등이 수업내용과 상관이 있음을 알 수 있기 때문이다. 이 책은 바로 이 과정에 대한 기록이다. 교실에서 나의 존재와 행위를 통합하려고 노력하면서 나는 하나의 과제를 계속 확인했다. 어떻게 종교인답게 종교를 가르칠까? 나는 계속 이것을 배운다. 종교를 받아들인 과정을 외면하면서 종교를 가르칠 수 없었다. 내가 하나님을 어떻게 찾았고 내 영혼을 어떻게 평가했는지 돌아보지 않고는 종교를 가르칠 수 없었다.

종교인답게 종교를 대하고 영적으로 성장하여 잘 가르치는 교사가 되려면, 종교인답게 종교를 대하는 법을 배워야 했다.

종교로 들어가면 수많은 차원이 펼쳐진다. 종교는 심리학, 사회학, 역사, 정치, 문학, 윤리, 철학 등의 여러 차원과 얽혀 있다. 그러나 개인의 신앙을 진지하게 대해야만 이런 차원을 정당하게 다루면서 학생이 가진 열정에 온전히 접근할 수 있다. 어눌하지만 학생을 가르치려고 애쓰는 나를 학생들이 받아주지 않았다면, 종교학과가 없었다면, 나는 이것을 깨닫지 못했을 것이다. 심지어 종교학과는 나보다 더 나를 신뢰했다.

종교수업은 드라마처럼 종교를 탐구하려는 열정을 온전히 표현해야 한다. 종교 연구는 훌륭한 연극과 같아야 한다. 종교수업을 할 때, 학생은 어느 정도 참여할지 스스로 결정할 수 있어야 한다. 학생은 일정한 역할을 맡고 수업에서 어떤 일이 벌어지는지 말할 수 있어야 한다. 그리고 집으로 돌아가서 무엇을 배웠는지 다시 생각해볼 수 있어야 한다.

종교를 가르치는 일은 분명히 기쁨이고 특권이다. 이것도 에릭 딘에게서 배웠다. 인문학부 콜로키엄이 끝나고 몇 주가 지났다. 에릭은 수업을 마치고 내 연구실에 잠시 들렀다. 에릭은 정년퇴임을 앞두고 있었다. 에릭의 훌륭한 수업도 끝나가고 있었다. 에릭은 방금 무엇을 발견한 신임교수처럼 웃으며 이렇게 물었다. "우리가 가르치도록 학생이 등록금을 내다니 이것이 믿겨 지나요?" "우리는 분명히 세상에서 가장 운이 좋은 사람이겠지. 혈기왕성한 젊은이와 함께 앉아 인생에서 가장 중요한 문제를 이야기하다니. 내가 이런 행운을 공짜로 즐긴다는 것을 학생은 절대 몰라야 해." 가끔 내가 신학자라는 것이 믿기지 않는다. 나는 월급을 받고 학생에게 기독교 신앙의 풍성함을 소개한다. 학생이 영적으로 성장하도록 학생을 지적으로 도울 의무가 나에게 있다.

이런 사실을 배우는 데 오랜 시간이 걸렸다. 그래도 가르치는 사람은 늘 은총만 생각하게 된다. 학생의 요구에 민감하고 자신의 약점을 솔직히 인정하고 교실이 공동체로 변하는 신비에 마음을 열려면, 이런 모든 일을 지탱하는, 위에서 오는 힘을 느낄 수 있어야 한다. 교사는 종교적 열정이 교실에서 표현되지 않도록 술수를 쓴다. 이런 술수 때문에 종교를 가르치는 행위가 어떻게 왜곡되는지 살펴볼 것이다. 교사가 주로 사용하는 술수는 전문가주의와 구획화이다. 예를 들어, 종교를 가르치는 교사는 이렇게 말한다. 종교를 가르치는 것은 분과 학문의 정보를 전달하는 행위이다. 종교교육은 교회와 이슬람사원, 유대교 회당에서 하는 교육과 완전히 다르게 수행될 수 있다.

그리고 학생이 책을 펴고 질문하면서 상대의 말을 듣고 배울 때, 은총이 어떻게 작용하는지 살펴볼 것이다. 종교를 가르치는 교사도 늘 하나님을 드러내놓고 말하지 않는다. 하지만, 당신이 종교를 어떻게 가르쳐야 할지 고민한다면, 전능하신 하나님이 학생이 품은 희망과 두려움 가운데 어떻게 일하시는지 주목해보라고 말하고 싶다.

이 책에서 나는 하나의 논증을 계속 제시할 것이다. 이 논증은 세 갈래로 뻗어나간다. 먼저 종교를 가르치는 것도 종교 행위이다. 교사는 다른 사람이 어떻게 하나님을 믿는지 가르친다. 이때 교사의 신앙은 가르치는 방식에 영향을 준다. 어떤 주제에 대해 완벽하게 중립을 지키면서 훌륭한 교사가 되려는 사람이 있다. 하지만, 그런 일은 일어나지 않는다. 인간은 누구나 지혜와 분별력을 습득하려 한다. 종교 연구도 이런 노력에 속한다. 반면, 신앙에 따라 사는 사람은 하나님의 은총인 구원에 대답하려고 한다. 공립교육은 종교 연구와 종교 실천을 분리하는 훌륭한 근거를 제시한다. 하지만, 종교 연구와 종교 실천은 겹치면서 서로 침투한다는 것을 무시할 수 없다. 종교 연구의 힘은 대체로 신앙대로 사는 것에서 나온다. 종교 연구와 신앙실천은 경쟁하면서 싸울 수 있다. 그러나 종교 연구가 종교인으로 사는 데 꼭 필요하게 될 때, 종교 연구와 신앙실천은 하나가 될 수 있다. 우리는 수업을 하면서 학생에게 요구한다. 하나님을 생각해 보라. 예배를 드리라는 뜻이 아니다. 인간 실존의 근거가 되는 신비에 주목해 보라는 뜻이다. 우리가 이 신비에 주목할 때, 교회와 학교, 신앙과 이성, 명상과 연구의 경계는 반드시 흐려질 것이다.

둘째, 종교를 가르치는 것도 종교 활동에 속한다면, 교사는 이론과 실천, 이성과 신앙을 가로지르면서 스스로 사고해야 한다. 교사에게 가장 필요한 일이다. 종교교사에게도 나름대로 종교적 관심이 있다. 하지만, 종교교사는 종교과목을 가르치면서도 종교과목이 자신의 종교생활과 거리가 있어야 한다고 생각한다. 종교교사라는 소명은 신앙에서 자라나지만, 신앙과 분명히 구별된다는 뜻이다. 현실은 다르다. 활기찬 종교수업은 공과 사의 경계를 뒤흔든다. 그래서 종교교사는 종교에 대한 자신의 태도를 잠시 접어둘 수 없다. 결국, 종교를 가르칠 때 종교교사는 신앙의 행위와 언어를 완전히 벗어버릴 수 없다.

종교기관에서 하는 교육에 비해 종교교사가 공립학교에서 하는 수업은 더 조심스럽고, 더 다양하고, 더 복잡한 것 같다. 하지만, 공립학교의 종교수업도 종교기관에서 하는 교육을 색다르게 각색한 것이다. 교사는 종교수업을 교회교육과 다르다고 정의하면서 학생에게 신앙을 비판하고 거부해보라고 권할 수 있다. 하지만, 그렇게 말하는 교사는 종교의 힘을 이미 인정한다. 종교를 가혹하게 비판하는 수업을 하려면, 종교가 나름대로 힘이 있어야 한다.

시민이 정치문제를 토론할 때 종교적 논쟁에 말려들지 않게 하려고 우리 문화는 종교의 신앙을 사생활에 묶어둔다. 이렇게 하면 유익한 점도 있다. 하지만, 나는 이렇게 주장하고 싶다. 교육할 때 종교의 입을 틀어막으면, 소수자는 자기 의견을 제대로 말하지 못하고 민주주의도 다원주의를 제대로 실현하지 못할 것이다. 신앙을 가진 사람이 신념을 굽히지 않고 공적 토론에 참여하는 법을 배울 수 있다면, 교실에서 신앙을 드러내도록 그를 힘껏 격려할 수 있다. 그가 공적 토론을 할 수 있게 되면, 신앙을 하찮게 여기는 법을 그에게 가르칠 필요가 없다. 교사는 학생이 신앙의 자리를 통찰할 방법을 나름대로 만들어 내야 한다. 다시 말해, 학생은 교사를 통해 신앙은 배움을 구성하는 요소이며 끔찍한 것이 아님을 깨달아야 한다.

가르치는 내용을 진심으로 믿는 종교교사가 상당히 많다. 종교를 가르치는 것도 종교인답게 사는 방법이라고 말해도 괜찮을 정도다. 일단, 이것이 사실이라면 사생활과 직업 활동을 통합하는 의무가 종교교사에게 생긴다. 교실에서 개인의 정체성과 인격성, 주체성에 얽힌 문제는 여기서 시작된다. 사생활과 직업 활동을 통합하려 할 때, 이런 문제가 제기된다. 여기서 나는 개인 정체성을 설명하는 이론을 발전시키지 않겠다. 대신, 종교를 종교인답게 가르치는 방법을 제안할 것이다. 종교를 종교인답게 가르칠 때, 교사와 학생이 서로 위협하지 않으면서 종교를 함께 탐구할 수 있기 때문이다.

셋째, 종교를 가르치는 것이 종교 활동이라면, 고등학교와 대학교는 교실에서 신앙에 대해 말하는 기회를 넓혀야 한다. 종교학과 교직원에게도 이런 기회가 더 있어야 한다. 종교를 구경꾼처럼 쳐다볼 수 없다면, 종교 토론을 중립적으로 판단할 법정 같은 자리도 없다. 공립교육은 종교인이 이끄는 종교 토론을 받아들이고 환영해야 한다.

이 토론에서 종교인의 열정과 종교인의 갈등이 드러나더라도, 바로 지금 공립교육에 필요한 학문은 신학이다. 종교의 진리라는 개념을 포기하지 않으면서 종교 갈등을 이해하려는 학문이 바로 신학이다. 신학은 학문적 종교 연구의 질문에 항상 해답을 내놓을 수 없다. 하지만, 신학자는 토론을 유지하면서 종교적 일치에도 한계가 있음을 지적하고 종교 연구에서 무엇이 중요한지 기술할 수 있다.

탈현대의 세계에서 교육은 정당성 위기를 겪는다. 어떤 단계의 교육이든 위기에 빠져 있다. 그래서 교사가 학생을 판단하고 평가하는 권위의 원천이 점점 모호해진다. 합리성이란 계몽의 내러티브가 종교토론의 전제였다. 하지만, 탈현대의 세계에서 계몽의 내러티브는 이제 유지되지 않는다. 그렇다면, 종교교사는 학생이 믿는 종교 내러티브에 더 민감해질 수밖에 없다. 종교 연구를 할 때, 신앙과 이성, 열정과 비판의식을 여러모로 결합할 수 있다. 방법이 하나만 있는 것은 아니다. 교사가 일반 종교이론을 개발해도 신앙과 이성의 갈등은 해소되지 않는다. 교사가 영적 인도자 역할을 포기해도 마찬가지다. 신앙과 이성의 갈등이라는 오래된 문제를 유지하고 탐구하는 기획이 신학이라면, 종교를 가르치고 연구하는 종교교사는 모두 신학자이다.

즉, 신학은 전체론적 관점에서 수행하는 종교 연구를 뜻한다. 신학을 통해 학생과 교사는 하나님의 신비를 탐구하면서 우리를 갈라놓는 종교적 열정을 교실에서 토론할 수 있다. 우리는 교실에서 종교 토론을 하면서 거부하고 비판하며 방어하고 재구성할 수 있다. 신학을 연구하고 토론하는 수업은 이런 활동을 미리 배제하지 않을 것이다. 특히, 학생과 교사가 하나님께 가까이 다가가 하나님의 힘을 체험하는 활동을 미리 배제하지 않을 것이다. 많은 사람이 하나님의 힘에 의지하여 교실에서 나와 하나님을 예배하는 장소로 갈 수 있다.

종교수업을 하는 교실이 교회와 이슬람 사원, 유대교 회당은 아니다. 그러나 전자가 후자를 가리키지 말아야 할까? 전자가 후자를 암시해선 안 되나? 종교수업이 아무리 잠정적이고 꼴사납다 해도 종교수업은 교회와 이슬람 사원, 유대교 회당을 암시할 수 있다. 종교수업이 수업 바깥에 있는 것을 가리키지 않는다면, 종교수업은 종교주제를 적절히 말한다고 주장할 수 없을 것이다. 학생과 교사의 믿음을 잠시 접어두고 환원주의적 이론으로 종교를 설명하려 하지 말자. 오히려 종교수업에서 학생은 불안하고 불쾌해야 한다. 학생은 학문적 종교 연구의 수갑을 벗어버리고 스스로 종교를 알고 배워야 한다. 어떤 종교 연구가 학생에게 정답을 주지 못했지만, 학생이 더 욕망하도록 밀어붙였다면 이 연구는 성공한 것이다.

1장에서는 내가 어떻게 교육받았는지 살펴볼 것이다. 괴상한 개인사를 밝히려는 마음은 없다. 이 책에서 내가 다루는 주제는 기독교 신학자로서 세속교육에서 살아남으려고 분투하면서 고민한 것이다. 신앙이 어떻게 교육학에 영향을 주는지 이야기할 것이다. 내 이야기가 주관적 종교 연구와 객관적 종교 연구의 경계가 무너져야 한다는 주장을 잘 보여주는 사례가 되었으면 좋겠다. 나는 교실에서 신앙과 지성의 목소리를 모두 들으려고 분투했다. 종교교사는 학생의 이야기에 귀 기울이고, 진지하게 신앙을 증언하도록 학생을 도와야 한다. 이것이 종교교사의 사명이다. 내 이야기는 이 주장을 잘 보여줄 것이다.

2장에서는 많은 교사를 괴롭히는 걱정과 두려움을 살펴볼 것이다. 교사는 교실에서 종교가 어떤 역할을 해야 할지 걱정한다. 그래서 교사는 종교 문제를 다루면 무슨 말을 해야 할지 자주 막막해진다. 2장에서는 이런 현상을 해명할 것이다. 진화와 성품 교육같이 논란에 휩싸인 주제도 다룰 것이다. 교사가 이런 문제를 다루도록 교수법 모형 두 개를 제시할 것이다.

최근 교육 연구자들은 도덕과 영성의 차원을 교육학에서 되살리려 한다. 3장에서는 이런 주장을 대변하는 논지를 살필 것이다. 교육을 아예 종교현상으로 여기는 논지가 있다. 하지만, 이것은 잘못이다. 교육을 종교현상으로 여기면, 종교는 그저 교육에 유익한 심리적 동기부여로 자주 전락해 버린다. 그렇게 되면, 여러 종교의 차이를 적절하게 지적하지 못할 것이다. 교육이 일반적으로 종교와 상관있다고 주장한다면, 교사는 신앙의 가장 일반적 형태만 가르치고 추천하려 할 것이다. 그렇게 되면, 종교상대주의가 퍼지게 된다. 종교상대주의는 특정한 신앙을 받아들이는 것을 거의 허용하지 않는다. 나는 차라리 이렇게 제안하고 싶다. 교육은 원래 종교적인 일이라는 생각을 고수하지 말고, 지금 학생이 믿는 종교를 연구하자.

4장에서는 교실에서 신앙을 고백하는 문제를 다룬다. 솔직하게 자기 이야기를 해보라고 학생에게 권하지 않고도 종교를 가르칠 수 있겠는가! 하지만, 자기 이야기를 하라고 하면, 사람들은 다른 사람의 논평과 비판을 듣지 않고 자신을 보호하려 한다. 이런 상황에서 자기 이야기를 가지고 도대체 무엇을 한단 말인가. 4장에서 고백의 역사를 추적할 것이다. 고백이 무엇인지 온전히 이해해야 교실에서 개인체험을 건강하게 활용할 수 있다. 기독교 전통에서 고백은 개인 허물을 뻔뻔스럽게 공개하는 것이 아니었다. 고백은 헌신과 가치를 함께 선언하는 것이었다. 개인은 고백함으로써 도덕적 삶을 뒷받침하는 전통을 인정한다. 비슷하게, 학생은 종교교사의 도움을 받아 전통과 의식, 신앙이라는 더 넓은 세계에 삶을 연결할 수 있어야 한다. 종교를 중요한 탐구 주제로 하는 것은 무엇보다 전통과 의식, 신앙이다.

포스트모던 철학이 대학을 휩쓸면서 대학은 어떻게 변했을까? 5장에서 이 까다로운 질문에 답할 것이다. 도덕과 인식의 상대주의가 우리 시대를 쥐고 있다면, 대학은 무엇을 추구할까? 학생은 직업기술을 원하며, 사람들이 대체로 인정하는 문화 이념도 없는 듯하다. 이런 상황에서 교육의 목표는 무엇일까? 포스트모던 대학에서 종교 연구는 어느 때보다 필요하다는 수수께끼를 풀어볼 것이다. 더구나 종교가 대놓고 당당하게 교실로 돌아올 기회가 생긴다. 바로 합리성 개념이 바뀌고 있기 때문이다.

최근 교육 관련 서적을 보면, 학교에서 종교의 영향력이 줄어든다고 한탄한다. 북미에서 종교와 교육의 역사를 되돌아보면, 두 개의 이야기를 발견할 수 있다. 계몽의 세례를 받은 학자는 신앙의 유익을 취하지 않고 종교를 연구하려 했다. 반면, 종교를 믿는 신자는 신앙의 가치와 덕에 따라 교육하려고 분투했다. 에큐메니컬 개신교인은 양쪽을 대변하면서 주류 개신교회의 미덕을 시민의 애국심과 동일시할 수 있었다.

자유주의 개신교인은 교양 있고, 너그러우며, 넉넉했다. 자유주의 개신교인은 종교 연구의 기반을 마련하면서 캠퍼스 종교사역과 교실에도 종교를 퍼뜨릴 수 있었다. 하지만, 미국이 점점 인종적으로 문화적으로 다양해지고, 주류 개신교가 미국의 신앙을 구현한다고 주장할 수 없게 되자 종교연구도 고립하기 시작했다. 다시 말해, 사람들을 하나로 묶던 합의가 깨졌다. 공교육에서 종교를 가르치는 문제에 대해 사람들은 서로 다른 생각을 하게 되었다. 6장에서는 종교가 고등교육기관에서 어떤 운명을 맞게 되었는지 살펴볼 것이다. 그래서 워배시 대학에서 종교가 어떤 역할을 했는지 검토할 것이다. 워배시 대학에서 종교는 상황에 맞게 진화했지만, 지적 · 인격적 힘으로서 학생의 공부를 뒷받침한다. 종교는 워배시 대학에서 생생하게 살아있다.

나와 윌리엄 C. 플레처의 대화를 7장에 실었다. 전통주의자는 기독교 유산을 보존하려 하지만, 다른 사람은 성서를 창의적이고, 진보적으로 읽으려 한다. 플레처는 이런 두 개의 욕구를 결합한다. 플레처는 나의 멘토이자 친구이다. 나는 플레처와 대화하면서 내 생각을 만들어갔다. 그러나 그가 나에게 동의하지 않는다는 것이 더 중요하다. 예를 들어, 종교를 종교인답게 가르쳐야 한다는 내 주장을 플레처는 이곳저곳에서 반대했다. 플레처의 반론을 어떻게 무시할 수 있단 말인가! 그래서 플레처의 반론을 요약하지 않고 그대로 실었다.

　마지막 장에서는 종교학과가 미국에서 어떻게 발달했는지 살필 것이다. 환원론적·유물론적 종교 연구가 미국 종교학과에서 다시 인기를 끈다. 나는 신학이 종교 연구와 다르지만, 종교 연구에 꼭 필요하다고 제안할 것이다. 종교를 공부하려면 교실에서 신학을 반드시 다뤄야 한다. 종교는 논쟁을 부르는 주제이며, 종교 연구는 실존적 탐구이기도 하다. 따라서, 모든 종교교사는 분명히 신학자라고 말하고 싶다. 종교수업을 듣는 사람은 나름대로 신념을 지니고 수업에 참여한다. 이런 신념은 종교를 가르치고 배우는 방식을 불가피하게 만들어낸다. 종교 연구를 수행할 때 사람들은 논쟁할 수 있다. 종교수업은 이런 논쟁을 피하지 않고, 이런 논쟁이 공적 논쟁과 종교적 관심의 소재임을 가르쳐야 한다.

　어떤 종교 연구자는 이성이 신앙의 신비를 얼마나 밝힐 수 있는지 알아내려 한다. 학생에게 종교를 공부하라고 권할 때 우리는 교사가 이성과 신앙을 하나로 묶는 방법을 제시할 수 있다고 믿는다. 신앙을 공교육에 도입하려면 신앙을 본모습대로 소개해야 한다. 따라서, 종교교사를 훈련하고 종교수업의 교과과정을 설계할 때, 신학을 필수요소로 생각해야 한다.

　나는 사립대학 인문학부에서 가르친다. 하지만, 대학이든 중고등학교든 공립학교에서 배우고 가르치는 분에게 내 체험과 통찰이 통할 거라고 믿는다. 내가 일하는 대학은 철저히 세속적이다. 그래서 종교를 무시하고 아예 적대감을 드러내는 환경에서 종교를 가르치는 방법을 터득해야 했다. 하지만, 내가 일하는 대학은 신앙과 교실을 나누는 경계를 자유롭게 탐사하고 넓히도록 허용했다. 정말 나에게 행운이었다. 여기서 내가 배운 것은 종교를 연구하고 가르치는 모든 분에게 적용될 것이다. 나와 전혀 다른 곳에서 가르치는 분에게도 통할 것이다. 종교를 가르치는 일은 공립학교든 기독교 재단 학교든 대학이든 고등학교든 거의 같다. 같은 문제를 다루며,

같은 도전에 부닥쳐야 한다. 오늘날 종교와 교육이 마찰을 빚은 곳은 공립 고등학교라고 생각한다. 학생이 거쳐 가는 교육과정에 종교가 포함되어야 한다면, 공립학교는 신학적 관심에 더 민감해야 한다. 교사는 신앙생활을 예민하게 지원하면서 종교를 가르칠 수 있다. 교사는 이런 가능성을 확신 해야 한다. 그래서 나는 이 책에서 공립 고등학교 교사를 늘 생각하면서 관찰하고 논증했다. 물론, 고등학교 이상 교육기관의 교원도 고려했다.

나는 기독교 신학의 관점으로 상황을 보지만, 공립교육에서 다른 종교의 관점도 적절하게 도입해야 한다고 생각한다. 종교는 나름대로 진리를 주장 한다. 무엇보다 종교가 주장하는 진리의 논리에 민감하게 반응하도록 훈련 받지 않는다면, 교사는 어떤 종교 전통도 제대로 가르칠 수 없을 것이다.

Chapter 1_ 어느 한 신학자의 고백

왜 가르쳐야 하는지 어떻게 배웠을까?

교회사 수업시간에 학생이 이런 질문을 했다. "정말 유익했습니다. 그런데 왜 교회에서 이런 이야기를 하지 않는지 모르겠습니다." 이때부터 나는 신학과 교육학의 문제를 진지하게 고민했다. 이 질문을 듣고 한없이 기뻤다. 종교를 연구하면서 어린 시절을 둘러싼 복음주의 기독교를 이해할 수 있었고, 과거에서 벗어나고자 몸부림칠 때도 과거와 현재를 함께 유지할 수 있었다. 현대 신학적 작업은 내가 다니던 교회의 예배만큼이나 진지하고 냉철했다. 하지만, 현대 신학적 작업은 더 복잡하고 위협적이었다. 그래서 그것은 실재에 더 가까운 것 같았다. 나를 가르친 목사님들과 주일학교 선생님들이 더 깊이 캐묻고 더 세세하게 성서를 읽으셨다면, 어릴 때 교회에서 배운 것을 지금도 말하고, 그때 교회에서 들은 논쟁거리를 지금도 탐구하고 있었을 것이다. 하지만, 나는 학생을 가르치면서, 내가 전혀 체험하지 않았던 종교 교육을 만들어 냈고, 내가 실제로 받았던 종교 교육을 구속했다. 이것은 떠나보내고 싶지 않을 만큼, 어린 시절 나를 사로잡았던 사람들처럼 되는 방법이기도 했다.

　내 수업을 거룩한 장소로 여기고, 교회에 갔다가 수업을 들으러 오는 학생이 내가 생각하는 최고의 학생이다. 나는 지적 혼란을 뚫고 과거를 다시 간직하면서도 과거를 반복할 수 있으며, 그래서 나에게 배운 학생도 나처럼 될 수 있다는 환상을 품는다. 이것이 나를 유혹하는 교육학적 환상이다.

　하지만, 내 인생이라는 내러티브를 학생에게 보여줄 수 있을까? 지금은 확신이 서지 않는다. 그러나 종교를 가르치는 교사가 자신이 왜 종교를 가르치고 어떻게 종교를 가르치는지 이해하고 싶다면, 자신이 종교를 알게 된 가장 이른 시기를 되돌아봐야 한다. 나는 아주 어릴 때부터 종교적 권위에 둘러싸여 있었다. 그래서 나는 종교에 끌렸고 종교를 가르치게 되었다. 어릴 때 나는 설교와 가르침, 신앙과 학문을 구분하지 않았다. 지금도 이 개념들을 깔끔하게 구분하고 분류하지 못한다. 종교를 생각하는 일은 나에게 절대 사치스럽지 않았다. 나는 보수적인 종교 환경에 자랐는데, 종교에 대해 성찰함으로써 이런 과거를 간직할 수 있었다. 부모님에게 물려받은 신앙에서 벗어나고자 애쓰던 어두운 때에도, 부모님이 물려준 사상들을 계속 생각했고, 그 사상들의 궤적을 완전히 벗어나지 않으면서 그것들을 떠나보냈다. 신앙과 부딪칠 때, 우리는 종교를 생각하게 된다. 따라서, 종교 연구는 종교 연구를 불러일으킨 예배를 완전히 떠날 수 없다.

　교회는 단지 나의 세계를 형성한 곳이 아니었다. 교회는 내가 자라난 세계이기도 했다. 우리는 교회에서 많은 시간을 보냈으며, 교회에서 저녁식사를 하면서 많은 이야기를 나누었기 때문이다. 주일오전과 저녁예배와 수요저녁예배, 토요활동, 여름성경학교, 건축헌금과 출석인원에 대한 이런저런 이야기 등. 이런 모든 것이 교회에서 이뤄졌고, 나는 그곳에서 살았다.　잉글우드 교회스톤 캠벨 전통에 속하는 독립교회는 루럴가Rural Street에 있었다. 한때, 루럴가는 이름에 걸맞게 시골스런 곳이었으나, 인디애나폴리스가가 오래전에 이곳을 휩쓸고 가버렸다. 살기 좋았을 때, 잉글우드 교인들은 교회 주변에 살았지만, 나중에는 예배를 드리려고 30분이나 차를 몰고 도심으로 들어와야 했다. 가난한 사회적 약자들이 잉글우드 교회를 가득 메웠다. 이들은 바로 복음서 이야기에 계속 등장하는 그런 사람들이었다.

나는 교외에 있는 학교에 다녔는데, 교회 친구들은 대부분 학교 친구와 상당히 달랐다. 나는 이것을 금방 눈치챘다. 나는 잉글우드 교회가 다른 교회와 얼마나 다른지 제대로 느끼지 못했다. 하지만, 우리 집 근처에 있는 친구가 다니는 교회를 방문했을 때 비로소 이 차이를 깨달았다. 푸른 잔디가 있는 현대식 건물에서 말쑥하게 차려입은 교인들이 예배를 드리고 있었다. 잉글우드 교회건물은 낡았고 볼품없었다. 주변에는 마당도 없는 작은 집들이 즐비했다. 친구가 다니는 교회가 보유한 넓은 주차장은 성장과 부를 나타내는 매우 강력한 상징이었다.

잉글우드 교회는 오늘날 우리가 생각하는 근본주의적 교회가 절대 아니다. 모든 사람이 기독교로 개종해야 한다는 생각이 있긴 있었다. 그러나 그것은 참으로 두 개의 세계가 있음을 인정해야 한다는 뜻이었을 것이다. 오히려 교인들은 교회를 세우고, 건축헌금을 하고, 교회 버스를 더 사자는 이야기를 했다. 교회성장은 주변지역 일부를 우리가 흡수한다는 뜻이었다. 하지만, 우리와 다른 사람을 철저하게 구분해야 한다는 생각은 없었다. 교회버스는 교회를 둘러싼 빈곤지역을 두루 돌아다니며 선물을 주고, 아이들을 주일학교로 데려왔다. 성탄절에는 아이들에게 사과와 오렌지를 선물했다. 나는 사과와 오렌지를 집에 절대 가져오지 않았다. 아버지와 함께 아이들에게 사과와 오렌지를 나눠주는 일을 했지만, 나라면 선물로 절대 받지 않을 그런 과일을 아이들에게 나눠준다는 것이 마음에 걸렸다.

잉글우드 교회에서 나와 가장 친한 친구는 앤디였다. 앤디는 목사 아들이었고 나는 장로 아들이었다. 나와 앤디는 우리가 잉글우드 교회의 소유주라고 생각한 것 같았다. 잉글우드는 우리 영성의 설계도였다. 즉, 잉글우드 교회의 모양과 감촉, 느낌을 통해 우리는 어떤 존재가 돼야 하는지 알았다. 우리는 권위 있는 인물의 상속자였고, 우리가 태어난 곳을 차지하려고 싸우는 형제들이었다. 처음부터 우리는 이곳과 하나가 돼야 한다고 느꼈다. 이곳을 우리가 차지하려면, 우리는 잉글우드 교회라는 연속극에서 배역을 맡아야 한다. 교회에서 놀고, 교회를 무서워하고, 교회를 비웃기도 하면서, 우리는 교회를 신화로 여기는 법을 배웠다. 잉글우드 교회에 경계선은 없었지만, 귀신이 나온다는 숲과 마법의 돌에 맞먹는 장소는 있었다.예를 들어, 노란색 계단과 보일러실, 어두운 복도, 우리가 들어가서는 안 되는 방, 우리가 만들어 낸 장소들 앤디와 나는 대피로 꼭대기에 올라가는 놀이를 하면서 시내산의 모세나 악마가 성전꼭대기에 데려간 예수를 떠올릴 수 있었다. 악마는 예수에게 이렇게 말했다.

"네가 하나님의 아들이거든, 여기서 뛰어내려!"

유혹의 힘이 없다면 종교적으로 살 수 없다. 앤디와 나는 예배당을 통과하거나, 예배당 지붕으로 올라가서 잉글우드 교회를 앞지를 수 있었다. 역설적으로 우리가 이런 짓을 할수록 우리는 잉글우드를 앞지르기는커녕 잉글우드의 일부가 되고 말았다. 우리는 잉글우드를 절대 버릴 수 없었다.

내 집에는 잉글우드 교인의 사진이 걸려 있다. 반원모양으로 둘러선 백 명이 넘는 사람을 파라노마 카메라로 찍은 사진인데, 친구들에게 이것을 보여줄 때마다 나는 날짜를 손으로 가린다. 사진에 등장한 남자는 검은 넥타이에 옷깃이 넓은 정장을 입었고, 여자는 층으로 나눠 쌓아올린 머리를 하고 있었기 때문이다. 이들은 70년대가 아니라 50년대 사람처럼 보인다. 베트남 전쟁과 반문화, 학생저항운동, 문화혁명을 잘 모르는 것처럼 보이는 사람은 나 혼자는 아니었다. 이 사진에 나온 나는 9살이었고, 한쪽 무릎을 꿇은 채 순진하면서도 진지하게 성경을 움켜쥐고 있었다. 앤디의 아버지는 사람들 뒤에 섰지만, 파노라마 효과 때문에 사진 양쪽 끝에서 모두 확인할 수 있었다. 그분은 잉글우드 교회의 알파요 오메가였다.

이 세계는 섬처럼 온전히 홀로 있었다. 그러나 곧 풍파가 닥쳤다. 공립학교에 다니게 되자, 나는 기독교를 의심하기도 했다. 학교는 교회보다 훨씬 강렬하고 넓은 세계였다. 하루 중 많은 시간을 학교에서 보냈으니까. 학교는 교회와 대체로 평행선을 그었고, 두 세계는 거의 교차하지 않았다. 두 세계가 서로 충돌했을지라도 나는 그런 충돌을 대단히 반겼을 것이다. 물론, 두 세계 사이에는 큰 만이 있어 도저히 다리로 이을 수 없었지만. 학교에서 나는 교회생활을 그냥 무시해버렸다. 부인하려고 애쓰지도 않았다. 물론, 이런 태도는 더 해롭다. 학교에 들어가서야 내가 받았던 종교 교육 가운데 낡고 닳아빠진 부분을 비로소 느꼈다. 나는 점점 분열되던 인성을 치료할 약을 결국 학교에서 찾기 시작했다. 종교 교육의 언어와 세속교육의 언어가 다른 바람에 내 인성은 더욱 분열되었다.

학교에 들어갈 때부터 종교는 배워야 할 과목이 아니라고 배운다. 이것이 기독교를 믿는 아이들에게 주는 메시지는 무엇일까? 교실에서 종교를 제대로 토의할 수 없으니까, 종교를 숨기고 드러내지 말아야 한다는 것이 아닐까? 학교는 공손하게 행동하는 법부터 성교육까지 모조리 가르친다.

하지만, 학교는 신앙의 신비를 다루지 않는다. 우리 문화에서 나름대로 교육받은 사람은 개인적 종교체험을 대화의 주제로 삼지 않으려 한다. 그만큼 우리 교육은 종교적 열정이 시민의식을 넘어서지 않도록 종교적 열정을 자제하는 사람을 길러내려 한다.

이렇게 종교를 억누르는 시민의식의 정치학은 교실에서도 재생산된다. 그래서 많은 학생이 배우려는 동기가 솟아나는 원천인 종교적 열정에 가까이 가지 못하게 되었다. 대학과 대학교에도 종교 연구 교과과정이 있지만, 이것도 이 문제를 거의 풀지 못한다. 종교 연구 과목을 수강하는 학생은 흐름과 양상과 주제를 익히고, 대단히 복잡한 종교현상을 다루는 여러 기술을 연습하도록 교육받는다. 학생은 종교를 꼼꼼하게 논하는 훈련도 한다. 하지만, 종교적 확신을 품고 깊이 있게 종교를 말할 기회는 거의 없다. 어떤 수준의 교육을 하든, 신앙을 존중하면서 종교를 가르치려면, 교사는 그런 가르침을 가능하게 하는 교육방법을 알아야 한다. 이런 교육방법을 몰라서 교사는 대부분 종교적 열정이 무척 위험하다고 느끼는 것 같다. 그래서 수업시간에 종교적 연설을 하는 문제에 부딪칠 때, 교사는 어디까지 허용할지 암묵적으로 정해놓으려 한다. 결국, 종교인의 목소리는 교육현장에서 종종 완전히 배제된다.

내 주장을 증언하는 이야기는 많다. 최근에 보도된 사례를 보자. 독서의 날에 1학년 학생이 어린이 성경이야기를 교실에 가져오려 했다. 그 학생은 나처럼 성경이야기를 읽으며 무언가를 배우려 했다. 그러나 교사는 교회와 국가를 분리해야 한다고 믿는 사람이었다. 교사는 그 책을 집으로 다시 가져가라고 학생에게 지시했다.

10대가 되면서 나는 신앙과 학문연구를 분리하여 따로 관리해야 한다고 처음으로 생각했다. 중학교 1학년 점심시간에 목격했던 얼굴이 지금도 거의 모두 기억난다. 우리는 거의 매일 함께 점심을 먹었다. 밥을 먹으면서도 나는 친구들과 종교에 대해 논쟁했다. 한 친구는 여호와의 증인이었고 성경을 잘 인용했다. 나는 친구의 종말 해석을 반박했는데, 친구는 성경에 나와 있는 증거를 내놓으라고 대들었다. 점심시간은 그야말로 지적 열정이 넘치는 시간이었고, 중학교 수업에서 느낀 어떤 지적 열정도 도저히 이것을 따라잡지 못했다.

우리는 그렇게 논쟁하면서 지적 대담성을 연습하고 있었다. 나와 친구는 진심으로 온전히 소중하게 여기는 것을 두고 논쟁했기 때문이다.

학생식당을 감독하던 선생님은 어느 날 우리 뒤에서 논쟁을 엿들었다. 그것도 일부만. 그때, 우리의 논쟁은 끝나버리고 말았다. 나는 천국과 지옥, 인간의 운명을 논했다. 선생님은 친구들 앞에서 나를 강하게 나무랐다. 선생님은 논쟁 내용을 듣고 정말 화나신 것 같았다. 선생님은 다소 떨리는 목소리로 나에게 말했다. 친구들이 종교를 오해했다고 지적할 권리가 나에게 없으며, 학교에서는 종교를 말하지 말아야 한다! 저녁을 먹으면서 나는 학교에서 일어난 일을 부모님에게 말했다. 친구들 앞에서 꾸중을 듣고 수치스럽고 혼란했다고 토로했다. 부모님도 나에게 맞장구쳤다. 하지만, 부모님이 나를 위해 아무것도 할 수 없음을 느낄 수 있었다. 부모님이 무슨 일을 할 수 있었겠는가? 학교는 정부가 관리하는 세속의 공간이었다. 그리스도인의 신앙은 이 공간에서 환영받지 못했다. 부모님은 나를 사립학교로 보내려 하지 않았다. 이 사건을 되돌아보면 다음 사실이 생각난다. 보수적 종교인들은 집단으로 공립학교를 떠난 다음, 법정을 통해 공립학교와 다시 싸우고 있다.

나의 체험은 유별나지 않았다. 오늘날 많은 학자가 세속화를 자유주의 개신교가 낳은 산물이며 기독교 역사에 속한다고 본다. 세속화가 서양역사에서 피할 수 없는 필연적 결과는 아니라는 뜻이다. 하지만, 내가 어릴 때 교사였던 분들은 유럽인다운 종교에 대한 무심함을 규범으로 받아들였다. 당시에 이런 무심함은 유별나지 않았고 검증이 필요한 태도도 아니었다. 교육자들은 세속화를, 교육을 뒷받침하는 기초로 받아들였다. 학교는 흡연금지구역처럼 종교를 금하는 구역이었다. 따라서, 나에게 종교는 학교에 가져가기에 너무 무거운 짐이었다. 종교를 집에 놔두는 것이 더 편했다. 나는 두 종류의 삶을 개발했고, 학교와 종교를 거의 연결하지 않았다.

확실히 우리 사회에서는 종교언쟁이 넘쳐난다. 누구도 학교에서 종교를 논하는 법을 배우지 않기 때문이다. 여기서 이상한 결과들이 나타난다. 일단, 가장 중요한 결과부터 보자. 공공영역에서 종교를 배제하자, 그리스도인은 기독교의 메시지를 전하려고 뒤틀린 사회적 행동을 하도록 내몰렸다.

여름에 장 보러 갈 때마다 나는 전도지를 자동차 와이퍼에 끼워 넣으면서 주변세계와 나를 엮으려 했다. 열심은 있었지만, 어긋난 시도였다. 오늘날 복음주의자는 신앙의 장점을 예전보다 훨씬 자신 있게 내세운다. 사회적·정치적 문제를 푸는 데 신앙이 도움 된다는 것이다. 그러나 60년대와 70년대에 복음주의자는 정치적 경험도 없었고, 미국의 공공정책을 개혁하려는 소망도 없었다. 복음주의자는 개인의 회심과 성경의 권위, 그리스도의 십자가에 집중했다. 이런 주제들은 공공토론에서 쉽게 다룰 수 있는 주제는 아니었다. 문화를 주도하는 이들은 당시 심각한 사회문제를 논했다. 반면, 우리 복음주의자는 마음의 문제에 머물렀다. 개인의 경건은 마음의 문제이다. 개인은 따뜻하고 은은한 예배를 드리면서 경건한 마음을 품는다. 우리는 사람들에게 복음을 전했다. 우리가 거주하는 작은 세계가 우리가 아는 전부였기 때문이다. 다른 사람들도 자기가 사는 세상이 더 나아지길 바란다는 것을 도무지 상상할 수 없었다. 우리는 다른 사람들이 우리를 어떻게 보는지 상상할 수 없었다. 우리는 종교적 정체성과 전통, 역사에 대해 다른 사람과 공적 토론을 하지 않았기 때문이다.

교육활동에서 종교를 배제하면서 우리는 종교인의 믿음이 종교인의 감정과 같다고 판단한다. 즉, 종교인의 믿음은 구원을 얻고자 하는 열망이다. 이 열망은 교실에서 추구하는 지적 발달과 분리되며 심지어 지적발달을 가로막는다. 이 논리를 따르면, 종교는 내 삶의 감정 흐름을 규정하고, 지루한 의무를 뒷받침하는 이야기를 제공할 수 있다. 교회생활을 제외한 일상생활은 지루한 의무로 가득하다. 안타깝게도, 종교가 제공하는 이야기는 종종 멜로드라마였다. 종교가 개인발달의 한 측면으로 움츠러들면, 개인은 병들 수밖에 없을 것이다. 나는 감정에 치우쳐 우울해지고 자신을 미워하다가 지성에 치우쳐 가족과 친구를 멀리하기도 했다.

종교를 믿는 친구들과 나는 종교적 열정을 억눌러야 했다. 즉, 우리는 종교적 열정을 종종 버릇없고 황당하게 분출했다. 종교를 믿지 않는 사람들이, 종교인이 저지른 불경한 짓을 알고 나서 도저히 믿을 수 없다는 듯이 고개를 흔들 때마다 나는 놀란다. 가장 친한 친구였던 앤디의 아버지는 목사님이었는데, 그분은 저녁을 먹으면서 교인을 흉내 냈고, 나와 앤디는 웃음을 터뜨렸다. 하지만, 나는 그분의 짓궂은 장난을 보고도 전혀 놀라지 않았다.

교회 친구는 대부분 과감히 규칙을 어기는 가장 반역적 인물들이었다. 인생은 선과 악이 서로 싸우는 전쟁터이며, 선과 악을 오가며 엉큼한 외도를 해도 될 만큼 우리의 믿음은 단단했기 때문이다. 적어도 그렇게 생각했던 것 같다. 그때까지 우리는 종교로 흠뻑 젖은 세계에 살았다. 이 세계를 시험해야겠다는 생각에 시달릴 때도 우리는 정확히 우리에게 금지된 일을 해야만 이 세계와 거리를 둘 수 있었다. 나는 여러 흐름이 부닥치는 혼란스런 곳에서 살고 있었다. 그래서 선과 악이 함께 있는 것은 나에게 너무나 당연했다. 비록 대부분 사람은 이런 사실 앞에서 완전히 당황했지만.

가족을 완전히 분열시킨 사회적 흐름 때문에 나는 더욱 혼란스러웠다. 점점 떠오르던 경제적 계급과 십 대는 60년대와 70년대에 재빨리 늘었다. 십 대는 상품을 구매하는 데 돈을 쓰려고 했다. 이들은 상품을 통해 부모의 세계에서 완전히 떨어져 나갈 수 있다고 믿었다. 내 형은 나름대로 나이가 들었는지 새로운 세상이 온다는 메시지에 설득당했다. 나는 여전히 전통적 종교와 씨름했지만, 형은 좌파의 수사학과 마니아 음악으로 빠져들어 갔다. 형은 혁명만이 세상을 구원할 수 있다고 확신했다. 그래서 그는 모든 제도와 권력기관에 포섭되지 않는 평화를 갈구했다. 나는 이런 생각을 학교에서도 계속 접했다. 내가 보기에 형의 행동은 다른 사람을 유혹하면서 문제를 일으켰다. 그만큼 나는 어렸다. 70년대에 막 십 대가 되었던 아이들처럼, 나는 내가 어디로 가는지 전혀 눈치채지 못했다. 70년대는 혼란스러웠다. 우드스탁에서 시작하여 레이건으로 끝나는 시대였는데, 70년대는 60년대의 문화를 주로 이어받으면서, 순수하고도 기이한 행동과 유행을 쏟아냈다. 이런 문화적 힘에 떠밀려 우리 세대는 부모의 종교를 진지하게 대하기 어려웠다. 우리를 가르친 선생님들은 훨씬 과묵한 50년대식 관습에 길든 분들이었는데, 종교를 공적으로 논하는 사람은 50년대에는 공손하지 못한 사람이었다. 따라서, 우리를 가르친 선생님들도 그다지 도움이 되지 않았다.

내 신앙은 말이 안 되는 궤변을 늘어놓았고, 내가 받은 공교육은 종교를 배제하라고 요구했다. 정말 참기 어려웠지만, 나는 나름대로 해결책을 찾았다.

종교적 열정을 지적으로 탐구하는 것이 내가 찾은 해결책이었다. 종교를 자세히 따지면 종교가 사라지지 않을까? 종교에 대해 꼬치꼬치 캐물으면, 종교는 텅 빈 공상으로 변해버리지 않을까? 나에게 늘 이런 두려움이 있었다. 하지만, 나는 종교를 질문할 수밖에 없었다. 내 영혼은 신앙과 이성의 끊임없는 싸움에 휘말렸다. 나는 실수하고 회복되었다가 다시 배신하고 회심했다. 지루한 텔레비전 영화처럼 이런 과정은 반복되었다. 지쳐서 나가떨어졌다가도 다가올 전쟁을 또 대비하곤 했다. 이런 고뇌는 나에게 종교적 의례였다. 프로이트는 이것을 신경증으로 불렀을 것이다. 비록 나는 양쪽으로 분열되고 있었지만, 고뇌라는 의례 덕분에 어떤 뜻을 찾을 수 있었다.

조금씩 나이가 들면서 내 친구들은 보수적으로 변했다. 관점과 행동이 점점 보수적으로 바뀌었다. 당시 나는 교회에서 한 걸음 물러나려고 애썼기 때문에 내 고민을 나눌만한 비그리스도인 친구가 필요했다. 모든 교회 친구가 내 고민을 안 것은 아니다. 내 고민을 아는 친구들도 한 측면만 알고 있었다. 나는 일단 친구들을 따로 관리했다. 다소 거친 비그리스도인 친구들과 어울리고 나서 그리스도인 친구들과 시간을 보냈다. 두 종류의 친구들은 내 영혼의 두 얼굴과 같았다. 나는 이들이 서로 알지 못하게 신경 썼다. 하지만, 비밀이 어디 있겠는가. 역사과목을 가르치던 선생님은 내가 거칠다는 소문을 듣고 깜짝 놀란 나머지, 그런 소문을 들었다고 나에게 말해줬다. 선생님은 소문을 믿지 않는다고 하셨다. 선생님은 소문이 얼마나 근거 없는지 나에게 알리려고 하셨다.

나는 토론 모둠을 이용하여 내가 얼마나 종교적 권위에서 자유로운지 뽐내려고 했다. 토론 모둠을 위한 방이 따로 있었는데, 나는 주말여행 가듯이 이곳을 드나들며 토론을 핑계 삼아 수업을 빼먹었다. 나는 토론에서 쉽게 승리했다. 무작정 승점을 얻는 방식으로 토론하면 쉽게 이길 수 있다. 복음주의자는 그런 식으로 논쟁하는 법을 배웠기 때문이다. 즉, 복음주의자는 공격적으로 증거를 내밀면서 이것을 판단해보라고 요구한다. 나는 토론에서 승리하여 상을 받았지만, 내가 취한 관점의 가치를 묻지 않은 채, 그 관점을 무조건 옹호했다. 합리성의 도구는 공허하고 형식적으로 변해가는 것 같았다. 토론은 결국 냉정한 놀이가 되고 말았다. 토론은 목적이 사라진 채, 승점을 얻으려는 전투적 충동만이 날뛰는 기계적 운동이 되고 말았다. 토론에서 이길수록 도덕의식은 희미해졌다. 한번은 수업이 시작하기 전에 친구와 주차장에서 술을 마시다 취해버렸다. 다행히, 고등학교 1학년 라틴어 선생님이 토론 지도교사에게 이 사실을 알렸다.

수업에 들어가기 전에 술에서 깨도록 토론지도교사는 토론 모둠방으로 나를 재빨리 데려갔다. 역사 선생님이 나에게 지적한 '근거 없는 소문'은 분명히 엄청난 속도로 퍼져 나갔을 것이다. 나는 버릇없는 성격 탓에 명예 학생회에 들어가지 못했기 때문이다. 그래도 나는 고등학교 졸업식 때 졸업생 연설을 맡았다. 나는 두 개의 세상에 살았지만, 두 개의 세상에 속하지도 않았다. 나의 과거사는 이것을 증언한다.

고등학교 3학년 때 나는 복음주의 저술가인 프란시스 쉐퍼의 작품을 알게 되었다. 쉐퍼는 철학사를 기독론으로 해석했다. 오늘날 인가받은 어떤 교육기관도 쉐퍼의 해석을 그대로 수용하지 않을 것이다. 하지만, 쉐퍼는 용감하게 개입하여 위대한 철학자를 비판했다. 쉐퍼 덕분에 나는 철학의 세계에 들어섰고, 신학적 논증이 어떻게 작동하는지 알게 되었다. 쉐퍼는 새로운 복음주의자였다. 그는 자기 언어로 현대 문화에 개입하면서 자기 신앙을 옹호했다. 그가 이룩한 학문업적은 엉성하고 철학자에 대한 그의 비판은 종종 대인 논증이었지만, 레이건 이전 시대의 복음주의가 추구하던 분리주의에서 벗어나려는 사람에게 쉐퍼는 중요한 인물이었다. 니체는 생애 말기에 정신병에 걸렸는데, 쉐퍼는 니체가 우상파괴적 철학을 추구하다가 정신병에 걸리고 말았다고 주장했다. 이것은 과장이긴 하지만, 완전히 틀린 말은 아니다. 대학교 1학년 때, 나는 종교학 교수 앞에서 쉐퍼에 대해 한마디 했는데, 곧바로 다음 사실을 알게 되었다. 고등교육기관에서 쉐퍼는 학문적 탐구대상이 아니었다. 나는 즉시 쉐퍼를 머리에서 지워버렸다. 하지만, 고등학교 3학년 때 쉐퍼를 읽으면서, 학문적으로 훨씬 존경을 받는 C. S. 루이스와 디트리히 본회퍼, 폴 틸리히의 저작도 읽었다. 이들의 저작 덕분에 나는 신앙과 이성을 융합하는 법을 언젠가 터득하게 될 거라고 소망하게 되었다.

나는 고민을 함께 나눌 친구들을 발견했다. 톰은 화학 시간에 성경을 가져왔는데, 그때부터 톰과 나는 종교에 대해 이야기를 나눴다. 스티브는 대형마트에서 만났다. 우리는 스티브의 허리띠를 보고 스티브가 그리스도인인지 알았다. 커다란 '지저스' 버클이 허리띠를 붙잡고 있었다. 우리는 긴장한 채 스티브에게 다가갔다. 로마시대 그리스도인이 된 것 같았다. 로마시대 그리스도인은 친구인지 적인지 판단하려고 사람들과 은밀하게 상징물을 주고받았다. 그때, 우리는 십 대인 스티브를 뭐라고 불러야 할지 몰랐다.

십 대에겐, 자신이 누구라고 밝힐 자신감이야말로 자기가 가진 유일한 힘이었던 것 같다. 우리복음주의자는 신앙 앞에서 자신감이 없었으므로 세상을 향한 우리의 확신을 증명하려고 국외 선교를 나갔다. 우리는 교회 친구들이 아닌 다른 또래 집단에 속하는 법을 몰랐다. 그래서 매주 성경공부 모임을 조직했다. 대체로 20명이 모임에 참석했다. 나는 이 모임에서 성경공부를 자주 인도했다. 그러나 우리가 느낀 고민을 나누려고 모임을 만든 일은 상당히 효과가 있었다. 어떤 집단에 들어가려는 원초적 욕구가 이 모임에서 만족되기 때문이다. 더구나 그때는 이름을 밝힐 수 있는 집단에 속하지 않으면 살아갈 수 없는 시대였다. 우리는 온건한 기독교 신문인 「도브」the Dove도 창간했다. 어머니는 이 신문을 복사하는 일도 하셨다. 수업이 시작하기 전에 우리는 우리가 다니는 고등학교에 「도브」를 배포했다. 흥분되기도 하고 부끄럽기도 했다. 50년대에 활동했던 공산주의자조차 우리보다 더 은밀하게 들뜨지 않았을 것이다. 교장선생님이 그리스도인이었기에 우리는 무사히 넘어갔다.[1] 나는 다른 학교 학생이 만든 모임에도 나가고 학교 신문에도 글을 썼지만, 「도브」 같은 교육적 목적을 가진 신문을 만들어야 한다고 느꼈다. 「도브」보다 더 건전한 대안은 떠오르지 않았다. 「도브」를 만들지 않았다면, 내가 할 일은 하나밖에 없었다. 신앙을 교회에 가두고 그냥 조용히 지내는 것이다. 정말 그럴 수는 없었다.

그때를 다시 돌아보면, 다른 사람에게 종교를 이야기하는 것은 나에게 정말 중요한 일이었다. 나는 종교를 가르치는 선생 역할을 늘 맡으려 했다. 복음을 전하고 문제에 개입하는 다양한 판을 만들려고 했다. 어느 판도 제대로 작동하지 않았다. 하지만, 대학에 가서 교수들 앞에 앉았을 때, 비로소 내가 만든 판이 작동하기 시작했다. 교수들은 학문적으로 존경을 받는 만큼 신앙에서도 매우 신실한 분들이었다. 특별 장학생으로 지원하여 워배시 대학에서 면접을 볼 때, 면접위원은 내 지원서를 훑어보고 학교 활동을 지적하면서, 자신들이 빠뜨린 활동이 있는지 물었다. 그 말을 듣는 순간, 성경공부모임과 「도브」가 생각났다. 사실, 이 활동이 내가 받은 상이나 다른 활동보다 나에게 훨씬 중요했다. 하지만, 고등교육의 세계로 들어가는 이 순간에 내 신앙이 만든 또 다른 세계를 면접위원에게 말할 수 없다는 것을 깨달았다. 나는 면접위원의 질문에 아무런 대답도 하지 않았다. 1979년 고등학교를 졸업하고 대학으로 진학하면서, 나는 종교적 열정과 열심으로 가득 찬 옛 세계를 마침내 떠났다.

1980년 초에 나는 워배시 대학의 학생이었다. 이 대학은 대단히 세속적이었다. 하지만, 종교학과는 자부심을 가지고 존중받으면서 신앙생활을 할 수 있는 고향 같은 곳이었다. 거대하고 세속적 대학교에 진학했다면 어떻게 되었을까? 아마 나는 종교적 발달과 지적 발달을 완전히 분리했을 것이다. 정말 그렇게 했다면, 내 영성은 쇠약해져 거의 죽음에 이르렀을 것이다. 한편, 기독교 대학에 다닌다고 내 정체성을 완전히 확신한 것은 아니었다. 오히려 이 대학에서 꼬치꼬치 캐묻는 본성이 더욱 자라나 반역하다가 회복하는 과정을 반복하지 않을지 걱정되었다. 한번은 교회에서 징병제 서류에 서명하지 않겠다고 말했다. 정부는 18세 청소년은 서명해야 한다고 명령했고, 당시 나는 18세였다. 장로들은 나를 불러 법을 어기지 말아야 한다고 강조하셨다. 이 일을 겪으면서 나는 교회와 국가의 협력을 의심하게 되었고, 성경을 나름대로 정치적으로 읽으려면 이 교회와 거리를 둬야 한다는 것을 알게 되었다. 워배시 대학의 분위기는 세속의 냄새가 물씬 풍겼지만, 종교학과는 내 신앙을 든든하게 뒷받침했다. 학과 구성원이 일주일에 한 번씩 주재하는 성찬식에 참석했다. 나의 선생님과 함께 드리는 예배는 나에게 세상을 뜻했다. 그 세상이 없었다면, 새로운 이념과 이데올로기가 나를 둘러싼 세상을 식민지로 삼았을 것이다.

종교학과에서 주로 시간을 보내면서 나는 내가 받은 교육을 신학적으로 바라볼 수 있게 되었다. 하지만, 수업이 끝나고 학우들과 어울릴 때, 이 학교가 교회와 연결된 대학이 아님을 다시 떠올리곤 했다. 워배시 대학 학생은 대부분 남학생 기숙사에 산다. 그러나 남학생 기숙사는 원래 파티 하우스가 아니다. 나와 같이 지낸 학우들은 주말 활동만큼이나 평점에도 자부심이 대단했다. 이들 덕분에 내 자아의 거친 부분이 교실에서 이룬 성취와 어긋날 필요가 없다는 것을 알게 되었다. 그렇지만, 학우들의 생활은 잘 짜인 공동체를 떠올리게 했다. 이 공동체는 원래 세속적이다. 나도 이미 학우들의 세계에 들어가 있었으므로 불안과 혼란을 적지 않게 느꼈다. 한때, 나는 남학생 기숙사 생활을 축소판 교회와 비슷하다고 해석했다. 말없이 공유하는 정치관과 온화한 농담, 의례화된 결속이 우리의 생활을 구성했다. 나는 이 생활에 대해 다른 감정을 품었지만, 잉글우드에서 익힌 사교술로 이것을 다스릴 수 있었다.

그래서 나는 2학년 때 기숙사 대표로 당선되었다. 하지만, 이곳은 한 번도 집처럼 편안하지 않았다. 학생들은 독특한 전통을 매우 자랑스러워했다. 이런 자부심을 인정해야 하는 강요된 분위기를 고려할 때, 남학생 기숙사는 참된 종교적 사회를 어설프게 모방했다. 반면, 나는 기숙사 학우들과 종교와 철학을 자주 논쟁했지만, 기숙사 예산을 기획하고 규칙을 강제하는 일에 그다지 신경 쓰지 않았다.

대학생활은 자유로웠고, 나도 시계추처럼 경건과 향락을 오락가락했다. 하지만, 종교과목을 공부하면서 내가 성장할 중간지대를 발견하려고 애썼다. 이것은 나에게 치유과정이었다. 그런데 내가 발견한 중간지대에는 나의 복음주의적 성장배경이 끼어들 자리가 없었다. 1학년 여름방학 때, 스티브와 나는 잉글우드 교회에서 봉사요원으로 일했다. 스티브는 이제 '지저스' 버클을 착용하지 않았다. 여름방학 기간, 교회 옆에 거주하면서 어린이 프로그램을 주관하기로 했다. 우리는 잉글우드에 다니는 도시 빈민의 친구가 되었다. 우리는 교회가 사회적 약자를 위해 강력한 힘을 발휘할 수 있음을 처음으로 체험했다. 하지만, 우리는 대릴 같은 사람들과 어울렸다. 대릴은 늘 쓰레기통을 뒤지며 돈지갑이 나오지 않을까 기대했다. 돈지갑을 발견해서 부자가 될 거라고 굳게 믿으면서. 그해 여름에 나는 처음으로 설교했다. 그러나 우리는 주로 이웃에 사는 아이들을 위한 활동을 조직했다. 우리는 아이들과 접촉하려고 노력했지만, 우리의 노력은 우스꽝스러웠다. 한번은 고등학교 때 사용하던 트럼펫을 가난한 아이에게 선물했다. 수년 전에 나는 아버지와 함께 사과와 오렌지를 성탄절 선물로 아이들에게 나눠줬다. 나는 트럼펫으로 과거 행위를 보상하려고 했던 것 같다. 트럼펫 선물은 돈키호테 같은 행동이었다. 가난한 아이들을 도울 진짜 계획이 있었다기보다 내 소유를 포기함으로써 보상해야 한다는 마음이 더 앞섰다. 헛된 노력이었다. 내 선물은 아이들에게 도움이 안 됐다. 나는 아이들에게 트럼펫 부는 법을 가르쳐주지도 않았다. 오히려 충동적으로 선물한 것 같아 후회했다. 여름의 끄트머리에서 스티브와 나는 다음 사실을 인정하고 말았다. 우리는 아이들의 세계에서 너무나 멀리 떨어져 있었다. 우리가 풀어야 할 문제를 해결하는 데 너무 바쁜 나머지 아이들과 함께 사는 법을 배우지 못했다. 물론, 여름봉사활동은 우리에게 유익했다. 하지만, 목사가 되고 싶다는 꿈은 이때 끝장나버렸다. 여름봉사활동은 잉글우드를 향한 작별인사였다.

워배시 대학이 풍기는 유사 종교적 분위기가 없었다면, 그렇게 단호하게 잉글우드와 작별하지 못했을 것이다. 특히, 종교를 기반으로 설립된 사립 교양대학은 교회와 상당히 비슷할 수 있다. 교회와 고등교육은 역사적으로 서로 이어져 있으며, 교육기관은 시간과 공간을 교회처럼 규정하기 때문이다. 종교기반의 대학은 학생을 세상에서 떼어내어 나름대로 거룩한 사명을 세우려고 성스러운 질서를 만든다. 대학은 진지한 장소이다. 교직원은 대학을 교회처럼 여기기 때문이다. 대학은 궁극적으로 배우려 한다. 배움은 대학이 추구하는 정의로운 초월적 대의이다. 워배시 대학도 다르지 않다. 워배시는 국가에 속하지 않은 독립학교로서 장로교회라는 뿌리에서 자라났다. 마지막 남은 남자 대학인 워배시는 유별난 뜻을 지닌 의례와 전통을 가진다. 이 의례와 전통 덕분에 학생들은 형제처럼 지낸다. 워배시의 의례에 참여하면서, 나는 가장 어린 시절의 종교와 여전히 단단하게 얽혀 있다고 느꼈다. 여러모로 워배시는 종교분위기가 나는 학교로 느껴진다. 이것이 워배시 대학의 매력이다.

한창 젊을 때, 나는 이런 매력에 눈이 멀어 아무런 거리낌 없이 예배했으며, 나에게 최고의 선물을 선사하는 새로운 성전을 발견했다고 믿었는지도 모르겠다. 워배시의 전통과 의례를 근거로 나는 다음처럼 합리화했다. 나는 워배시의 전통과 의례에 참여하기 때문에, 지성을 북돋우는 자극제를 찾으려고 나의 종교적 과거를 버릴 만큼, 진로를 바꾸지 않았다고 생각했다. 강의실로 가는 길에는 늘 예배당이 보였다. 예배당은 캠퍼스에서 가장 높은 곳에 있었고 캠퍼스에 들어오면 가장 먼저 보이는 곳이기도 했다. 예배당은 워배시에서 종교가 어떤 역할을 하는지 잘 보여주는 상징이다. 물론, 우리는 예배당에서 대학생활을 시작해서 예배당에서 대학생활을 마친다. 다소 공허한 학위수여식을 하면서. 그러나 대학생활이 일단 시작되면 채플 시간은 거의 없다. 매일 예배를 드리던 시절은 이제 지나갔고, 특별한 행사가 있지 않으면 예배당은 그저 빈 장소로 남아있다. 예배당 지하에 있는 복사실만 분주하다. 복사실은 종교개혁이 인쇄기 덕분에 가능했다는 사실을 떠올리게 한다. 예배당이 이렇게 한가한 공간이 돼버린 것도 우리가 물려받은 전통의 결과이다. 우리의 역사 내러티브는 전통 덕분에 독특해진다. 하지만, 텅 빈 예배당을 보면서, 예배당을 지나치게 진지한 공간으로 받아들여선 안 된다는 것을 다시 떠올리게 된다. 워배시는 교회 같은 대학이 아니다.

광장은 캠퍼스 중앙에 있고, 예배당은 광장에서 길게 뻗은 산책길의 끄트머리에 있다. 탁 트인 광장은 예배당과 적절하게 대조된다. 광장은 워배시가 합리적 탐구에 충실하며, 국가와 교회의 간섭을 뿌리치겠다는 상징이다. 붉은 벽돌로 된 조지 왕조 풍의 건물이 광장을 에워쌌다. 이 건물들은 뉴잉글랜드 건축을 생각나게 하는데, 뉴잉글랜드 건축물은 미국 중서부 사람의 마음에서 전통과 배움을 불러일으킨다. 광장 한쪽에는 작은 건물이 세 개 있다. 이것들은 캠퍼스에서 가장 오래된 건물들인데, 최초의 워배시 교원들이 사용하던 곳이다. 식민지 도시의 축소판을 만들려고 이 건물들을 지금 이 자리에 옮겨놓았다. 광장 바깥에 수목원이 있다. 수목원은 인디애나 주 모양으로 원시 숲을 연상하게 한다. 에덴동산 같은 자연환경은 공부의 압박과 멋진 쌍벽을 이룬다. 워배시를 세운 창립자들은 종교와 배움을 새롭게 개척하려는 이상을 품었는데, 이런 자연환경은 창립자들의 이상과 소명을 환기시킨다.

워배시는 학생을 고등교육의 세계로 인도하려고 공간과 함께 시간도 이용한다. 워배시는 의례를 활용하여 교육과정을 짜고 한 학년도에 리듬을 부여한다. 나는 의례화된 활동에 참여하면서 잉글우드 교회의 지체가 되었다. 하지만, 잉글우드를 떠나 나의 종교적 목소리를 찾으려고 분투할 때, 나는 문화적 진공상태에 있었다. 텅 빈 문화에서 나는 나를 위한 공동체와 전통을 만들어야 했다. 종교적 뿌리를 가진 워배시에서 나는 고등학생 때 조직한 성경공부모임을 대신할 대체물을 남학생 학우모임에서 찾았다. 워배시는 잉글우드 교회와 똑같이 세상과 떨어져 있고, 똑같이 요구가 많았다. 학생도 마지막 남은 남자 대학교라는 시대착오적 유물을 자랑스러워했다. 여학생이 없음을 남학생이 스스로 정당화하려면, 워배시에도 전통이 풍부해야 한다. 즉, 워배시는 수도원다운 무게를 지닌 회랑이 돼야 한다. 남자학교는 60년대 후반과 70년대 초반에 대부분 남녀공학이 되었다. 탄탄하게 뒷받침된 정치적 압력 때문이었다. 그러나 남자학교 교육이 제대로 되려면 전통이 필요한데, 남자학교는 그런 전통을 유지할 수 없었다.

내가 대학교 1학년 때, 워배시에는 통과의례가 많았다. 가장 눈에 띄는 통과의례는 채플 노래시간이다. 채플에 참석한 1학년들은 학교 노래를 함께 불렀다. 채플 순서 가운데 채플 노래시간은 미국에서 가장 오래된 전통이라고 한다. 한 단어도 빠뜨리지 않고 가장 큰소리로 노래를 부르는 학급이 이긴다.

채플 노래시간에는 웅장하게 밀려오는 목소리의 파도를 볼 수 있다. 가을이 되자 수업에 너무 익숙해져 수업이 아예 일상이 돼가고 있었다. 아예 학기가 끝나지 않을 것 같다고 한숨까지 쉬었다. 겨울이 다가왔고 날은 점점 짧아졌다. 하지만, 여름의 기운은 은은하게 지속했다. 목이 터지게 노래를 불러대면서 우리는 자연의 허세를 고발했다. 집을 떠나 처음으로 인디애나의 겨울을 맞이했을 때, 나는 내 인생이 여전히 많이 남았다고 선포해야 했다. 내가 부르는 노래보다, 내 목소리가 다른 학생의 목소리와 섞여 대학 광장으로 울려 퍼지는 것만이 중요했다.

채플 노래시간은 참된 통과의례였다. 채플 노래시간에 참여했다고 서약이 끝난 것은 아니었다. 채플 노래시간에 참여함으로써 우리는 학생들이 과연 하나인지 검사하는 시험을 통과했다. 채플 노래시간은 일일 이벤트가 아니었다. 우리는 채플 노래시간을 사수해야 했다. 특히, 노래 가사도 대단히 길고 활발한 학우들이 당신을 놀려도 함께 노래를 불러 보라. 이렇게 같이 노래를 부르다 보면 공동체가 저절로 생겨난다. 내가 교회에서 부르던 복음성가는 나에게 무척 귀한 기억이다. 글자를 읽기 전에도 나는 복음성가 가사를 알았다. 그만큼 어릴 때부터 복음성가를 들었다는 얘기다. 사람들은 복음성가를 부를 때, 가사를 읽는다기보다 노래를 부르며 가사를 따라한다. 나이가 조금 들었을 때, 비로소 나는 이것을 깨달았다. 적어도 그렇게 믿었던 것 같다. 채플 노래는 행진곡처럼 들린다. 가사는 자부심을 강조하고 박자는 거칠다. 이 노래의 리듬은 선술집에서 시끄럽게 부르는 노래에서 따온 것이다. 그래서 기숙사에서 술 마시며 부르는 노래가 이상하게 채플 노래와 비슷하게 들렸다. 내가 이런 사실 때문에 놀랐겠는가. 내가 대학에서 받은 교육은 훨씬 복잡하고 고상한 세계에서 나온 것처럼 보였지만, 적어도 학우들과 함께 겪은 이런 체험 덕분에 나는 편안했다.

워배시에서 삶 일부가 된 이런 의례는 내 신앙을 변화하지 못하게 가로막지 않은 것 같다. 당시에 의심하고 변심하고 회심하는 과정을 반복하면서도, 기본적으로 영성을 놓지 않았다. 워배시 덕분에 나는 과거를 완전히 버리지 않고 과거와 궁극적으로 단단히 결속되었다고 느꼈다. 하지만, 대체로 대학은 학생이 자신의 과거와 완전히 이별하도록 학생을 몰아세운다. 한편, 남자만이 득실대는 워배시의 분위기 탓에 친구들은 내 민감한 종교적 감정과 계속되는 영적 우울을 여성스런 히스테리로 이해한 것 같다.

친구들은 워배시에 여학생이 없듯이 여성스런 히스테리는 자기들에게 없다고 생각한 것 같다. 종교 교육의 내용과 형식이 이렇게 부딪치는 현상은 대학원에서 더욱 심해질 거라고 예상할 수 있다. 하지만, 교육을 많이 받을수록 오히려 종교에서 멀어질 수 있다. 시카고 대학에 있는 신학교는 스위프트 홀에 있다. 신학교는 시카고 대학의 중심부에 가깝다. 신학교 교수들도 종교 연구가 시카고 대학의 중심이라고 생각하면서 신학교 역시 대학의 중심부에 있다고 강조했다. 교수들은 거의 모든 주제와 학문에서 종교 연구가 중요하다고 지적하면서 이것을 보여줄 수 있다고 확신했다. 시카고 대학의 신학교는 엄격하게 지성의 잣대로 학생을 평가했다. 학생의 영혼은 평가 잣대가 아니었다. 신학교가 지적 발달에 초점을 맞추는 바람에 나는 종교적 갈등과 의심을 잠시 보류할 수 있었다. 일단, 학문 활동을 잘한다면, 종교 연구의 견습생으로 인정받을 수 있었다. 하지만, 나는 종교적으로 길을 잃었고 종교적 뿌리를 떠나 너무 멀리 가는 바람에, 내가 어디에 있었고 어디로 가야 할지 분간하기 어려운 지경에 이르렀다. 이런 사실마저 신학교에서는 중요하지 않았다.

시카고에서 함께 공부했던 친구가 몇 년 전에 종교학과 교수회의에서 성gender과 대학원 교육을 논한 논문을 발표했다. 이때 홍수가 난 것처럼 기억이 몰려왔다. 친구는 대학원의 엄격한 분위기에서 자기 목소리를 내는 것이 얼마나 힘든지 이야기하면서, 시카고 대학 신학교를 다녔던 여학생들을 만나 이야기를 나눴다. 친구는 다른 여학생도 자신과 비슷하게 느꼈는지 확인하려 했다. 친구와 이야기를 나눈 여학생들도 신학교 교육이 그다지 즐겁지 않았다고 고백했다. 친구의 발표가 끝나고 토론이 이어졌는데, 토론은 집단 치료시간 같았다. 교수들이 하나같이 두려운 이야기를 쏟아냈다. 일부 교수들은 한 번도 이런 이야기를 하지 않았다고 했다. 그들은 아예 이런 일을 잊어버리려 애썼다고 고백했다. 우리는 성gender이 중요한 요인은 아니라고 평가했다. 참석한 교수들은 모두 박사학위 과정을 대체로 고행과 굴욕으로 얼룩진 시간으로 느꼈다. 대학원에서 수행하는 종교 연구에는 은총이 거의 없었다. 오히려 징계와 속죄, 금욕이 넘쳤다. 이런 맥락에서 교수도 수업하면서 약하게 보이지 않으려고 자주 애쓴다. 부모처럼 교사도 과거 교육체험을 알게 모르게 다시 반복했다.

제대로 교육받았든, 형편없이 교육받았든, 우리는 배운 대로 가르친다.

두 명의 교사가 나를 구원했다. 그들은 학문에서 최고의 성과를 냈지만, 가르치면서도 신앙을 기꺼이 드러냈다. 랭던 길케이 교수님은 신학의 목소리였다. 그분의 말은 그대로 글이 되었다. 그분의 강의를 들으면, 그분의 책을 훨씬 쉽게 읽을 수 있다. 오늘날 이런 학자는 무척 드물다. 그분은 곧 그분의 목소리였다. 굵직한 바리톤 음성은 풍부하게 넘실댔다. 옷차림새는 권위 있으면서도 보헤미안 같았다. 그분은 예언자처럼 보였다. 머리카락은 파도처럼 흩날렸고, 반다나스카프가 목을 감쌌다. 그분의 목소리는 천둥처럼 웅장했는데, 하나님을 생각할 때 그런 소리가 나는 것 같았다. 그분은 강의하지 않았다. 그분의 강의는 곧 설교였다. 시카고 대학에서 임기가 끝나갈 때, 그분의 목소리는 감정에 북받쳐 종종 리듬을 잃었다. 마지막 숨을 내쉬며 하나님을 우리에게 보여주려고 애쓰는 신학자의 목소리를 들려주려고 하셨던 것 같다. 따라서, 그분의 가르침에는 늘 성만찬 같은 특성이 있었다. 아로마 향기가 마법처럼 어떤 장소를 떠올리게 하듯 신학이 목소리를 가진다면, 오늘날 신학의 목소리는 랭던 길케이의 탄원하는 목소리처럼 들릴 것이다.

길케이 교수님이 목소리였다면, 데이비드 트레이시 교수님은 성육신한 신학이었다. 트레이시 교수님은 나에게 마음을 활짝 여셨다. 고민하는 젊은 신학자에게 언제나 마음을 여셨다. 로마 가톨릭 사제인 트레이시 교수님은 기독교 전통의 부를 모두 물려받은 상속자였다. 그분은 교회에 맞는 현대적 전통을 세우려고 기독교 전통을 낱낱이 조사하는 데 전혀 거리낌이 없었다. 그분은 강의실을 온통 휘젓고 다니면서 겁이 날 만큼 창의적 생각을 술술 풀어냈지만, 학생이 전혀 알지 못했던 지성의 출입구를 열면서 학생의 생각을 받아들일 공간을 늘 남겨뒀다. 그분이 건드리지 않는 주제는 거의 없었다. 그분은 걸어 다니는 중세의 성당이었다. 이 성당의 아트리움은 넓고 매혹적이며 부속 제단과 작은 예배당이 아트리움을 중심으로 가지를 치고 있었다. 어떤 주제라도 탐구할 만큼 이 성당에는 방이 많았다. 너그럽게 긍정하는 능력은 참으로 놀랍다. 교수님의 이런 은사는 지성계에서 정말 드물다. 나이를 먹을수록 이것을 더욱 실감한다. 그분은 악의로 불타오르는 종교논쟁을 넘어섰다. 정말 탁월한 능력이다. 2층에서 아래를 내려다보듯 특정한 관점에서 종교의 풍경을 바라보는 재능이 있는 것 같았다. 그런데 그분은 자신의 관점에 누구나 설 수 있도록 그것을 열어놓았다.

트레이시 교수님은 나에게 연구조교로 일해보지 않겠느냐고 제안하셨다. 예상하지 않은 제안이라 너무나 감사했다. 나는 이렇게 학자의 세계로 들어갔다.

대학원 시절의 핵심어는 다원주의였다. 그때는 해체가 새로운 유행으로 나타나기 전이었다. 해체는 융합되지 않으며, 융합돼서도 안 되는 차이를 강조했다. 트레이시 교수님은 종교 간 대화를 일으키는 유비를 찾고 계셨다. 반면, 길케이 교수님은 종교들을 분리시키는 생각의 모서리를 섬세하게 지적하셨다. 하지만, 길케이 교수님조차 서로 싸우는 사상 전통에서 나타날 수 있는 무늬를 찾으려 하셨다. 길케이 교수님은 변증법에 따라 생각을 정리하려 하셨다. 결국, 우리는 다원주의를 멋지게 풀 수 있는 지적 문제라고 생각했다. 다원주의는 비록 우리를 슬프게 하지만, 지그시 견뎌내야 하는 인간의 조건이 아니었다. 우리는 통합종교이론을 구상했다. 모든 종교를 하나의 신앙체험에 연결함으로써 종교의 다양성을 설명하는 이론이 통합종교이론이다. 우리가 보기에 신학자는 다원주의라는 새로운 시대의 영웅이었다. 신학자는 종교 간 경계를 새롭게 규정한다. 신학자는 그저 전통을 지키면서 거룩한 문서의 여백에다 온건한 주석을 다는 사람이 아니다. 나는 길케이 교수님처럼 열정을 품고, 트레이시 교수님처럼 밝은 미래를 꿈꾸며, 1987년에 워배시로 돌아와 종교를 가르쳤다. 당시 나는 확실히 자유주의적 다원주의자였다. 나는 모든 종교경험의 초월적 통일성이라는 새로운 복음으로 나의 보수적 학생을 개종시킬 준비가 되어 있었다. 다원주의는 이미 내 종교였다. 나의 복음주의적 신앙을 대신하는 다소 편리한 대체종교였다. 다원주의 덕분에 나는 모든 종교가 가치 있다고 주장할 수 있었지만, 정작 나의 종교적 뿌리를 무시했다.

지적 헌신만을 기반으로 세워진 신앙이 늘 그렇듯이 내가 신봉하던 다원주의도 결국 환멸로 끝났다. 학부시절 교수님이었던 빌 플레처 교수님이 내 멘토이자 안내자가 되었을 때, 환멸에 이르는 과정이 시작되었다. 빌 교수님은 예일대학에서 학위과정을 거쳤는데, 훨씬 보수적 전통에서 신학공부를 하셨다. 그분은 후기자유주의로 알려진 신학운동을 이끈 주동자였다. 후기 자유주의는 자유주의 신학에 뿌리박힌 논리적 흠을 찾아내면서 전통적 신앙해석을 되살리려 했다. 그렇지만, 빌 교수님은 나의 신학적 견해를 절대 바꾸려 하지 않으셨다. 빌 교수님은 세속적 교육기관에서 신학적 정체성을 유지하는 방법을 나에게 보여주셨다. 빌은 내 신학 작업을 도와주셨다.

빌 교수님은 시카고 대학에서 받은 목소리와 신체를 보완하는 도구를 제공하셨다. 그분은 차분하게 행동하면서 갈등을 피하셨다. 반면, 나는 갑작스레 행동하고 열정적으로 논쟁하려 했다. 그분의 성격은 내 강한 성격을 완화시켰다. 그분은 내가 쓴 글을 항상 읽어주셨고, 내 불만을 늘 들어주셨다. 그분의 현명한 상담은 남의 이야기를 조용히 세심하게 듣는 능력에서 무르익었다.

워배시에 온 지 첫해가 다 되었을 때, 종교학과의 거장들이 나를 위해 점심을 마련하셨다. 당시 그분들은 나에게 거장이었고, 지금도 나는 그분들을 거장으로 모신다. 나는 이 식사를 절대 잊지 못할 것이다. 데이비드 그린, 에릭 딘, 홀 피블즈, 레이몬드 윌리엄스는 나에게 술과 음식을 대접하셨다. 그분들이 나에게 준 것보다 내가 그분들에게 준 것이 더 많다는 듯이 나를 섬기신 것이다. 그때 빌 교수님은 안식년이라 참석하지 못하셨다. 정말 넉넉한 식사였다. 정말 몸 둘 바를 몰랐다. 이렇게 너그럽고 과분한 대접을 받게 되어 다소 혼란스러웠다. 나를 종교 연구하는 학생으로 만들어 준 학과가 이제 이 학과의 선생으로 나를 존중하고 있다니. 그분들에게 큰 빚을 지고 말았다. 내가 절대 갚지 못할 빚이었다.

이렇게 너그러운 대접을 받았지만, 이상하게 계속 불편했다. 워배시로 돌아오고서, 나는 학생이 보여준 종교적 헌신에 감동했다. 그러나 워배시가 얼마나 세속적인지도 발견하게 되었다. 다른 학과의 교원과 사귀면서 나는 '너무 종교적'이라는 평가를 피하려고 신앙을 감추는 법을 배우기 시작했다. 예술대학 교수가 있었는데, 한번은 그에게 채플에 설교하러 가는 길이라고 말했더니, 그는 도대체 채플이 왜 이 학교에 있어야 하는지 모르겠다고 말했다. 일주일에 한 번 하는 설교는 말할 것도 없고. 바로 그날에 나는 영문학과 동료 교수에게 이런 이야기도 했다. 수업시간에 학생들과 함께 하나님에 대한 무척 흥미로운 토론을 했다고 말했더니, 그는 주일학교에 대해 중얼거리다가 짜증내듯 내 말을 무시해버렸다. 교수회의에 종교학과 교수들이 빠진 적이 있었는데, 워배시 대학이 지나치게 기독교로 기울었다고 생각하는 철학과 교수가 종교학과를 없애자는 동의안을 제출했다. 이 시도가 실패하고 나서 정치학과 교수는 이렇게 말했다. 종교를 연구하는 유일한 목적은 학생에게 종교가 얼마나 비합리적인지 보여주는 것이며, 그런 연구라도 하지 않으면 종교는 지성과 상관이 없기 때문이다.

이 말을 듣고 충격을 받았다. 고등교육에서 종교의 역할을 내가 얼마나 단순하게 생각했는지, 최악의 세속적 편견을 대면하지 않은 채 내가 얼마나 보호받고 살았는지 그대로 드러났다. 교수법 워크숍에 갔을 때 이런 일도 있었다. 인도자는 우리가 몸담은 교육기관에 대한 느낌을 그림으로 표현해보라고 요구했다. 나는 외딴 섬에 혼자 있는 사람을 그렸다. 그 사람 옆에 나무가 한 그루 있고, 책이 조금 쌓여 있다. 새떼가 그를 둘러싸고 있다. 그 나무는 내가 속한 종교학과를 상징하며, 분명히 내 신앙을 상징하기도 하며, 책은 내 소명을, 새는 내 학생을 상징한다고 했다. 워배시 덕분에 나는 공교육이 절실하게 요구한 새로운 복음이 과연 다원주의인지 다시 따져볼 수밖에 없었다. 나는 종교가 흥미롭고 중요한 주제라고 교육받았지만, 어떤 사람은 그렇게 생각하지 않았다. 내가 아무리 자유주의를 따르고 다원주의를 옹호하더라도, 나는 이미 기독교를 믿으므로 내 말을 의심해야 한다고 사람들은 생각했다. 나는 이런 사실을 깨닫기 시작했다. 그래서 내 삶을 이루는 양대 진영인 지성과 신앙을 다시 연결하려고 더욱 노력하게 되었다.

나는 가르침의 소명을 학계의 동료와 다르게 이해했다. 그래서 나는 그들과 조금은 거리를 두고 있었다. 선생이나 교수들은 대부분 말을 많이 하는 것이 좋아서 교사를 선택한다. 이들은 교사가 되기 전부터 수업이 자신에게 무엇을 요구하는지 통달한 사람들이다. 그래서 그들은 보상을 받으며 상급학교로 진학했고, 앞으로 학교를 절대 떠나지 않을 것이다. 그러나 나는 학교를 전혀 다르게 체험했다. 나에게 교육은 무척 개인적이고 고통스러운 탐구과정이었다. 그래서 나는 수업할 때 말하는 것을 절대 좋아하지 않는다. 과거를 되돌아보면, 내가 어떻게 학문적으로 성공할 수 있었는지 궁금해진다. 내가 용기를 주고자 하는 그런 학생이었을까? 나는 그런 학생은 아니었다. 나는 내성적이라 너무 꼼꼼히 따지는 바람에 순조롭게 수업에 이바지하지 못했다. 대신에 과제 논문을 잘 쓰고, 교실에서 나눈 대화를 기숙사에 와서 계속 이어나갔다. 기독교의 진리나 종교인의 신앙이 가진 힘에 대해 친구와 대화를 했다면, 아마 나는 대화를 멈출 수 없었을 것이다. 하지만, 수업할 때 나는 완전히 마음을 열고 대화하지 않았다.

지금까지도 나는 토의를 순조롭게 이어가지 못한다. 특히, 종교를 믿지 않는 세속의 동료 학자와 이야기할 때, 토의를 제대로 못 한다. 내향적 성격의 사람은 말하기 전에 말할 내용을 지나치게 생각하고, 대화의 흐름을 분석하다가 정작 말할 기회를 놓쳐버린다. 하지만, 내가 단순히 내성적인 성격이라 토의를 제대로 못 한 것은 아니다. 학생일 때 나는 교육제도를 통해 엄청난 분노를 쏟아냈다. 종교를 두고 대화하다가 좌절하면, 엉뚱한 때나 어색한 어조로 화제를 옮겨버렸다. 다른 사람이 내 생각에 동의하지 않는다고 느끼면, 나는 그것을 피해버렸다. 그래서 내가 옳다는 확신과 내가 틀렸을지 모른다는 의심이 뒤죽박죽되었다. 나는 평범한 복음주의자처럼 지성계를 이해했다. 복음주의자는 보통 지성계를 대할 때 지적으로 오만하게 굴거나 모른 체한다. 내가 겪었던 이런 문제의 뿌리는 어디에 있을까? 나는 교실에서 내가 보여준 모습이 정말 나라고 인정할 수 없었다. 이것이 내 문제의 뿌리였다. 물론, 누구도 진심으로 완벽하게 그것이 자신이라고 주장할 수 없을 것이다. 포스트모던 철학자는 진정한참된 자기가 없다고 말한다. 그들을 따르면, 우리가 취하는 여러 역할을 감당하려고 우리가 쓰는 가면 놀이가 바로 자기자아이다. 그러나 나는 수업시간에 제대로 토의하지 못하고, 올바른 말을 찾지 못해서 무척 당황했다. 나는 이 역할에서 저 역할로 어떻게 바꾸는지 몰랐던 것이다. 설사 당신이 어떤 역할을 연기하더라도, 당신이 스스로 역할을 맡아야 한다. 그렇지 않으면, 연기는 무미건조하고 볼품없어진다. 나는 신앙을 밝히고 열린 마음으로 신앙을 대할 때, 학생과 더불어 나 자신이 될 수 있다. 학생과 점점 가까워지고, 심지어 내가 그들에게 도전하고 그들을 양육하더라도, 나는 여전히 나 자신으로 남아있을 수 있다. 하지만, 학생일 때 나는 두려웠다. 내가 너무 진지하게 수업에 참여하면, 내 가면이 찢어지면서, 학생이 아닌 나의 다른 모습까지 드러날 것 같았다.

이런 자아상 때문에, 나는 과거보다 더 경건한 사람처럼 보이려고 애쓰는 것 같다. 혹은 정교한 이론을 고안하여 약점과 무능력을 감추려고 이런 자아상을 가질 수 있다. 나는 흔히 생각하는 그런 경건한 사람은 아니었다. 논쟁하고 생각하는 일에 잘 적응했지만, 경건함과 이성을 연결하지 못했다. 그래서 나는 교실에서 다소 조용히 있었다. 교사는 어떤 반에서는 수업이 잘되고, 어떤 반에서는 수업이 안되는 이유를 주로 고민한다. 그러다 교사는 종종 이렇게 진단해버린다. 즉, 학생이 수업시간에 말을 잘 못하는 이유를 알면, 이 문제를 풀 수 있다는 것이다. 교사라면 누구나 다음과 같은 상황을 잘 알 것이다. 학생들은 느릿느릿 토의를 하다가도 자신들을 자극하는 현실문제나 최근문제에 갑자기 몰입하면서 말문을 연다.

운동경기와 파티, 영화를 이야기할 때, 학생은 엄청난 열정을 뿜어낸다. 교사는 이 열정을 건드리고 이것이 잘 흐르도록 해야 한다. 수업시간에 이야기할 때, 말할 내용을 제한해야 하며, 학생 자신의 삶에서 중요한 부분을 제외하고 말해야 한다고 교사가 수년 동안 강조한다면, 학생은 교육에 대해 당연히 서먹해지고 교실에서 주도적으로 행동하지 않으려 할 것이다. 그렇지 않은가? 나 역시 동료 교수와 충분히 진심으로 토의하지 못한다. 나는 온전히 나 자신을 드러내지 않으며 그렇게 드러내는 것이 허용되지도 않기 때문이다.

내가 공공교육의 장소에서 토의하는 법을 제대로 익힐 수 없었다면, 적어도 글쓰기에서 내 목소리를 제대로 가다듬을 수 있었다. 나는 늘 작가가 되고 싶었다. 4학년 때, 육상경기 팀을 그만두고 잠시 쉬면서 '소설'을 썼다. 육상경기 팀을 지도하던 선생님은 나를 보시더니 무척 화를 내셨지만,

나는 왜 소설을 쓰기로 했는지 선생님에게 설명할 수 없었다. 그때부터, 글을 쓰려는 열정을 굳이 다른 사람에게 설명하려고 애쓰지 않았다. 고등학교 때는 내가 다니던 고등학교의 역사를 쓰느라 많은 시간을 보냈다. 역사 선생님이 나를 지도해주셨다. 그분이 바로 나에 대한 나쁜 소문이 떠돈다고 나에게 알려주셨다. 그분만이 나의 적성이 무엇인지 아는 것 같았다. 결국, 내가 쓴 역사책을 읽은 사람은 내 친구들이 아니라 교사와 나이 많은 졸업생이었다. 그러나 나는 만족했다. 나는 다른 사람보다 나를 위해서 글을 썼다. 대학원에서 나는 한계에 부딪쳤다. 더는 글을 쓸 수 없을 것 같았다. 정교한 지식인이 되고자 열심히 노력했지만, 나에게 정작 할 말이 없었기 때문이다. 내 마음을 끓어오르게 하는 것이 없었기에 글을 쓸 수 없었다. 심지어 분노라도 있어야 했다. 그러나 곤경에 빠진 나의 종교적 믿음에 말을 거는 주제를 마침내 발견했다.

칼 바르트는 어마어마한 신학자였다. 사람들은 바르트를 구식 정통신앙을 되풀이하려는 보수주의자로 흔히 규정한다. 바르트의 성숙기 저작은 이런 평가와 맞지 않다. 심지어 초기 저작을 봐도 이런 평가는 거의 맞지 않다. 나는 바르트의 초기 저작에 끌렸는데, 바르트의 분노가 느껴졌기 때문이다. 바르트는 고등교육기관에서 학위를 받지 않았다. 그는 학계 바깥에 있는 외부인이었다. 바르트가 자라난 복음주의적 뿌리를 고려할 때, 바르트는 현대세계에서도 외부인이었다. 바르트는 처음에 교수가 아니라 설교자였다. 그런데 강대상에서도 바르트는 하나님의 다름을 내세우고 하나님의 신비를 간파하려는 인간의 시도는 모두 타락했다고 강조하면서, 청중을 자주 어리둥절하게 만들었다.

1950년대 초에 워배시 대학의 교수인 에릭 딘이 바르트와 칼빈을 비교한 이래, 시카고 대학 신학교에서 바르트를 주제로 박사학위논문을 쓴 사람은 거의 없었다. 나는 바르트를 다루면서 조금은 내가 받은 교육을 돌아보고 싶었다. 바르트가 자유주의 신학의 기초를 뒤흔든 것처럼 나도 그런 열심으로 글을 쓸 수 있었다. 내가 학문적 신학과 맺은 관계가 바르트가 자유주의 신학과 맺은 관계와 비슷하다고 상상했기 때문이다. 바르트를 탈현대적 맥락에서 다루면서, 나는 근대성을 향한 바르트의 공격은 오늘날 지적 풍토에서 더욱 적절하다고 주장할 수 있었다. 그렇게 나는 바르트를 소화했다.

나는 워배시에서 공부하는 보수적 학생을 강하게 옹호한다. 이것은 내가 나를 방어하는 행위이기도 하다. 적어도 내 과거 모습을 방어하는 행위이다. 나는 내 신앙의 일부를 포기하고 세속교육의 기준을 받아들였다. 하지만, 지금은 학생들이 자신의 기준을 갖출 수 있도록 학생을 가르치려고 한다. 따라서, 나는 신학자가 됨으로써 복수한 것이다. 다른 사람이 나에게 한 짓을 학생에게 해서는 안 된다. 하지만, 나와 학생이 처한 형편이 그렇게 나쁘지는 않다. 신학을 공부하면서 나는 공공영역에서 입을 다무는 짓을 그만뒀다. 신학은 다른 사람에게도 똑같이 도움이 된다고 자연스럽게 생각할 수 있다. 신앙과 지성을 하나로 묶는 분명한 길을 보지 못했더라면, 아마 교육제도에서 살아남지 못했을 것이다. 고등학교에서는 토론 모둠이 나를 자극하고 지성적 힘을 주는 매체였다. 나는 이런 매체를 다른 곳에서 절대 찾지 못했다. 논쟁은 내 종교적 불안을 누그러뜨렸다. 기독교 교리의 미묘한 요점을 논증할 때, 나는 종종 논쟁하듯 논증했기 때문이다. 고등학교는 토론 모둠 밖에서 기독교 교리를 논증하지 못하게 했다. 그러나 대학에서 나는 신학을 다시 공부할 수 있었고, 진짜 살아있는 논쟁을 하면서 참된 열정을 체험했다.

나에게 신학은 생존하는 방식이었다. 나를 발견하면서도 나를 회복하는 방법이기도 했다. 종교 연구는 종교전통에 몸담지 않은 학생을 위한 학문이다. 까다로운 소비자라는 '상위' 관점에서 종교적 주제를 골라 토의하는 학생이 종교 연구에서는 유리하다. 반면, 종교에 헌신하고 종교 앞에서 불안해하며 종교적 문제에 대해 결정하는 학생에게 종교 연구는 분명히 신학과 연결될 것이다.

종교수업에는 두 종류의 학생이 모두 필요하다. 그러나 신학은 훨씬 자주 무시된다. 아이는 자생적 신학자이다. 아이는 궁극적 주제와 사소한 주제를 똑같이 질문한다. 그러다 아이가 자라나면, 단순함은 사라지고 회의하는 법을 배우면서 자기 신앙을 은근히 부끄러워하는 법까지 배운다. 언론은 신앙을 광신과 같다고 말한다. 신앙을 가진 학생은 나서지 않으려 하고, 주목받지 않으려 하며, 놀림을 당하지 않으려 한다(마지막 행동이 가장 슬프다). 종교를 연구하면서, 학생은 종교를 향한 관심을 사회적으로 허용되는 소통매체로 활용할 수 있다. 그래서 종교를 향한 관심은 중산층의 예의나 학문적 엄격함을 넘어서지 않는다. 신학연구는 당황하게 하면서도 마음을 사로잡는 어린 시절의 질문으로 학생을 데려간다. 신학연구는 사람의 변화에 더 깊이 관여하는 훨씬 힘든 작업이다. 신학으로 사고하라고 학생에게 요구할 때, 우리는 학생에게 경험을 되돌아보라고 요구하는 것이다. 경험을 되돌아볼 때 이론과 실천의 틈이 메워진다. 신학을 통해 배운 것이 자기 것이 된다.

나도 수년이 지나서야 나 자신을 신학자로 소개할 수 있었다. 종교를 가르친다거나 차라리 철학을 가르친다고 말하고 싶은 때도 많았다. 물론, 나는 종교도 가르치고 철학도 가르친다. 사람들이 뭐라고 답할지 두려웠기 때문이다. 많은 종교학과가 현대신학 강좌에 "현대종교사상"이란 제목을 붙일 때, 종교학과도 나처럼 뭔가 난처해하는 것 같다. 사람들은 결국 나를 목사라고 생각하거나, 자신들을 개종시키려 하는 열심당원으로 생각할 것이다. 혹은 나처럼 신학을 들먹이면, 신학을 쓸데없는 불가능한 환상이라고 생각할 것이다. 신학이란 환상은 결국 침묵으로 끝나거나 심지어 혼란을 일으킬 거라고 한다. 이런 고대의 기술을 사용하여 생활하는 사람이 아직도 있다는 사실에 사람들은 놀랄지 모른다. 나도 학계에 속한 사람임을 증명해야 한다는 불안 때문에, 나는 더 열심히 연구하고 책도 더 많이 출판하려 했다. 제도에서 인정받으려고 노력하면서 때때로 논쟁을 만들어 내기도 했다. 내가 누군가를 알아주면, 나도 알려질 테니까. 친구들도 나와 비슷한 사정을 토로했다. 친구들은 신학을 가르치면서 두 배는 더 열심히 연구해야 한다는 압박을 느낀다고 말했다. 학문과 학문이 아닌 것의 접점에 신학이 있기 때문이다. 나는 그리스도인이지만, 워배시에 있는 어떤 학자보다 더 생산적이고, 더 학자답고, 더 학문적일 수 있다고 말하고 싶었다. 그래서 나는 책을 더 많이 내려고 했다.

내가 가르치는 과목이 과연 믿을 만한지 사람들은 의심한다. 그래서 나는 더 열심히 연구하고 책을 내야 한다고 느꼈다. 이렇게 열심을 낸 이유가 하나 더 있다. 신앙과 이성이 친구처럼 어울릴 수 있다는 것을 보여주고 싶었다. 나는 책을 출판함으로써 말했다. "보세요. 저는 합리적인 사람이라고요. 그렇지 않습니까? 나도 학자가 아닌가요?"

그러나 단지 내가 가르치는 과목 때문에 학계의 변두리에 있다고 느낀 것은 아니다. 나는 복음주의 교회에서 자랐다. 그래서 종종 나는 주변 사람과 완전히 다른 언어를 사용한다고 느꼈다. 적어도 나는 다른 어조로 말하는 것 같았다. 교회와 가정에서 신학을 논할 때, 우리는 주로 따지면서 대드는 투로 말했다. 종교를 논할 때도 우리는 다른 사람의 구원을 중요하게 여겼다. 이런 과거가 중력처럼 나를 끌어당긴다. 동료들과 이야기하면서도, 내가 무례하고 거만하게 말한다고 그들이 느낄 수 있겠다는 생각을 자주 한다. 학계에는 내가 절대 습득할 수 없는 정중함도 있다. 종교를 차분하고 공손하게 논하라는 불문법을 어긴 적이 있었다. 그때 나는 그런 정중함이 있음을 알게 되었다. 그런 불문법을 따르는 대화는 진짜 대화처럼 보이지 않았다. 그렇게 대화하는 사람들은 종교를 놀이로 여기거나 무심하게 종교를 대해도 된다고 말한다. 그러나 내가 진지하게 나를 드러내면 사람들은 한 걸음 물러나면서 내가 경솔하고 직설적이라고 생각한다.

종교를 가르치면서 나는 자신에게 솔직해지는 법을 배웠다고 말하고 싶기도 하다. 그러나 정말 그렇게 말한다면, 그것은 선한 의도로 하는 거짓말이다. 솔직히, 하나밖에 없는 바뀌지 않는 참된 자기가 있는지 잘 모르겠다. 교실에서 진심으로 말하고 행동하려고 무던히 노력하더라도, 내가 느낀 갈등은 연기처럼 사라지지 않을 것이다. 종교를 가르치면서 이런 갈등이 하나님의 선물임을 깨달았다. 나란 존재도 이런 갈등을 겪으면서 만들어진다. 비록 타락하고 분열되었지만, 은총을 입은 나는 이렇게 형성된다. 그리스도인으로서 나는 하나님을 소망한다. 그러나 교사로서 나는 학생과 소통하고 싶다. 이것은 오랫동안 교사로 일하면서 내가 바라는 유일한 소망이기도 하다. 내가 느낀 갈등을 숨기지 않고 오히려 갈등을 가르침의 도구로 활용한다면, 내 소망도 이뤄질 것이다. 내 소망이 이뤄진다면, 나의 가르침은 진짜이며, 내가 가르치는 대로 살고 있음을 학생도 보게 될 것이다. 종교를 가르치기 때문에 나는 내 신앙에 정직하게 반응한다. 내 신앙의 장점과 특히 약점도 흔쾌히 인정한다. 그러다 보니 나를 사로잡은 전통도 샅샅이 조사하게 된다. 아예 이렇게 말해도 될 정도다. 종교를 가르치는 교수가 됨으로써 구원받았다고.

하지만, 자기 신앙을 밝히는 열정이 넘치는 종교수업으로 교육학에 얽힌 모든 문제를 풀겠다고 생각하는 것은 잘못이다. 때때로 교실에서 학생의 개인 이야기를 기꺼이 들을 때, 우리는 실패할 수 있다. 영문학 교수인 제인 톰킨스는 자신이 어떻게 교육받았는지 멋지게 기술했는데, 제인은 자신이 가장 피하고 싶은 때를 이렇게 묘사한다. "나는 아무것도 모른다는 내면의 연속극을 공공장소에서 나도 모르게 다시 상연하고 싶지 않다."[2]

우리는 자기 상처가 아물지 않은 상태에서 자기도 모르게 종종 남을 괴롭힌다. 교사의 과거가 어떻게 종교를 가르치는 행위에 녹아들어 가는지 충분히 따지지 않은 채 학생을 가르친다면, 교사 자신이 체험했던 어긋난 종교적 삶으로 학생을 밀어 넣을 수 있다.

가르침이 낳는 덕성은 일반적으로 가르침이 낳는 해악의 근원이다. 장점을 강조하다 보면, 우리가 사용한 가장 훌륭한 전략이 다른 많은 상황에서도 통한다고 과장하게 된다. 몇 년 전에 나는 4학년을 위한 세미나를 맡았는데, 내가 만났던 학생 가운데 가장 훌륭한 학생들이 세미나에 참석했다. 일단, 수업 인원이 너무 많았다. 훌륭한 학생들도 너무 많았다. 그래서 교실은 오히려 내가 바라는 공동체가 되지 못했다. 학생들이 서로 경쟁하는 바람직하지 않은 분위기가 생겨났다. 학기 내내 다른 대안적 방법에 대해 일부 학생들이 입을 열었다. 수업 계획서와 수업교재, 교재를 읽는 순서에 대해 논평했다. 처음에 내 계획을 방어했지만, 학생들의 불만을 그대로 반영하기로 했다. 그래서 우리는 불만을 토로하면서 수업을 할 수 있었다. 학생도 원래 자신이 생각했던 대로 수업이 진행되지 않는다고 분명히 느꼈을 것이다. 학생들은 이 모든 문제를 일으킨 희생양을 찾아냈다. 학생은 한때 수업 계획서에 문제가 있다고 말한 적이 있었다. 학생들은 수업 계획서를 갈기갈기 분석해버렸다. 그것도 우리가 다루던 텍스트에 적용해보라고 내가 학생들에게 권했던 독해기법을 사용하여. 수업 계획서에 실컷 분풀이를 했지만, 학생들은 화를 풀지 못했고 수업주제에 다시 집중하지도 못했다. 오히려 수업이 정말 형편없고, 흥미로운 구석도 없다는 생각만 남았다. 학기 내내 수업 계획과 교재에 대한 비판이 계속 되었다. 학생들은 뒷짐 지고 물러나 왜 이 교재를 읽어야 하는지 따졌다.

보통 이런 지적은 대화에 도움이 된다. 하지만, 학생이 지적하도록 그냥 내버려뒀더니 수업은 원래 계획으로 절대 돌아오지 않았다. 결국, 가장 끔

찜한 순간이 오고 말았다. 나는 한 학생에게 너무 직설적으로 말하면서, 개인적·종교적 문제를 교실이 아니라 사무실에서 통용하는 어조로 논했다. 이때 나는 깨달았다. 학생에게 너무 많은 것을 바랄 때는 일단 생각과 말을 멈추고 내 삶에서 무엇이 빠져 있는지 돌아봐야 한다. 수업시간에 아무리 개인적 이야기를 할 수 있다 해도, 학생과 수업을 매개하는 구조는 꼭 필요하다. 이 매개체를 통하여 학생은 나름대로 역할을 맡고, 자신이 편안하게 받아들일 수 없는 관점을 탐구할 수 있다. 교사와 학생은 자신을 드러낼 때에도, 수업주제와 교재를 통해 자신을 드러내야 한다. 또한, 교사와 학생이 자신을 드러내는 목적은 대화를 통해 새로운 것을 보는 것이다. 그들이 이런 목적을 추구하지 않으면, 사생활 털어놓기가 목적이 될 것이다. 그리고 학생이 이 사실을 눈치챘다면, 수업은 활력과 방향을 잃을 수 있다. 학생은 교재를 치워버리고 그냥 말만 할 것이다. 무슨 말을 해도 좋다고 학생은 생각할 것이다. 정말 그렇게 느껴서 그렇게 말했기 때문이다.

나는 다시 나의 한계를 깨달았다. 종교와 문학수업을 수강한 1학년 학생이 있었다. 교실에는 고학년이 많았지만, 그 학생은 이 수업을 좋아했고 적극적으로 참여하려 했다. 우리는 자기 이야기를 하면서 수업을 시작했다. 많은 학생이 자신이 체험한 종교를 말했다. 수업은 정말 엄청나게 성공한 것 같았다. 나는 학생에게 자신의 종교체험을 소재로 소설이나 회고록을 쓰는 학기말 과제를 냈다. 이 1학년 학생은 학기말 과제를 쓰기 시작하면서 몰몬경에 대한 글을 써도 되는지 나에게 물었다. 학생은 예수그리스도 후기 성도교회에 다니고 있었다. 나는 일단 성스러운 문서로 간주되는 텍스트를 다루는 것은 상당히 어렵다고 지적했다. 그리고 헌신하는 신앙을 약하게 만들지 않으면서 몰몬경의 문학적 측면을 평가하는 법을 배워야 한다고 강조했다. 그 학생은 그래도 써보겠다고 우겼다. 나는 일단 문학의 눈으로 몰몬경을 본다는 조건으로 글을 쓸 수 있다고 말했다. 우리가 수업시간에 개발한 생각과 도구를 사용하여 몰몬경을 새롭고 신선하게 읽어보라고 주문했다. 그러나 나는 결국 실망하고 말았다. 그가 낸 학기말 과제물을 읽었는데, 그는 몰몬 신앙이 문자적으로 진리라고 주장했지만, 제대로 변증하지도 못했다.

글을 보자마자 화가 났다. 그래서 학생의 과제물에 이런 논평을 달았다. 이것은 대학 과제물이 아니다. 그냥 교회가 주장하는 교리를 반복한다면, 어떤 교리이든 그 교리를 단순히 반복한다면, 생각을 불러일으키는 창의적 글을 쓸 수 없다. 이렇게 쓰긴 했지만, 그 학생은 아직 1학년이 아닌가. 그래서 첫 논평 밑에 학생을 달래는 글을 덧붙였다. 학생을 직접 만나려고 미적거리다가 분주한 학기말이 오고 말았다. 그가 자기 과제물을 가져가도록 현관 입구에 있는 책상에 과제물을 올려놓았다. 그리고 그를 다시 보지 못했다. 그는 나 때문에 여러모로 의기소침했을 것이다. 내가 자기와 이야기하려고 노력하지 않아서 실망한 것은 아닌 것 같다. 과제물에 대한 분명한 지침을 주지 않아서 실망했을 것이다. 고학년은 학문적으로 가치 있으면서도 개인 이야기를 담은 글을 쓰라는 말이 무슨 뜻인지 이해했다. 그러나 그 학생은 이해하지 못했다. 나는 그에게 너무 많은 자유를 줬다. 그래서 그는 과거에 배운 대로 글을 쓰고 말았다. 그는 몰몬교의 진리를 변호하려고 오래된 변증을 구사했다. 내가 어떤 과제물을 요구하는지 보여주는 모범 사례가 있어야 했다. 그런데 나는 수업시간에 대화만 했지 모범사례를 제시하지 않았다. 그는 자신이 배웠던 종교 교육에 의지할 수밖에 없었다. 그가 배운 종교 교육에 대해 나는 그에게 도저히 책임을 물을 수 없었다.

자기 신앙을 더욱 솔직히 털어놓는 수업에도 한계는 있다. 하지만, 종교 교육의 목표는 여전히 학생이 자신의 신앙 전통에 더욱 몰두하게 돕는 것이어야 한다. 물려받은 신앙전통이 없거나, 신앙전통을 떠나려 한다면, 자신이 미처 고려하지 않은 전통의 힘을 다시 보도록 학생을 인도하는 것이 종교 교육의 목표이다. 하지만, 학생에게 가장 좋은 방법을 고안할 때도 나는 내가 종교를 연구할 때 나에게 유용했던 방법과 도구를 기반으로 삼는다. 마크 에드먼드슨은 교육이 가져오는 위험과 위기를 무척 도발적으로 논했다. "훌륭한 교육자는 모두 납치에 가담한다. 즉, 훌륭한 교육에는 악의가 스며있다."[3] 정말 섬뜩하다. 보통 아이를 기르는 교육은 반드시 재생산이 뒤따른다. 생물학 차원이 아니라 지적 차원에서 재생산이 뒤따른다. 부모는 아이의 바람이 아니라 아이의 필요에 따라 아이에게 주려고 하듯이, 교사도 학생이 가려는 곳보다 더 멀리 학생을 밀어내려고 한다. 학생이 알지 못한 기회도 이뤄질 수 있음을 보여주려고.

학생에게 교사가 필요한 만큼, 교사에게도 학생이 필요하다. 에드먼드슨은 이 사실도 똑바로 봤다. "슬픔과 함께, 좋은 교사는 가지각색의 동기를 품는다. 하지만, 과연 외로움도 좋은 교사를 움직이는 동기에 속하는지 의심스럽다. 교사인 당신의 이야기를 들어줄 작은 모둠이 있어야 한다. 넓은 세계에서 그런 모둠을 찾을 수 없다면, 교실이란 작은 세계에서 작은 모둠을 만들어라."[4] 읽을 만한 책이 정말 없을 때 소설을 쓰려는 마음이 생긴다고 하듯, 교실 밖에서는 이야기를 나눌 사람이 없을 때, 적어도 조금은 그런 상황일 때, 가르치려는 마음이 생긴다.

에드먼드슨은 지금 종교 교육의 엄청난 실패를 지적한다. 교회가 종교 교육을 하기에 더 좋은 곳이라면, 아마 학교에서 종교를 가르쳐야 한다는 요구도 줄어들 것이다. 학교에서 종교 연구를 한다는 것은 조금은 교회의 실패를 나타내며 사회의 실패까지 나타낸다. 교회와 사회 모두 종교전통을 존중하는 마음과 궁극적 뜻을 묻는 호기심을 사람들에게 심어주지 못한 것이다. 오늘날 사회는 대체로 하나님의 뜻대로 아이를 훈련하는 법을

모른다. 그런데 우리는 학교가 이 방법을 가르쳐주길 바란다. 비극이다혹
은 희극이거나. 하지만, 학교가 우리 아이들을 실제로 독점하므로 교회나 가
정에서 아이를 가르칠 수 있다고 말하는 것도 이 문제에 대한 정직한 답은
아니다. 교육은 공공의 일이며 의무이다. 즉, 부모는 자녀가 배우는 내용
을 조금은 통제해야 한다는 뜻이다. 이 말은 무슨 뜻일까? 교회가 자녀교
육에서 학교와 똑같이 경쟁할 수 없다면, 학교는 교회가 전해야 하는 메시
지를 적어도 하찮게 여기지 말아야 하며, 교회가 가르치는 내용을 강화하
고 지지하는 일에 조금은 도움이 되어야 한다.

에드먼드슨은 가르침을 납치라고 묘사하는데, 납치는 섬뜩하지만, 도발
적인 은유이다. 부모의 품에 있는 아이를 납치하는 것이 아니라 오늘날 거
대한 문화의 품에 안긴 아이를 납치한다? 이것은 무슨 뜻일까? 60년대와
70년대, 심지어 80년대 레이건 시절에 교사였던 분에게 납치란 속 좁은
전통과 경직된 관습지상주의에서 학생을 끄집어낸다는 뜻이었다. 80년대
에 대학원을 다닌 사람은 적어도 레이건이 표방했던 모든 정책에 정치적
으로 반대할 거라고 사람들은 생각했다.

지금은 문화 상대주의가 승자다. 토크쇼 진행자인 데이비드 레터맨은
냉소주의를 지루하게 만들고 역설도 평범하게 만든다. 이런 시대에 우리
는 무엇을 할까? 상대주의를 허용하는 분위기를 조성하는 교육환경에서
우리는 어디에서 학생을 구원하려 하며, 무엇을 위해 해방하려 하는가?

내 학생들이 얼마나 도덕 상대주의에 물들었는지 느끼고 나서 깜짝 놀
랐다. 저녁에 나는 4학년을 위한 인문학부 콜로키엄에서 니체를 강의했
다. 나도 한때 니체가 우리를 자유롭게 한다고 느꼈다. 하지만, 니체의 회
의주의를 점점 회의하게 되었다. 보통, 니체를 좋아하거나 싫어한다. 그런
데 학생들은 모두 니체를 좋아했다. 이 사실이 상당히 불편했다. 그래서
니체와 자신을 재빨리 동일시하는 학생들의 관점을 따져봤다. 우리는 니

체를 열심히 따르거나 완강히 거부해야 한다. 양자택일이다. 다른 길은 없다. 니체를 좋아한다는 것은 적절한 응답이 아닌 것 같다. 나는 니체를 비판하도록 학생들을 몰아세웠다. 그렇게 하면서 나는 선과 악을 넘는다는 니체의 주장을 학생에게 다시 제기해야 했다. 학생들은 니체의 주장이 전혀 해롭지 않다고 생각했기 때문이다. 학생들은 니체의 주장이 독창적이거나 충격적이라고 느끼지 않았다. 학생들에게 니체는 이미 생활을 떠받치는 배경으로 자리 잡았다. 그래서 학생들은 니체가 정말 무슨 말을 하는지 거의 눈치채지 못했다.

물론, 학생들은 니체를 완전히 길들였다. 니체의 도덕 상대주의도 학생들은 약하게 해석했다. 그래서 니체가 강력한 초인을 극찬하고 약함의 냄새만 풍겨도 정죄한다는 사실이 학생들에게는 보이지 않았다. 학생들은 웃는 얼굴을 한 가면을 니체의 허무주의에 씌워놓았다. 반면, 나는 니체를 삼켜버린 분노를 봤다. 니체가 품은 분노는 동시대인을 불편하게 하고, 정신병으로 기우는 출발점이 되었다. 이것은 프란시스 쉐퍼를 통해 일찍 깨달았던 사실이다. 니체는 예수를 시기했으며, 성경을 대체할 새롭고 성스러운 문서를 쓰려 했다고 내가 말하자, 학생들은 깜짝 놀랐다. 학생은 니체를 도덕 현실론자로 여겼다. 도덕 현실론자는 자본주의가 추천하는 덕성과 잘 맞다. 나는 니체를 도덕 혁명론자로 그리려 했다. 심지어, 오늘날 사람들 대부분이 소중하게 여기는 모든 것을 위협하는 도덕 혁명론자가 바로 니체이다. 학생들은 내가 너무 지나치게 해석한다고 생각했다. 내가 보기에 요점은 니체에 대한 기호가 아니었다. 니체가 좋은가? 아니면 싫은가? 이것이 요점은 아니다. 니체에게 동의하는 사람조차 자신이 믿는 기본 신념을 니체가 뒤흔든다고 느낄 것이다. 그래서 그는 니체의 책을 멀찍이 읽으면서 니체와 거리를 둘 수밖에 없다.

도덕 상대주의를 이미 받아들인 학생들은 니체를 평범하고 예측 가능한 인물로 볼 수밖에 없었다. 학생들은 도덕 문제를 더는 진지하게 받아들이지 않기 때문이다. 학생들은 니체 철학이 낳은 자녀가 아니다. 니체의 자녀는 들뜬 모방자이며 걱정하는 반항자일 것이다. 내 학생들은 오히려 니체의 손자이다. 니체의 손자는 니체의 질문을 아예 전제처럼 받아들이고, 니체의 도발을 당연하게 여기며, 니체처럼 니체를 바라보지 않는다. 니체의 손자는 니체를 수천 년간 이어진 도덕 논증을 뒤집으려는 위험한 힘이라고 생각하지 않는다. 니체는 니체의 손자에게 상식이 되었다.

수업이 끝나자 한 학생이 나에게 질문했다. 콜로키엄 담당자는 어떤 텍스트를 누가 강의할지 어떤 방식으로 결정합니까? 거의 무작위로 결정한다고 대답했다. 이 학생은 왜 이런 것을 알려고 했을까? "아, 예… 교수님이 정말 좋아하는 텍스트만 가르친다면, 수업이 더 나아질 것 같아서 질문했습니다." 학생들은 니체에게 미지근하게 반응했는데, 나는 학생들이 이런 태도를 버리도록 학생들을 흔들어댔지만, 실패하고 말았다. 이 학생은 내 실패를 정확히 지적한 것이다. 그날 저녁에 있었던 콜로키엄에서 내 교수기법은 통하지 않았다. 내 관점에서 니체를 체험할 수 없었던 학생들이 나를 완전히 이겨버렸기 때문이다. 적어도 나는 그렇게 느꼈다. 학생과 나는 완전히 다른 정신적 자리에 서 있었다. 학생들에게 받은 상처가 나를 이겨버렸다. 그래서 내가 받은 고통을 이용하여 니체를 읽는 방법을 반성하기보다 학생이 곧바로 내가 겪은 고통을 겪게 만들었다. 즉, 제인 톰킨스가 하지 말라고 경고한 행동을 해버렸다. 학생이 니체라는 연속극을 제대로 평가할 수 없음을 알았을 때, 나는 내가 만든 연속극을 교실에서 상연해버렸다.

니체가 실제로 얼마나 과격한지 보여주면서 도덕적 무기력의 손아귀에서 학생들을 납치하려면 가치를 방어해야 한다. 즉, 니체 자신이 아니라 학생이 느긋이 묵살한 가치를 지켜야 한다. 수업을 마무리하면서 무엇보다 다음 사실을 확신했다. 학생은 자신이 도덕 전통을 버리고 떠나버렸다는 것조차 몰랐는데, 학생에게 도덕 전통을 보여주려면 자본주의 문화가 낳은 소비주의의 상식을 넘어가도록 학생을 밀어붙여야 한다.

고대의 도덕전통과 대면하도록 학생을 인도하는 일은 전혀 해롭지 않아 보인다. 고대의 도덕전통에 힘과 권위를 실어주는 종교적 신념은 어떨까? 신앙을 대면하도록 학생을 인도한다면? 종교를 가르치는 일은 어떤 납치에 가담할까? 누구의 손아귀에서 납치하며, 무엇을 위해 납치하는가? 종교 연구가 비밀스런 의례의 유령을 키우며, 이 유령은 학생을 세뇌하여 집에서 배운 것을 모두 버리게 한다고 해보자. 어떤 부모도 이런 종교 연구를 바라지 않을 것이다. 따라서, 종교를 가르치는 일은 인질극보다 여행의 모험에 가까운 것 같다. 종교 교육이 인질극 상황이라면, 국적을 버리고 자연인으로 돌아가도록 학생을 몰아세워야 한다.

그래도 우리는 상대주의 아니면 주입이라는 양자택일을 거부해야 한다. 나는 교실에서 신앙을 자유롭게 논하자고 주장한다. 하지만, 어떤 신학이라도 변호할 수 있다는 뜻은 아니다. 당연히 어떤 종교적 성찰은 다른 성찰보다 세속적 교실상황에 더 적합하다. 종교교사도 다른 신앙을 가진 학생들을 거부하거나 얕잡아봐선 안 된다. 물론, 교사 자신이 무엇을 믿든, 교사는 자신과 다른 신앙을 가진 학생을 거부할 수 있다. 그러나 교육계에서는 많은 사람이 다음과 같은 전제를 받아들인다. 신학적으로 강한 신념을 지닌 교사는 다양성과 종교적 자유를 별로 허용하지 않는다고 한다. 나는 그것을 거꾸로 경험했다. 신앙심이 강한 교사가 다양한 종교적 신념을 지닌 학생에게 가장 민감하다.[5]

언론은 강한 신앙심을 지적 편협과 자주 동일시한다. 열정적으로 믿을수록 다른 사람에게 관용을 베풀지 않는다는 뜻이다.[6] 이런 선입견을 품으면, 북미 복음주의 신학의 복잡한 발달을 무시하게 된다. 많은 사람이 복음주의 신학을 근본주의와 종교 우파와 동일시한다. 이것은 실수다. 실제로 복음주의 신학은 훨씬 공격적 형제들과 자신을 구분하려고 무척 노력하면서 신학적 대화에 창의적으로 이바지한다. 오늘날 복음주의 신학은 고립된 학파가 아니라, 관심과 확신의 분위기로 봐야 한다. 이런 분위기는 학계의 신학적 작업에서 여러모로 느낄 수 있다.

복음주의 신학은 여전히 근대성과 무오류성의 싸움에 너무 자주 가담한다.[7] 솔직히 그렇다. 종종 복음주의자를 비합리주의자로 묘사하지만, 복음주의자는 이성을 절대 버리지 않는다.

복음주의자는 더 오래된 형태의 합리성을 고수한다. 최근 인식론의 흐름을 거부하면서 복음주의자는 이 세계에 진리는 하나밖에 없다고 주장한다. 복음주의자는 다음같이 주장한다. 진리 주장은 분명히 주관에서 나오지만, 객관적으로 방어된다. 우리는 성경의 무오류성을 통해 참된 지식을 믿음으로 얻고, 진리는 전문가와 전공자에게 거하는 만큼 일반인에게도 거한다. 복음주의는 대중주의와 부흥운동 덕분에 19세기에 주요 세력으로 등장했다. 하지만, 이런 요인은 20세기 복음주의 사상에 해로웠다. 하지만, 조지 마스든이 증언하듯 학계에서 활동하는 복음주의자는 세속 학문의 영역에서 상당한 지분을 차지했고, 신앙이 경제학, 심리학, 문학, 역사와 어떻게 관련이 있는지 밝혔다.[8] 복음주의 신학도 자라나면서 바뀌고 있다. 그러나 전통에 대한 관심과 비판적 성찰이 올바로 균형을 이루도록 복음주의 신학은 노력해야 한다. 복음주의 신학은 여전히 이론보다 실천, 지성보다 감성을 훨씬 강조한다.

기독교 학교는 다른 학문에 비해 신학을 꽉 움켜쥐고 있다. 이것도 문제다. 그래서 복음주의권에서 때때로 신학은 가장 창의적이지 않은 학문이다. 솔직히, 사립 고등학교에서 종교과목을 들은 학생은 개신교인이든 로마 가톨릭이든 대학에서 종교과목이 얼마나 흥미로운지 모를 때가 잦다.

더구나 근본주의자는 공립학교에서 종교과목을 없애려고 자주 싸운다. 왜냐하면, 자신의 자녀들이 진심으로 믿기보다 신앙을 선택사항으로 생각하도록 교육받는 것을 걱정하기 때문이다. 그들이 두려워하는 것도 일리가 있다. 학교의 종교 교수법은 자유주의처럼 개인 선택의 신성함을 강조하지, 보수주의처럼 전통의 중요성에 별로 주목하지 않는 것이 아닐까? 많은 그리스도인이 이렇게 의심한다. 하지만, 학교에서 종교를 제대로 가르치더라도, 신학이 자유주의적·세속적 철학에 도전하는 만큼, 근본주의적·복음주의적 전제에도 도전할 것이다. 학생이 신학으로 이렇게 도전할 수 있을 때, 비로소 지적으로 성장한다는 기쁨을 누릴 것이다.

그러나 신학을 두려워하는 교사와 교육행정가, 정책입안자가 너무 많다. 신학이 학생을 납치하여 종교적 세계관을 받아들이도록 강요할지 모른다고 걱정하기 때문이다. 그들은 종교 연구가 종교에 접근하는 더 나은 방법이라고 생각한다. 종교 연구의 장점은 종교를 비교하며 객관적으로 탐구하는 것이다. 종교 연구는 신학이 불붙인 열정을 누그러뜨린다. 그러면, 종교수업이 교회에 반대해야 하거나 교회를 대체해야 할까? 종교수업에서 우리는 교회가 하지 않는 일을 하며, 기도하는 대신 질문을 할까? 독일 철학자인 하이데거가 말한 바로는, 질문하기는 사유의 경건함이라고 했다. 세속적 교실에서는 질문이 곧 교육의 목적이라고 믿을까? 세속적 교실은 질문뿐만 아니라 답도 제시할 수 있을까?

자유주의자는 종교를 가르칠 때 되도록 중립성을 지키려 한다. 하지만, 사람들은 종교 덕분에 사소한 일에서 벗어나 중요한 일에 몰두한다. 종교 연구수업에서 우리가 신앙을 아무리 객관적으로 다루려고 해도, 종교 연구수업은 거룩한 자리가 된다. 신학만큼이나 종교 연구는 학생에게 새로운 종교를 탐구하도록 요구함으로써 공손한 초대와 음흉한 유혹을 뒤섞을 수 있다. 종교 연구는 주일학교 고급반과 같다. 주일학교에서 사람들은 신앙을 즐길 수 있고, 종교사상도 다룰 수 있다. 하지만, 다른 곳에서는 주일학교처럼 종교사상을 허용하거나 북돋울 수 없다. 종교교사도 다른 교사만큼 자기 관점을 옹호한다. 모든 교사는 조금은 제자를 원한다. 모든 교사는 젊은이가 교사의 말을 진지하게 경청하는 성스러운 장소를 원한다. 특히, 종교를 가르칠 때, 교사는 그런 곳을 원한다. 종교를 가르칠 때, 토의는 종종 흥미로워진다. 종교수업에서는 무척 중요한 주제를 다루기 때문이다.

솔직히, 의심과 신앙이 함께 있으며 지성의 삶도 영성의 삶을 표현할 수 있음을 교회는 보여주지 못했다. 그래서 종교교사가 종교를 가르친다. 지성과 영성을 하나로 합하려는 사람에게 종교수업은 교회를 반대하는 곳이 아니다. 종교수업은 교회와 비슷한 곳이 될 수 있으며, 교회를 넘어선 교회가 될 수도 있다. 우리는 신앙전통에 포함된 지성의 유산을 종교수업에서 발굴한다. 하지만, 교회와 학교는 이 유산을 자주 무시한다.

신앙전통에서 지성의 유산을 발굴할 때, 그것은 학생에게 해방되는 체험이 될 수 있다. 그러나 그것은 신앙에서 벗어나는 행위가 아니라 신앙을 위해서 해방되는 체험이다.

신학자가 누리는 지성의 삶은 고립되기도 한다. 학자들은 신학자가 중세인과 비슷하다고 생각하며, 교회 다니는 신도는 신학자의 질문과 성찰을 신뢰하지 않는다. 학자와 신도에게 내몰린 신학자도 한 사람은 자기 말을 들어줄 거라고 기대한다. 바로 학생이다. 그러나 이런 기대마저 점점 사라진다. 교회와 연결된 대학은 자신의 종교적 뿌리에서 등을 돌리고, 주립대학은 서구권 바깥의 종교와 문화를 계속 강조한다. 마치 기독교를 믿는 학생에게 기독교 전통을 가르치는 일은 위험하며 나쁘다는 듯이. 신학을 가르치는 우리는 매일 감사하면서 교실에 들어가야 한다. 신학자가 교회에서도 똑같이 가르칠 수 있다면 훨씬 좋을 것이다. 그러나 교회의 교리문답 교육은 점점 약해져 종교를 믿는 학생조차 자기 종교의 전통을 거의 모를 지경이다. 그나마 대학과 대학교, 고등학교에서 신학을 가르치는 것이 차선책이다. 바로 여기서 사람들은 처음이자 마지막으로 종교를 진지하게 사고한다. 학계가 우리 신학자를 신뢰하지 않는 것은 정당하다. 신학자는 학계 너머에 있는 것에 궁극적으로 헌신하기 때문이다. 그러나 우리는 학생을 위해 본분을 다한다. 우리는 학생에게 헌신하며, 고향으로 돌아가는 길을 보여준다.

Chapter 2_ 종교
공교육에서 사라졌다가 다시 발견되다

과연 종교를 공교육기관에서 가르쳐도 되는지 걱정하는 교육학자가 참 많다. 하지만, 교실에서 성경을 가르칠 필요가 있다는 의견이 점점 공감을 얻고 있다. 기쁜 소식이다. 최근에 출판된 안내서가 이 사실을 증명한다. 『성경과 공교육 : 첫 번째 수정 안내서』는 보통 이 주제에서 반대편에 선 여러 사람의 의견도 담고 있다.1) 이 혁신적 안내서를 쓴 저자들은 성경의 역사적·문화적·문학적 뜻을 학생에게 제대로 이해시키려고 한다. 무척 공손한 의도이다. 1963년에 대법원은 공립학교에서 기도시간을 정하지 말라고 판결했다. 그때부터 교사는 종교주제를 슬금슬금 피했다. 정말 오랜 시간이 흐르고 나서 교사는 교실에서 종교를 가르치고 연구할 수 있다는 것을 다시 깨달았다. 성경의 내용과 성경이 만들어낸 여러 종교전통을 모른 채 학습주제를 과연 가르칠 수 있을까?

그렇지만, 학교에서 종교를 가르치지 말자고 주장하는 사람은 이렇게 말한다. 학교에서 성경을 가르치면, 사람들은 학습목표를 넘어서 종교적 주제를 제기할 것이다. 역사에서 성경이 어떤 뜻이 있는지 탐구하는 것이 적절한 목표인데, 이 목표를 넘어서는 종교적 주제를 제기한다는 말이다. 그렇다. 성경에서 어떤 부분은 역사이고 어떤 부분은 성스럽다는 주장에 학생이 반대하면 무슨 일이 일어날까? 어떤 성경을 읽을 것인가? 성경을 어떻게 해석할까? 성경은 원래 종교전통이 낳은 산물이 아닌가? 신앙 공동체를 형성한 요인을 탐구하지 않으면 성경을 이해할 수 없을 것이다. 과감하게 성경을 다시 교실로 가져온 교사는 칭찬받을 만하다. 하지만, 그는 한 발 더 나가야 한다. 교사는 종교를 가르칠 뿐만 아니라, 성경을 읽을 때 떠오르는 종교적 논쟁거리도 가르치도록 준비해야 한다. 신학과 관련된 문제를 가르치지 않으면, 성경을 가르칠 수 없다. 누가 뭐래도 성경은 종교서적이다. 성경을 읽을 때, 사람들은 종교적 질문을 던지면서 답을 요구한다.

새로운 종교 교육학이 필요하다

미국 전역에서 종교는 공공영역으로 다시 떠오르고 있다. 의과대학 삼분의 일은 의술과 치유과정에서 영성의 역할을 다루는 강의를 개설한다. 이런 강의 수는 점점 늘어난다. 병동에서 작동하는 신앙의 힘과, 치유에 도움이 되는 기도의 힘을 인지하는 의사도 점점 늘어난다. 종교와 의술을 결합하는 일은 이제 흔한 것 같다. 얼마 전까지도 사람들은 이런 것이 의료기관을 위협한다고 생각했다. 의회는 1996년에 포괄적 복지 개혁을 하면서 자선기관 선택법률Charitable Choice을 만들었다. 그때부터 주 정부도 신앙을 기반으로 한 빈곤층 복지를 인정하고 지원한다. 정신과 몸, 영혼의 건강까지 회복하는 기술을 개발하는 전체론holistic approach이 뜨면서 방금 말한 두 개의 흐름이 나타났다.

학교에서 종교와 이성은 섞이고 있다. 그런데도 교육전문가는 공공성

확대를 둘러싼 대중적 주제가 너무 위험하다고 생각한다. 대부분은 아니더라도 많은 교사가 교육에서 종교가 어떤 역할을 맡을지 걱정한다. 교육은 치유이지 영적 활동이 아니며, 머리에 관여하지 가슴에 관여하지 않는다고 한다.

기도 덕분에 학생은 잘 배울 수 있다는 말을 듣는다면, 교사는 대부분 충격을 받을 것이다. 교사에게 그런 생각은 믿음이 아니라 괴상한 환상이며, 학교에서 기도를 강제하던 시절의 유물이지, 믿음이 긍정적 변화를 일으킨다고 인정하는 진보적 생각이 아니다. 따라서, 우리 교육제도는 지금 위기에 빠져 있다. 미국에서 교육체제는 닫힌 정책으로 신앙을 차단하는 유일한 제도가 될 수 있기 때문이다. 이런 제도는 신앙이 정신적·물리적 복지에 영향을 주는 방식을 신경 쓰지 않는다.

공교육에 관여하는 사람들은 종교와 교육의 어울림이 위험하다고 아우성이다. 이런 두려움은 수정헌법의 정교분리원칙과 상관이 있다. 이 원칙은 보통 교회를 국가와 분리해야 한다는 요구로 해석된다. 1963년에 연방대법원은 애빙턴 학구 대 셈프Abington Township School District v. Schempp 판례에서, 공립학교에서 성경을 읽고 기도를 하는 것은 수정헌법 제1조를 위반하는 행위이며 헌법에 어긋난다고 판결했다. 이 판결 때문에 개신교계는 엄청난 충격을 받았다. 미국 개신교는 개신교 교회에 좋은 것은 국가에도 좋다고 오래전부터 가정했기 때문이다. 그러나 이 판례는 공교육에서 종교를 완전히 금하지 않았다. 반면, 이 판례는 종교를 '논하는' 행위를 허용하지만, 종교를 '가르치는' 행위를 금지했다. 정교한 개념으로 종교를 구분하기만 한다면, 온전한 교육을 위해 공교육에서 종교를 받아들일 수 있다는 말이다. 제대로 교육하려면 종교를 꼭 수용해야 한다고 생각하기도 한다.

논하는 행위와 가르치는 행위에 대한 정의도 석연치 않다. 자세히 따져보면, 두 가지 행위를 구분할 수도 없다.2) 객관성은 모든 교실에 통하는 확실한 교육학적 전략이다. 그러나 교사는 학생에게 동기를 주려고 객관성만 사용하지 않는다. 대학 교수뿐만 아니라 교사라면 누구나 이렇게 고백할 것이다. 교사 자신이 가르치는 내용에 몰입하지 않는다면, 교사는 존경받지 못하고 오히려 의심받는다. 교육과정의 내용을 충분히 사려 깊게 신뢰하면서, 그런 신뢰를 분명히 표현하고 권장하는 것이 교사의 책무이다. 다른 과목을 가르치는 교사와 똑같이, 종교교사도 자신이 가르치는 과목의 힘과 깊이를 보여줘야 한다. 종교교사는 학생 개인이 풀려고 하는 문제를 가지고 토의할 수 있어야 한다. 여기서 종교교사는 가르치는 내용의 본성과 학생의 발달수준, 관심수준에 맞게 지도해야 한다. 연방대법원은 교회와 국가의 경계를 찾으려 했는데, 연방대법원은 종교를 객관적으로 가르치는 방법이 아니라 종교를 책임 있게 가르치는 방법에 초점을 맞춰야 한다.

그런데 교사는 누구에게 책임감을 느낄까? 종교교사는 학생의 종교생활과 학생이 믿는 종교의 특정한 본성에 적절하게 응답해야 한다. 이것이 나의 주장이다. 나는 이 책에서 교사가 어떻게 적절히 응답할 수 있는지 주로 논할 것이다. 종교를 '논하는' 행위와 종교를 '가르치는' 행위를 그냥 구분한다고 해서 이 문제가 풀리지는 않는다.

교육과 종교에 대한 연방대법원의 판결은 지금까지도 복잡하고 매우 혼란스럽다. 그러나 교육과 종교를 가르는 장벽이 예상만큼 높거나 똑바르지 않다. 예를 들어, 종교가 기반이 된 학교에 장학금을 기부하는 사람에게 주 정부는 감세혜택을 줄 수 있다고 연방대법원은 결정했다. 차터 스쿨과 바우처 정책 덕분에 부모가 원하는 대로 아이를 교육시킬 선택권이 점점 커진다. 더구나 학교는 일부러 종교에 불이익을 줘선 안 된다고 연방대법원은 못 박았다. 휴고 블랙 판사는 1947년 에버슨Everson v. Board of

Education 사건에서 다음같이 진술했다. "종교를 방해하려고 국가권력을 사용해선 안 되며, 똑같이 종교에 유리하도록 사용돼서도 안 된다." 톰 클락 판사는 셈프Schempp 사건에서 이렇게 주장했다. 공립학교는 세속주의라는 종교를 세우지 말아야 한다. 그런 종교는 신앙을 가진 자보다 신앙을 가지지 않은 자에게 더 큰 이익을 줄 것이다. 교회와 국가를 분리하더라도 공공기관이 순수하게 세속적이어야 하는 것은 아니다. 교실에서 종교를 쫓아내려고 학교를 감시하지 말고, 차라리 정부는 프랑크 굴리우짜 교수가 말한 "진정성 있는 중립성"authentic neutrality을 수용해야 한다. 진정성 있는 중립성은 교실에서 종교를 허용하면서도 가르치는 주제에 맞게 종교를 가르치도록 권장한다.3)

안타깝게도, 오늘날 학교는 대부분 세속주의를 받아들인다. 스티븐 카터 예일대 법학 교수는 공공영역에서 종교의 역할을 깊숙이 파헤쳤다. 카터 교수는 콜로라도 공립학교 교사의 이야기를 자세히 다룬다. 이 교사는 자기 책상에서 성경을 치우라는 명령을 받았다. 책상 위에 성경이 있는 것을 학생이 볼 수도 있다. 그는 조용히 성경을 읽는 것도 금지 당했다. 학생이 열심히 시험을 치거나 글쓰기 과제를 할 때도 교사는 성경을 읽어서는 안 된다. 또한, 그는 교실에 있는 책장에서 기독교 서적을 없애라는 말까지 들었다. 하지만, 미국 원주민의 종교를 다룬 책과 다른 종교전통을 다룬 책은 가만히 놔두고.

이 판결을 옹호한 연방법원은 자기 의견을 이렇게 밝혔다. "교사가 교실에서 종교적 분위기를 연출하는 것은 허용될 수 없다. 교사가 그리스도인임을 학생이 안다면, 그런 일이 벌어질 수 있다."4) 카터 교수는 다음과 같은 결론을 냈다. 미국 정부가 직접 나서서 종교가 정책을 지배하지 못하게 막으려 한다. 그래서 우리는 신자는 신자끼리 지내라고 강요하는 정치적 · 법적 문화를 만들어내고 말았다. 이런 맥락에서 학교가 학생에게 보내는 메시지는 분명하다. 종교는 자의적이고 순전히 개인적인 선택이므로 교육처럼 진지한 활동에 어떤 영향이라도 끼쳐서는 안 된다는 것이다. 합리적 인간은 우선순위를 적절하게 정하는 사람이다. 즉, 합리적 인간은 종교가 자기 직업이나 오늘날 중요한 문제에 대한 자신의 결정에 간섭하도록 내버려 두지 않는다.

따라서, 학교는 신앙에 대해 중립을 지키려 하다가 오히려 왜곡하는 짓을 할 수 있다. 종교와 교육을 연구하는 저명한 학자인 워렌 노드는 고등학교가 사용하는 여러 종류의 교과서를 조목조목 분석했다. 워렌 노드의 결론은 우리를 우울하게 한다.5) 교과서에 종교는 거의 나오지 않는다고 한다. 문학이나 역사학 전집에서는 종교를 언급하지 않을 수 없는데, 정작 이런 전집에도 종교는 거의 나오지 않는다. 워렌이 검토한 역사 교과서들은 성경에 대한 역사 비판적 연구에서 시작되어 자유주의 신학이 등장하는 과정을 하나도 언급하지 않는다. 미국 고등학교에서 역사를 배우는 학생은 세계나 서구역사에서 종교가 한 역할을 전혀 모를 것 같다. 종교의 역할도 모르는데, 종교적 세계관이 지적으로 근거 있고 널리 수용되고 있음을 어떻게 알 수 있겠는가!

워렌 노드의 결론에 대해 사람들은 이렇게 대꾸할지 모른다. 고등학교 교과서는 종교에 대한 중립성을 단지 연습하는 수준에서 집필하였다. 하지만, 이런 대답은 무척 순진하게 들린다. 업신여기고 무심한 것도 적대감이다. 이런 태도는 솔직하고 시원한 비판보다 더 해롭고, 더 빨리 전파된다. 세계관을 이루는 요인에서 종교를 빼면, 종교인은 세속교육의 전제를 더욱 낯설어하며 학생은 지성사를 이루는 거대한 영역에 접근하지 못하게 된다. 이것이 더 심각한 문제다.

역사학자와 문학 비평가는 서구 교육가들이 예부터 무시했던 하위문화에 목소리를 불어넣으려고 애쓰지만, 종교적 하위문화를 대부분 이성적 사유와 거리가 너무 멀어 폭넓은 자유주의적 교육과정에 포함할 수 없다고 한다. 복음주의자도 학교 안에서 자기 목소리를 찾지 못한 채, 다른 사람의 목소리를 흉내 내라고 강요당한다. 복음주의자는 할 말이 있다 해도 남을 흉내 내야 한다는 뜻이다.

오늘날 미국 학교는 피상적 영성과 천박한 도덕성, 문화 상대주의를 북돋운다. 확실히 그렇다. 그러나 교육정책을 비판할 때도 교육정책이 종교를 공격한다고 지적하기보다 교육정책이 성차별이나 인종차별을 부추긴다고 지적하는 것이 더 쉽다. 교사는 습관처럼 다음같이 생각해버린다. 아이들은 종교에 너무 민감하므로 아이들을 종교논쟁의 위험에서 보호해야 한다. 하지만, 어린 학생들도 인종과 성별처럼 의견이 날카롭게 갈리는 문제를 학교에서 얼마든지 배울 수 있다. 그런데 종교문제를 소개하면 다른 사람을 공격할 수 있다니 말이 되는가!

로마 가톨릭과 유대교는 오래전부터 사립학교를 세웠다. 세속 학교에서는 자신의 종교적 가치가 부정된다고 믿었기 때문이다. 개신교인은 제2차 세계대전에 끝나고 나서도 공립학교에 남아있었다. 공립학교는 종교를 다룰 때에도 주류 개신교적 가치를 반영하는 시민종교를 자주 지지했다. 이 시민종교의 심장에는 포괄적 유신론이 있었다. 포괄적 유신론은 관용과 상호이해의 이론적 기초를 놓았다. 그러나 시민의식을 이렇게 정의하자, 종교적 진리를 고백하는 것을 강조하고 종교적 진리를 복음주의적으로 이해하려는 사람은 설 자리가 없어졌다. 셈프Schempp 판결 후에 뉴에이지가 미국의 시민종교로 부상하기 시작했다. 개신교도 공립학교를 버리고, 개신교 전통을 아이들에게 자유롭게 전수할 곳으로 떠나기 시작했다. 기독교 대학에 들어가려는 지원자도 급증했다. 학업과 신앙을 분리하고 싶지 않은 학생에게 기독교 대학은 신앙을 고수할 수 있는 환경을 제공했다.6)
실제로 1960년대부터 설립된 중학교 이상 교육기관이 주류 교회와 점점 멀어지면서, 1920년대 진화론 논쟁에서 신뢰를 잃은 근본주의가 다시 떠오를 기회가 활짝 열렸다.

보수적 그리스도인은 레이건 시대에 힘과 위신을 조금씩 회복했는데, 세상이 자신을 대적한다고 쉽게 믿어버린다. 하지만, 기독교에 대한 공공연한 공모는 중요한 문제가 아니다. 학생의 신앙을 잘 대하려는 교사도 많다. 그들은 종교를 교실에서 논하는 방법을 모를 뿐이다. 그런데 교사는 왜 그런 방법을 알아야 할까? 교사도 학생일 때 교실에서 종교를 논하지 않았고, 교사가 되려고 훈련받을 때도 종교를 논하지 않았다. 더구나 공공 영역에서 어떻게 종교를 토의해야 하는지 언론은 좋은 사례를 제시하지 않는다. 결국, 교사는 두 개의 방향으로 내몰린다. 교사는 관용이라는 안전한 기반으로 물러서면서 모든 종교가 똑같다고 생각하거나, 종교를 무대 뒤로 밀쳐 버리면서 학생이 종교를 눈치채지 못하길 바란다.

학생이 교실에서 종교를 토의하면, 학생은 진리와 권위, 신앙 같은 신학적 주제를 질문할 수밖에 없다. 교사도 이 사실을 알고 있다. 그러나 교실에서 신학이 어떻게 기능하는지 모르면, 교사는 신앙을 어떻게 다뤄야 할지 혼란스러워할 것이다. 교사가 교실에서 신학적 관심을 드러내는 방법을 찾아낸다면, 학교는 때때로 사회조직을 찢어버리는 종교적 갈등을 꾸준히 치유할 것이다. 또한, 교사는 사립교육과 공립교육이 점점 분리되는 경향까지도 치유할지 모른다. 공립학교가 교실에서 다시 종교를 다룬다면, 공립학교는 참으로 민주적 기관으로 거듭나며, 부모도 조금씩 공교육을 다시 신뢰하게 될 것이다.

어떻게 해야 교실에서 종교인의 목소리에 귀 기울일 수 있을까? 우리 교사는 학생의 미래에 필요한 지적 기술을 학생에게 가르친다. 이와 더불어 학생이 믿는 종교에 적절하게 응답하려면, 어떤 교육학적 모형이 필요할까? 다원주의 사회를 위협하지 않으면서 종교와 교육을 어떻게 긴밀히 결합할 수 있을까? 앞으로 우리는 교실에서 신앙을 더 자유롭게 드러내야하며, 신앙이 개인과 역사를 형성하는 여러 방법에 더 주목해야 하고, 학문과 인격발달을 구성하는 핵심요소인 신앙의 힘을 더 인정해야 한다. 신자의 헌신과 개인 고백의 가치를 긍정하는 교육학적 전망을 찾으면서, 더 넓은 맥락을 고려하여 신앙을 성찰함으로써 종교의 지평을 넓히도록 학생을 돕는 것이 우리가 떠맡아야 할 과제이다.

교실상황은 어떻게 종교를 대적할까?

학생에게 가장 민감한 교실조차 신앙에 관련된 발언을 배제한다. 이런 일이 어떻게 벌어지는지 따져보고 나서, 세속적 교실에 종교가 소개되는 방식을 논해보자. 확실히, 세속적 교실에서 통하는 관습이 스스로 종교를 받아들인 학생에게 불리하게 작용할 수 있다. 교수는 학생 앞에서 되도록 지적으로 말하고 학생을 휘어잡으려 한다. 교수의 어조는 이미 교실에서 기대되는 행위와 허용되지 않는 행위를 규정한다. 전문인답게 전문적 용어로 학습내용을 통달했다는 것이 교수와 학교 교사를 가르는 유일한 차이점이다. 교수는 학생을 훈육할 수 있다. 즉, 엄청나게 많고 복잡한 정보를 제어할 수 있음을 학생에게 보여줄 수 있다. 대학에서는 학생을 훈육하는 일이 주요 문제가 아니며 중요한 초점도 아니다. 그러나 훈육은 대학에서도 계속된다. 생각과 텍스트를 제어하려고 이론과 분석을 사용한다. 이런 사실들이 학생에게 어떤 메시지를 줄까? 학생이 자기 삶을 괄호치고 복잡한 지적 문제를 통제하는 법을 배워야만, 학생은 교실에서 성과를 낸다는 것이다.

학생이 손을 들고 질문할 때, 그것이 어떤 질문이든 학생은 실제로 "내가 충분히 똑똑하죠"라고 묻고 있다. 학생도 이 사실을 배운다. 학생은 원래 교사의 승인을 받고자 한다. 그래서 학생은 교사가 훈육하는 대로 자신을 훈육하는 법을 배운다. 따라서, 학생은 학습내용에 대한 자기 생각을 검열한다. 교실에서 가장 인정을 받고 앞으로 정말 선생님이 될 것 같은 학생은 결국 지성의 관심과 영적 관심을 어떻게 분리하는지 배운다. 이 학생은 교사와 학교를 만족시키는 법을 안다. 하지만, 그는 한쪽으로 치우친 채 성장한다. 그가 교사가 된다면, 경험의 여러 측면을 통합하지 못하는 무능력을 자신이 가르치는 학생에게 고스란히 물려준다.

이런 교육체제에 반기를 드는 교사는 지나치게 여리다고 비판받는다. 즉, 이런 교사는 학자다운 전문성을 치료로 대체하고, 학계가 세운 높은 수준을 포기하고 싸구려 대중성을 얻으려 한다고 비난받는다. 학계에는 학생과 너무 친밀해지지 말라는 금기가 정말 있다. 학생에게 너무 인기가 많은 교사는 학문적으로 얄팍하다고 한다. 학생을 들뜨게 하여 학생이 참여하지 못하게 만드는 가르침은 참되지 않다고 사람들은 은근히 가정한다. 학생이 정말 교사를 사랑하면, 교육이라고 할 수 없는 것이 교실에서 작동할 것이다. 수업할 때 학생이 너무 떠들면 나는 조급해진다. 학생이 너무 크게 웃으면 나는 조용히 하라고 다그친다. 내 동료 교수가 교실에서 나는 소리를 듣고 우리가 공부하지 않는다고 의심할까 두렵기 때문이다. 교사 대부분은, 인기 있는 교사는 자기 성격을 부당하게 사용한다고 믿는다. 좋다. 그렇게 의심해 보자. 교사는 학생이 정말 알아야 하는 정보와 방법론을 모두 꿰뚫지 못한다. 학습내용을 모두 살펴야 한다는 의무감 때문에 우리는 훌륭한 교실 토의를 몇 번이나 중단시켰나? 좋은 교사는 학생이 토의하도록 돕지만, 좋은 교사마저도 지나친 개인 대화가 수업을 망칠지 모른다고 여전히 걱정한다. 지나치게 대화하다 보면, 학생은 순수한 지식으로 가는 길에서 벗어나 우회할지 모른다.

종교인의 목소리를 잠재우는 전략

지금까지 나는 교실이 대체로 열정과 감정, 개인적 개입을 변두리로 내몬다고 주장했다. 학생의 개인 생활을 두루 살펴보면 정말 그렇다. 그러나 종교문제에 대해 교사가 더 많이 긴장한다. 교사는 학생을 훈육하고 통제해야 한다고 믿기 때문에 더욱 긴장한다. 어떤 신문이든 읽어보라. 아니면 서점에 가 보라. 자신의 종교체험이 타당하다고 인정받은 사람은 어떻게든 종교를 입증하려고 한다. 그렇지만, 종교수업은 종종 대화를 차단해버린다. 그런데 대화 덕분에, 종교 연구는 흥미로워지고, 사람들의 생각을 바꿀 수 있다.

교실에서 종교적 발언을 가로막는, 3개의 전략이 있다. 이것은 언급되지 않지만, 자주 드러난다.

냉소주의, 희생양 만들기, 객관주의가 그 전략이다. 종교를 비판하는 사람은 종교의 위선을 꼬집는다. 이런 비판에는 냉소주의가 깔렸다.[7] 교실에서 종교적 개념이나 가치를 토의하면, 학생은 이런 개념이나 가치는 아무 뜻이 없다고 지적한다. 누구도 그런 개념이나 가치를 따르며 살지 않기 때문이다. 학생들이 워낙 이런 말을 많이 하기에 도대체 몇 번이나 들었는지 기억도 안 난다. 종교가 내세우는 이상을 제대로 비판해야 한다. 그러나 문화에 널리 퍼져 있는 냉소주의를 그냥 받아들인 채 값싼 비판을 늘어놓는다면, 일단 이것은 교육에도 도움이 되지 않고 다른 학생들까지 방해한다. 한 학생이 모든 종교인은 위선자라고 선언하면서 자신이 굉장히 중요한 지점을 짚었다고 생각한다면, 교사는 잠시 수업주제에서 벗어나 위선의 뜻을 학생에게 곧바로 물어봐야 한다. 교사는 이렇게 질문할 수 있겠다. "다른 집단보다 그리스도인이 자신의 이상에 더 충실해야 한다고 기대하는 이유는 뭔가요?" 이렇게 물으면서 교사는 신자의 행위를 판단할 때 들이대는 이중 잣대가 과연 올바른지 학생들과 토의할 수 있다. 교사는 아예 이렇게 질문해야 한다. 그렇게 많은 신자가 왜 도덕적 이상에 맞지 않게 사는지 기독교와 다른 종교는 설명할 수 있을까? 아무튼, 냉소주의가 낳은 파괴적 효과를 생각해 보도록 교사는 학생을 도와야 한다. 확고하게 믿으면서 높은 도덕적 이상을 품는 것은 어려우므로 그런 행동은 적절하지 않다고 생각하는 학생이 너무 많다.

두 번째 전략인 희생양 만들기는 종교 우파가 가하는 '위협'을 이용한다. 이 전략을 사용하는 사람은 종교 우파가 가하는 위협을 지적하면서 종교적 발언을 하는 사람을 겁준다. 종교 우파는 종교열정과 동일시되고, 종교열정은 우리를 떨게 하는 존재로 환원된다. 일단, 이렇게 되면 종교를 믿는 학생도 입을 다물거나, '좋은' 종교라는 탈을 쓸 수밖에 없다. 여기서 좋은 종교는 보통 초교파적 상대주의를 뜻하는데, 초교파적 상대주의는 공손하고 소심하기 때문에 많은 사람이 받아들일 수 있다. 종교 우파가 이렇게 제거되면, 희생양 효과가 나타나 학급은 더욱 하나 됨을 느낀다. 적을 알아보고 적에게 이름을 붙임으로써 학급은 하나가 된다. 다른 사람을 관용하는 '우리'는 '그들', 편협한 보수적 종교인과 같지 않다고 모든 사람이 동의하면 종교를 논해도 껄끄럽지 않다. 그러나 다소 인위적으로 우리와 그들을 나눴기 때문에, 종교를 믿는 학생은 다른 사람의 거부를 참아내면서 솔직하게 말하지 못할 것 같다. 한 학생이 종교 우파를 꾸짖는다면, 교사는 학생에게 반대하면서 고정관념과 언론이 만들어낸 표상을 토의해야 한다.

어떤 집단에 대한 고정관념이 드러나면, 교사는 언제나 그렇게 토의할 수 있다. 내 경험상, 기독교 근본주의자는 대학 수준의 고등교육기관에서 가장 공개적으로 꾸준히 비난받는 집단이다. 복음주의자도 종종 기독교 근본주의자와 같은 집단으로 분류된다. 학계의 문화는 학계가 내뱉은 비난을 승인했다. 그리고 근본주의자에 대한 고정관념에 저항하면서, 보수적 종교인이 실제로 무엇을 믿으며, 그들도 얼마나 다양한지 거의 토의하지 않는다. 이것은 부끄러운 짓이다.

세 번째 전략인 객관주의는 종교를 늘 대상으로 여긴다. 종교는 우리가 멀리서 바라보는 대상이지, 우리에게 요구하고 우리를 바꾸려고 밀어붙이는 주체가 아니라는 뜻이다. 종교를 이런 대상으로 여기는 짓은 일단 나쁜 교육학이다. 이런 관점은 종교를 올바로 다루지 않기 때문이다. 종교는 도덕 가치와 절대적 주장을 구현한다. 궁극적으로 중요하지 않은 주제를 다루듯이, 이런 가치와 주장을 다룰 수 없다. 그렇다. 종교수업에서 학생은 더욱 다양하고 지적인 담화에 참여함으로써 신앙을 넓히는 법을 배워야 한다. 그러나 종교 연구를 처음부터 흥미롭고 자극적으로 만든 열정을 포기하라는 뜻은 아니다. 종교를 멀리 있는 대상처럼 관찰하면, 종교를 믿는 학생은 종교인으로서 교실에 들어올 수 없다. 종교를 믿는 학생은 그런 분위기에 못 이겨 분리의 가면을 쓸 수밖에 없기 때문이다. 분리의 가면은 학생이 수업의 핵심이자 삶의 기초인 종교와 접촉하지 못하게 막는다. 때때로 교사는 토의하다가도 텍스트와 주제로 돌아가야 한다. 그러나 정말 상관도 없고 쓸모도 없는 토의를 피하기 위해서 그렇게 해야 한다. 학생이 진심으로 털어놓는 이야기는 지식으로 가는 도로에서 벗어난 우회로가 아니라, 그 도로를 지나가고 지나갈 만한 길로 만들어 주는 자동차이다.

종교 : 곧바로 토의할까? 에둘러 토의할까?

객관성에 얽힌 문제를 자세히 검토해보자. 그만큼 이 문제는 중요하다. 교육학적 양식을 논할 때, 우리는 정보를 전하는 방법만 다루지 않는다. 교육학적 양식은 폭넓은 사회적 논쟁거리와 이어져 있다. 교육제도는 어떤 교육학적 양식에 특권을 주고 보상하지만, 다른 양식을 질책하고 거부한다.

내가 정의한 대로 종교를 종교인답게 가르치는 행위는 수행적 기술이
다. 말하는 자는 수행적 기술을 활용하여 말하는 내용과 긴밀하게 연결된
다. 신학을 고려하여 수업의 방향을 잡는다면, 쉽게 바뀔 수 있는 여행을
떠나는 것이 수업의 목표가 되어야 한다. 즉, 종교를 주제로 삼아 모든 수
업 참여자가 자기를 발견하고 자기를 만들어가는 여정을 수업목표로 삼아
야 한다. 그러나 학계는 전체론에 맞는 교육보다 신체에서 분리한 지성이
더 가치 있다고 생각한다. 신학자는 다른 동료 학자들을 상당히 불안하게
할 수 있다. 신학자는 특수한 역사 전통을 곧바로 인용하면서 의미의 기준
에 호소해버리기 때문이다. 반면, 신학자는 현상을 작은 부분으로 나누는
분석 작업을 조금은 피한다. 신학은 믿음을 동원하여 세속 교육을 곤란하
게 한다. 학계 지도자는 보통 종교적 신념을 내용 없는 껍데기로 여긴다.
믿음은 기껏해야 역사적으로 탐구할 만한 주제다. 그러나 학계 지도자가
보기에 믿음은 공감하거나 철학적으로 방어하기에 적합하지 않은 주제이
다.

　신학을 누구나 볼 수 있게 드러내고 싶지 않아서, 종교교사는 대부분 종
교를 논하는 방법과 종교에 관련하여 이야기하는 법을 배운다. 반면, 종교
교사는 종교 신앙이 제기하는 문제에 학생이 곧바로 개입하지 않게 막는
다. 그러나 이렇게 종교를 객관적으로 대하는 태도는 신학을 곧바로 사용
하는 전략 못지않게 수사적 효과를 노린다. 간접 교육법을 사용하는 교사
는 머뭇거리고 주저하는 목소리로 종교를 말한다. "어떤 사람은 그렇게 믿
을지 몰라…" 간접 교육법을 이용하는 교사는 아이러니 같은 비유적 수사
에 의지하면서, 종교적 열정을 가볍게 만들고, 종교에 대한 교사의 관찰을
부드럽게 표현하며, 학생의 믿음을 정중하게 승인한다. 시트콤을 보는 시
청자는 무엇이 농담인지 잘 모른 채 엉뚱한 장면에서 웃지 않을까 다소 걱
정한다. 그래서 시트콤 제작자는 웃음을 기계적으로 삽입한다. 이처럼 교

사도 아이러니와 절제를 이용하여 지금 배우는 것을 굳이 믿지 않아도 된다는 신호를 학생에게 보낸다. 종교 연구는 껄끄럽게도 종교를 실천하는 행위처럼 보인다. 학생도 어색한 분위기를 원하지 않는다. 다른 모든 학생이 종교적 사상을 장난감처럼 가지고 노는 마당에 혼자 신앙고백을 하여 부끄러움을 당하려는 학생은 없을 것이다.

이렇게 교실 상황에 맞는 공손함과 유보는 건전할 수 있다. 이런 방법이 통하는 것을 보면, 종교를 논할 때도 다른 현상을 논하듯이 똑같은 방법과 어조를 사용할 수 있다. 그러나 이 방법도 남용되면, 학생은 종교에서 멀어질 것이다. 가설을 말하듯 종교를 이야기하면, 종교같이 뜨거운 주제를 토의하는 학급은 원래 침착하고 절도 있어야 한다는 생각이 강해질 수 있다.

종교를 연구대상으로 규정하고 신앙고백같이 솔직하고 덜 절제된 담화를 금한다면, 학생은 종교의 주관적 차원은 많은 문제를 불러오기 때문에 공공영역에서 다룰 수 없다고 믿게 될 것이다. 간접 교수법은 진리에 대한 질문을 하찮게 여긴다. 그래서 학생은 간접 교수법 때문에 전략을 개발하고 실행할 기회를 잃는다. 즉, 학생은 다원주의를 지향하는 공공영역에서도 진리 주장을 평가하고, 수정하고, 방어하는 전략을 만들지 못한다.

세속 교육에서는 간접 교수법이 우세하다. 그래서 신학자는 신학적 수사학의 특징에 민감하게 반응할 수 있다. 종교영역에 속한 다른 방법론에 비해, 신학적 주장은 믿음체계에 훨씬 진하고 분명하게 새겨져 있다. 그래서 신학적 주장이 학계에 소개될 때, 신학적 주장은 막무가내 침입하는 담화처럼 보인다. 세계관들이 널리 전해지도록 권장하고, 열정적 동의보다 복잡한 모호함을 선호하는 문화에서 어떤 종교적 표현과 설명은 고집스럽고, 퇴행적이며, 말싸움을 거는 것처럼 보인다. 종교적 표현과 설명이 겨냥하는 의도와 상관없이 사람들은 그렇게 느낀다.

에둘러 말하지 않고 곧바로 말하면서 신학하는 방법을 논할 때, 나는 신학이 반드시 싸워야 한다고 주장하지 않았다. 고백을 허용하면서 신학을 한다고 해서 신학이 꼭 적을 물리치고 주장을 반박해야 하는 것은 아니다. 고백을 허용하면서 가르치는 법을 진정으로 옹호하는 여성주의자도 많다. 인기 있는 책인 『여성스럽게 아는 법』을 보면, 이것을 금방 확인할 수 있다. 이 연구서에는 어머니 같은 교수법a maternal model of teaching이 나온다. 이 교수법은 개인이 인지하는 실제 문제를 수업자료와 연결해야 한다고 강조한다. 논쟁을 통한 가르침은 인지 갈등을 증폭시킨다. 권위의 위계질서에 호소하고 방법을 통달해야만 인지 갈등을 해소할 수 있다. 반면, 어머니 같은 교수법은 교실에서 터져 나오는 목소리를 잘 듣는다. 수업에 참여하는 모든 학생이 나름대로 학습양식을 개발하도록 교사가 나서야만, 수업에 참여한 사람들은 서로 이해하려고 노력할 수 있다. "일관성 있는 교사는 신앙인이다. 그런 교사는 학생의 사고를 신뢰하고 학생이 사고를 확장하도록 돕는다. 그러나 인지발달을 촉진하는 요인을 다룬 심리학 문헌을 따르면, 의심은 믿음보다 인지발달에 더 많이 관여한다. … 대체로 여성은 의심받으면 의기소침해지고 기운이 솟지는 않는다."[8]

더구나 『여성스럽게 아는 법』을 쓴 저자들은 학생이 자기 목소리를 찾으려면 교사가 자기 목소리를 먼저 내야 한다고 주장한다. 열정과 믿음이 어우러져 전문성과 명료함을 가장 섬세하게 추구할 때, 교사는 자기 목소리를 낼 수 있다. 교사의 이런 태도 덕분에 우리는 합리성을 "불완전하지만, 인간이 실행할 수 있는 활동"으로 볼 수 있다.[9] 포스트모던 건축가처럼, 신학을 추구하는 교사는 교실이 발달한 과정을 기술하면서 교실의 구조를 드러낸다. 그리고 그는 의제와 목표를 밝히고, 그것들을 논평하고 다시 기술한다. 그는 신학적 의제와 신학적이지 않은 의제를 함께 밝힌다.

물론, 에두르지 않고 곧바로 말해도 위험하긴 하다. 포스트모던 철학자가 즐겨 말하듯 언어는 권력이다. 그래서 종교교사가 신앙의 언어를 통제하는 권한을 학생에게 넘겨주려 할 때, 종교교사는 당연히 안절부절못한다. 언어 권력은 특히 기독교의 가르침과 연관이 있다. 과거에도 연관이 있었고, 우리 시대도 언어 권력의 문제에 관심이 있다. 지금까지 기독교는 여러 가지 억압에 이바지했다. 오늘날 학생이 표현하는 관점은 정말 다양하다. 학생이 믿는 종교도 다양하며, 아예 종교에 반대하는 학생도 있다. 그렇지만, 로빈 러빈Robin Lovin이 주장하듯 교사는 자주 다음처럼 믿어버린다. 학생은 기존의 가치를 받아들이고 검토하지 않은 채 교사를 만나기 때문에, 교사는 학생이 믿는 가치를 분석하고 비판해야 한다. "우리는 아직 새로운 학생을 맞이할 준비를 못했다. 새로운 학생들은 가치관이 없거나 모든 가치를 의심한다."10) 이념과 전통을 따르는 사람은 평생 한결같이 살 수 있다. 그런데 오늘날 학생은 이념과 전통을 열심히 따르고 섬긴 적이 없다. 따라서, 교사는 학생의 생각을 비판하는 데 그치지 말고 학생에게 방향도 제시해야 한다. 즉, 학생은 용감하게 도덕을 말하고, 분석과 행위, 이성과 믿음을 과감하게 통합해야 한다. 학생이 종교를 진심으로 대하길 바란다면, 학생이 종교를 종교인답게 받아들이는 것을 흔쾌히 인정해야 한다. 그런데 우리는 종교다원주의와 학생 자율성을 존중하면서도 어떻게 이런 가능성을 인정할 수 있을까?

기독교가 주도권을 잡을 것 같아 걱정된다

일부 교사는 이렇게 결론을 내릴지 모른다. 언어도 권력이라면, 가장 강력한 언어 형태를 교실에서 검열해야 한다. 신앙을 고백하고 교리를 변증하는 언어 형태를 검열해야 한다. 신학은 권위를 강조하고 교리를 방어하며, 스스로 학문이라고 주장하지만, 개종시키려는 열망을 겨우 위장하며, 실제로 먼 옛날에 속한 특권을 되살리려 애쓴다고 이해하기도 한다. 그러나 이런 통념과 다르게 신학자는 교실에서 자신의 믿음과 관점을 가장 조심스럽게 드러내는 사람들이다. 대체로 오늘날 신학은 현대철학의 방법이 지정한 엄격한 기준으로 자신을 정당화하려고 무던히 애쓴다.

학생들은 서로 싸우는 전통들을 대변하지만, 우리는 종교문제를 어떻게 합의해야 할지 모른다. 방법론도 합의하지 못했고, 실제로 합의를 이끌어내지도 못했다. 이런 맥락에서 객관성은 모든 종교교사에게 편리한 피난처가 되기도 한다. 그래도 이것은 확실하다. 신앙과 열정이 교실에서 허용될수록 종교적·정치적으로 분열된 미국을 치유하는 데 도움이 되는 토론의 기회가 늘어날 것이다. 우리가 객관주의 뒤에 숨을수록 객관성이 극복하려는 종교적 소외는 오히려 깊어진다. 신앙을 사고하고 성찰하면 교실에서 갈등이 빚어질 거라고 교사는 걱정한다. 하지만, 이런 갈등은 일어날 수밖에 없다. 바로 그런 이유 때문에, 우리는 종교를 논하는 법을 학생에게 먼저 가르쳐야 한다.

구체적으로 유대교와 기독교의 관계를 살펴보자. 교사는 때때로 기독교 신학을 피한다. 유대인 학생을 불쾌하게 만든다고 생각하기 때문이다. 한때, 유대인 대학생은 유대교의 전통과 역사를 가르치는 수업을 찾기 어려웠다. 그런 수업이 거의 없었기 때문이다. 유대교 연구과정이 매우 빠르게 늘어나면서 유대인 학생들은 이제 유대교를 대학에서도 배우게 되었다. 유대교 연구의 성장과정을 보면, 종교가 학계에서 어떤 긴장과 불안을 일으키는지 잘 알 수 있다. 유대교 연구 덕분에 유대인 학생은 이제 자신을 잘 이해할까? 아니면 유대교 연구는 학문적 엄격함을 추구하면서 오히려 정체성을 세우려는 개인의 노력을 희생시킬까?

하바 티로쉬 사무엘슨 교수는 최근에 열린 유대교 연구 학회에서 불평을 늘어놓았다. 유대인이 아닌 학생이 유대교 문화를 탐구하려고 유대교 연구수업을 듣는데, 유대인 학생은 다른 곳에서 영적 양식을 찾는다는 것이다. 하바 교수는 이렇게 주장했다. "유대교 연구를 존경받을 만한 학문 영역으로 다른 학문과 버금가는 직업으로 만들려고 너무 서두르는 바람에 우리는 유대교 연구에 근거를 제공하는 정신을 죽여 버렸다."11) 하바 교수는 학문으로 인정받으려는 비판 작업을 경계했다. 이런 비판은 소외와 자기혐오를 불러올 뿐이다. 이 학회에 참석한 많은 학자는 하바 교수의 지적이 적절하지 않으며 학자답지 못하다고 생각했다.

유대교 연구는 홀로코스트 이후 학계에서 나름대로 자리를 잡았다. 유대교 연구는 하나의 학과로서 자기 길을 가려고 애쓴다. 여기에 학문을 향한 야망을 넘어선 야망이 있다. 인종과 문화 연구는 정치적·종교적 관심을 벗어날 수 없다. 물론, 많은 연구자가 객관성을 추구하면서 이데올로기를 피하려 하지만, 유대교 연구과정에 개설된 과목은 유대인의 정체성과 응집력, 동화과정을 주로 다룬다. 유대인이 종교와 문화의 영역에서 형성되는 과정을 깊고 넓게 연구하려는 현직 학자들이 유대교 연구의 미래를 결정할 것이다. 유대교 연구는 다른 전문화된 연구기획에 동화하면서 유대교 역사와 전통을 스스로 지워버리는 기구한 운명을 맞이할 것이다.

여기에 기독교 연구도 명심해야 할 교훈이 있다. 그러나 기독교는 학계에서 유대교 연구에 버금가는 학문영역을 지니지 않았다. 목적을 따졌을 때, 삼사십 년 전에 종교 연구기획은 실제로 기독교 연구기획이었다. 하지만, 얼마 전부터 사정이 달라졌다. 종교 연구가 비서구권 주제를 점점 다루게 되자, 칼리지와 대학교에서 기독교를 연구할 기회가 상당히 줄었다. 공립학교에서 종교 연구기획은 신학교 교육과정을 그대로 답습한다는 비난을 피하려 한다. 다시 말해, 종교 연구를 공부하는 학생은 교회사와 신학을 거의 배우지 않는다는 뜻이다. 종교 연구학과가 있는 대학에서는 기독교를 가르치기도 한다. 그러나 기독교의 여러 분야를 계획에 따라 가르치지 않는다. 기독교 연구가 특정 학과로 존재하지 않았기 때문에 기독교학자와 교사는 기독교 연구의 역할과 목적을 주제로 토론할 수 없었다. 이런 토론은 유대교가 교육계에서 발전하는 것 못지않게 시급한 일이다.

유대인 교수가 유대교 전통의 생존과 번영에 지나치게 신경 쓴다고 해서 이상하게 쳐다보는 학자는 드물다. 물론, 여기에 특별한 사정이 있다. 홀로코스트가 낳은 처참한 결과와 종교가 다른 사람들의 결혼이 점점 늘어나는 추세를 고려할 때, 유대교에 대한 관심은 그다지 이상하지 않다. 학계는 기독교의 미래를 거의 다루지 않는다. 따라서, 기독교가 맞이할 미래에 대한 학계의 관심은 유대교와 같지 않다.

하지만, 기독교와 유대교를 이렇게 비교할 때, 우리는 그리스도인의 느낌을 놓친다. 즉, 기독교 신앙은 대학 같은 문화 권력의 중심부에서 점점 밀려난다고 믿는 그리스도인이 꽤 많다. 더구나 소비 중심의 문화에서 가치는 점점 동질화된다. 그래서 종교에 대한 교양이 점점 사라지듯이, 종교도 사소한 일로 축소될지 모른다. 종교도 시장에서 사고파는 거래 대상이 된다. 신앙이 사람들의 필요를 곧바로 채우지 못하면, 신앙은 다른 신앙으로 대체될 수 있다. 어떤 종교도 참이 아니다. 모든 신앙은 특정한 때에만 쓸모 있기 때문이다.

신앙은 이렇게 부식된다. 이런 조류에 맞서, 종교인은 폭넓은 세속문화와 종교인의 공통점보다 종교인들 사이에 공통점이 더 많다는 사실을 깨닫는다. 종교 연구 덕분에 신앙인도 현대세계에서 번성하는 길을 찾을 수 있다면, 종교 연구는 세계의 여러 종교가 더 가까워지도록 도와야 한다. 실제로 그리스도인이 더 많고 유대인은 다소 적은 학교에서, 유대교에 대한 관심을 긍정하는 가장 좋은 길은 유대교와 기독교의 대화를 계속 촉진하는 것이다. 지난 20년간 기독교 신학을 일구었던 주제도 유대교와 기독교의 대화였다. 기독교를 믿는 학생에게 유대교를 소개하는 가장 좋은 방법도 기독교를 믿는 학생이 신학을 연구하게 하는 것이다. 그가 신학을 연구하면, 그는 기독교가 유대교에 기대고 있음을 똑바로 보면서 두 종교의 복잡한 관계를 조사할 기회를 얻을 것이다. 그는 기독교가 반유대주의에 이바지했던 끔찍한 과거도 조사할 수 있다. 유대교와 기독교의 대화는 학계에서 유대교가 맡은 역할에 도움이 될 것이다. 이 대화는 미국에서 번성하는 유대인 집단에도 유익할 것이다.

그리스도인이 유대교를 잘 알수록, 그리스도인은 솔직하고 열린 마음으로 기독교의 기원을 토의할 수 있다. 또한, 그리스도인과 유대교인의 관계도 더 좋아질 것이다.

안타깝게도 공교육에서는 이런 대화를 보기 어렵다. 복잡한 철학적·신학적 문제를 사고하도록 생각의 구도를 잡아주지 않으면, 당신은 학생과 함께 다양한 종교 전통을 토의할 수 없다. 하지만, 우리 교육제도는 앞으로도 생각의 구도를 잡도록 학생을 도울 것 같지 않다. 교사나 교육학자는 기독교 신학을 교실에 도입하면 이슬람 학생이나 비서구권 종교를 믿는 학생이 언짢을지 모른다고 걱정한다. 그러나 신앙의 충돌을 적절하게 다루도록 훈련을 받은 학자는 대체로 신학자밖에 없다. 비교종교학자도 이런 학자에 속한다. 우리가 신앙의 차이를 억누르지 않는다면, 종교다원주의가 신앙의 진리에도 적용되는지 솔직하게 터놓고 질문해야 한다. 이렇게 질문하려면 신학적으로 성찰해야 한다.

물론, 종교를 진지하게 고민하는 시기는 학생마다 다르다. 따라서, 학생이 이런 질문을 다룰 준비가 되지 않았다면, 믿음에 얽힌 어려운 문제를 생각해보라고 학생에게 강요해서는 안 된다. 그렇다고 해서 교육할 때, 믿음에 얽힌 질문을 하지 말아야 한다는 뜻은 아니다. 종교를 통해 많은 학생이 처음으로 무언가 배우려고 하기 때문이다. 교사는 종교를 터놓고 이야기하지 못하게 하려고 다양성 개념을 자주 이용한다. 종교를 기독교의 맥락에서 토의하거나, 기독교를 믿는 학생이 자기 신앙을 너무 내세우면,

무신론자나 소수의 종교를 믿는 학생이 불편하지 않을까? 교사는 이렇게 걱정한다. 여기서 다양성 개념에 오히려 문제가 도사리고 있다. 실제로 모든 관점을 똑같이 진지하게 다룰 수 없다. 우리는 건강한 교육환경을 관용으로 확고히 세울 수 있다. 그러나 관용을 교육과정의 목적으로 삼을 수 없다. 우리가 모든 것을 관용한다면, 어떤 것도 진지하게 다룰 수 없을 것이다. 우리 삶은 다양하다. 하지만, 다양성만으로 삶의 철학을 세울 수 없다. 학생은 세상에서 자기 자리를 잡고, 뿌리를 내리고, 놀라게 하고 영감을 주는 소망을 좇아가며, 꿈꾸고 희망하는 법을 배워야 한다. 그래서 보수적 이데올로기가 오늘날 대학에서 그렇게 인기가 있는 것이다.

학생에게 세계는 혼란스럽다. 그래서 혼란한 세상에서 질서를 만들어낼 때, 학생은 지성만 신뢰하지 않는다. 학생은 공동체와 전통, 신앙을 강조하는 철학과 신학에 끌린다.

종교과목이 선택과목이고, 신앙을 귀하게 여기기만 한다면, 어떤 공립학교도 종교과목을 배우려는 동기를 학생에게 불어넣을 수 있다. 일단, 신학적 성찰을 시도한다면 어떤 학생이라도 생각을 가다듬는 법을 배울 수 있다. 하지만, 종교의 본성은 매우 민감하므로 종교과목은 선택과목이 돼야 한다. 종교는 너희에게 좋으니까 종교과목을 들어야 졸업할 수 있다고 말하지 말아야 한다. 그렇게 할 때, 학생은 종교를 가장 훌륭하게 사고할 것이다. 그러나 서구 문명을 다루는 과목이나 세계문화와 전통을 조사하는 과목에 종교가 포함되지 말아야 한다는 뜻은 아니다. 우리는 종교수업에서 학생과 지역사회에 얽힌 관심과 문제를 따져봐야 한다. 학생의 말을 듣고, 신앙을 공공영역에서 펼치도록 학생에게 기회를 줌으로써 종교를 가장 잘 가르칠 수 있다면, 종교과목은 지역사회의 통제를 받아야 한다. 유익하고 도전적이고 종교적인 성찰을 펼치려면, 교사는 청중이 어떤 사람인지 잘 알아야 한다. 교육학자는 지역주민을 알아야 한다. 이것을 다르게 표현하자면, 종교 연구는 탐구주제에 충실해야 하지만, 학생의 신앙에도 충실해야 한다. 학생의 신앙 덕분에 종교 연구는 흥미를 돋우고 변화를 일으킨다. 학생이 종교를 믿지 않아도, 효과는 똑같다.

진화논쟁을 슬그머니 무시하지 않는 법

종교와 교육을 논할 때, 사람들 대부분이 곧바로 떠올리는 논쟁은 바로 진화논쟁이다. 아마 다른 어떤 논쟁거리보다 과학적 창조론 운동은 종교가 학교에서 하는 역할을 둘러싼 자유주의자와 보수주의자의 견해를 완전히 갈라놓은 쐐기가 되었다. 종교 우파는 자기 견해를 교실에서 표현하려고 무슨 짓이든 한다고 교사는 걱정한다. 그래서 교사는 종교적 중립을 지키는 교육을 사수하는 데 필요한 일이라면 어떤 일이든 해야 한다고 생각한다. 적어도 하나님은 인간을 직접 창조했거나 진화과정을 통해 창조했다고 대다수 미국인이 믿는 한, 이 논쟁은 끝나지 않을 것이다.

종교에 충실한 사람은 자기 견해가 교육에 드러나지 않을 때 다소 불쾌해진다. 종교 교육에도 같은 시간을 배정하라는 요구는 이런 불쾌함을 표현하는 징후이다. 미국인 대부분은 정말 다원주의에 따라 진화논쟁을 이해하려고 한다. 그런데 다원주의는 과학과 신앙을 모두 존중한다. 안타깝게도, 이런 다원주의마저 종종 흑과 백으로 갈라진 논쟁으로 변질한다. 진화를 둘러싼 논쟁은 미국의 교육이 엄청나게 실패했다는 사실을 대변한다.

진화론은 인간 삶의 뜻과 목적을 둘러싼 물음에 긍정적으로 답하지 않는다. 자연선택의 기제는 더 높은 목적을 반영하지 않는다. 자연선택에는 방향이 없기 때문이다. 있다 해도 방향성을 거의 느낄 수 없다. 진화론을 따르면 종의 지능과 복잡성이 증가하는 현상은 행복한 우연이며 무작위 과정이지 진보하는 발달이 아니다. 인간도 엄청난 우연에서 비롯되었다.

비인격적 사건이 연달아 일어나면서, 믿기 힘들만큼 드문 사건이 일어났다. 그것이 바로 인간이다. 진화는 우주를 무심한 존재로 그린다. 그래서 희망과 소망이 어떻게 헛되지 않은지 설명하려고 많은 사람이 종교를 찾는다. 그래도 진화는 우리에게 아무런 영직 위로를 주지 않는다.

우주의 기원과 생명의 성장은 과학만이 다루는 주제는 아니다. 인간의 본성과 모든 사물의 궁극적 기원에 대한 형이상학적 질문을 하지 않은 채, 진화를 가르칠 수 없다. 우리가 형이상학적 질문을 무심코 하게 되더라도 그렇다. 과학자는 대부분 형이상학적 질문을 다룰 때, 경험적 방법만 언급한다. 어떤 사람이 생물학을 가르치면서 철학적 문제까지 건드릴 때, 진화는 계획되지 않은 자연의 진행과정이라고 강조한다면, 그는 회의주의나 무신론을 추천하는 것이다. 보수적 종교인은 이렇게 될 거라고 올바로 예견했다. 더구나 일부 과학자는 진화를 이용하여 세속적 세계관을 지지한다. 그들은 종교적 미신의 어두운 힘을 봤다고 말하면서 그런 힘에 맞서 싸우려 한다. 자신은 그저 좋은 과학을 널리 알리려고 했을 뿐이라고 이런 과학자들은 말한다. 그러나 그들은 정직하게 말하지 않았다. 반면, 창조주의자는 자기 의견이 학교교육과정에서 존중받기 어렵다는 것을 안다. 그래서 창조주의자는 과학 언어로 신학논증을 숨기려 한다.

일부 과학자와 창조주의자는 모두 한 가지 사실을 보지 못하게 가로막는다. 즉, 이런 문제들은 기본적으로 종교와 연결되며 과학과 별로 상관이 없다. 그래서 진화를 가르치는 일은 참 미묘하다. 진화를 연구하면 자연스럽고 불가피하게 삶의 뜻을 묻게 된다. 하지만, 과학자 대부분은 이런 질문에 서투르다. 과학을 가르치는 교사도 신학적으로 성찰하는 방법을 제대로 배우지 않았을 것이다. 그러나 신학에 민감하고 신학을 다룰 수 있는 교사가 사용할 만한 교육과정은 있어야 한다. 우주의 궁극적 기원과 인간 본성에 얽힌 질문을 생물학 수업이 아니라 되도록 종교수업에서 다룬다면, 우리는 과학을 과학으로 인정하면서도 다수의 학생들에게 말할 기회를 줄 수 있다. 바로 하나님의 신비와 인류의 독특함을 사고하려는 많은 학생에게 자기 의견을 말할 기회를 줄 것이다. 다시 말해, 우리는 진화라는 주제가 가하는 압력을 줄여야 한다. 일단 그렇게 되면, 진화론을 진화론 그대로 다룰 수 있고, 진화론이 생명에 얽힌 모든 신비를 풀어줄 거라고 기대하지 않게 된다. 진화론이 종교적 관점이 내세우는 요구까지 모두 책임져야 한다고 기대하지 않는다면, 진화론은 지금처럼 뜨거운 논쟁거리가 되지 않을 것이다. 공립학교에서 종교를 더 많이 가르쳐도 진화론에 얽힌 문제는 쉽게 풀리지 않을 것이다. 그러나 공립학교에서 종교를 더 많이 가르치면, 종교와 과학의 관계를 둘러싼 토의에 새로운 출구를 제공할 것이다. 또한, 생물학 수업에서 쉽게 말할 수 없는 종교적 발언도 다룰 수 있다.

종교와 과학을 완전히 분리할 수 없다. 그러나 종교는 종교의 원리와 규범에 맞게, 과학도 과학의 원리와 규범에 맞게, 가르칠 자리가 교육과정 안에 있어야 한다. 고등학교부터 대학에 이르기까지 그런 기회를 마련해야 한다. 예를 들어, 자유주의 신학자는 창세기의 종교언어를 다시 해석하는 섬세한 해석이론을 개발했다. 그래서 그는 하나님의 창조라는 구도에서 진화를 해석할 수 있다. 이 해석이론은 상징과 비유가 어떻게 작동하는지 학문적으로 설명한다. 진화를 가르치는 학교에서도 이 해석이론을 토의해야 한다. 학교가 가르치려는 주제가 학생의 신앙에 심각하게 도전하고 아예 그들의 신앙을 위협한다면, 학교는 지적 도구를 제공하여 학생이 자기 신앙을 새롭게 이해하도록 도와야 한다.

안타깝게도, 자유주의 신학자는 과학을 합리성의 공공영역에 배치하고 종교를 사적 감정영역에 배치함으로써 종교와 과학의 문제를 풀려고 한다. 19세기 독일신학에서 시작된 자유주의 신학은 원래 종교를 개인의 주관성을 고양하는 행위로 본다. 따라서, 종교는 세상을 향한 응답이며, 마음의 필요에서 우러난 비합리적 응답이다. 다시 말해, 신학은 가벼운 학문으로서 자연과학을 보충하거나 보완할 수 있다. 반면, 자연과학은 머리지성에 호소한다. 자유주의 해석학의 고전적 이론을 따르면, 종교언어는 정신이 누리는 내면의 삶을 언급하지 검증 가능한 자연세계를 언급하지 않는다. 과학은 우리에게 객관적 현실이 무엇인지 가르쳐준다. 반면, 종교는 신앙의 주관적 영역을 보여준다.

근본주의자는 이성의 원리가 신앙을 뒷받침한다고 주장한다. 그는 자유주의자보다 훨씬 강하게 이것을 강조한다. 하지만, 그가 내세우는 이성의 원리는 상당히 구식이다. 근본주의자는 종교의 가정이 과학연구를 인도해야 한다고 주장한다. 종교는 자연세계에 대한 객관적 정보를 제공하기 때문이다. 이런 정보는 과학의 진보에 꼭 필요하다. 근본주의자는 매우 강한 형태의 자연신학을 신봉한다. 이 신학은 계시신학과 거의 버금가는 지위에 있다. 자연신학과 계시신학은 모두 하나님의 목적이 세계의 구조에 어떻게 뿌리내리는지 보여준다. 따라서, 언론이 그려내는 근본주의자의 모습과 달리, 근본주의자는 과학에 거의 반대하지 않는다. 오히려 근본주의자는 분열하지 않은 정합적 합리성이 통용되던 시대를 그리워한다. 이 시대에는 과학적 신념과 종교적 신념이 함께 합리성의 넓은 우산 아래 있었다.

근본주의를 추종하는 학생은 자기 논증의 근거를 성스러운 텍스트인 성경에서 찾는다. 이들에게 성경은 과학적 탐구나 경험적 관찰보다 더 권위가 있다. 이런 학생에게 귀납적 합리성보다 연역적 합리성을 입증해보라고 요청해야 한다. 권위에 기대는 논증은 합리적 논증에서 늘 나타나게 마련이다. 자신들이 가장 소중하게 여기는 가치가 의심받을 때, 근본주의적 학생도 다른 사람처럼 전문가의 증언을 거부한다. 근본주의적 학생들은 성경의 무오류성을 믿으므로 광신도란 말을 듣는다. 그러나 근본주의적 학생은 교육제도가 세워놓은 전통적 권위에 도전한다. 다른 집단도 똑같이 권위에 도전한다. 다문화적 상황에서 토론할 때, 소수 집단은 자기 목소리를 내려고 통념을 뒤집으려 한다.

근본주의자는 이성에서 권위의 역할과 과학의 본성을 진지하게 추궁한다. 종교를 믿는 학생이 다른 학생과 교사가 잘난 체하면서 자기를 무시한다고 느끼지 않게 하려면, 종교수업에서 과학의 본성과 권위의 역할을 토의해야 한다. 이렇게 하지 않고 보수적 종교인의 입을 막으려 한다면, 지금 우리가 목격하는 문제보다 더 심각한 문제가 생길 것이다. 오늘날 근본주의자는 학교가 자신의 관심사에 응답하도록 정치적 영향력을 행사하려 한다.

중등학교에서 종교를 가르치는 목적은 무엇일까? 기독교를 믿는 학생을 설득하여 자기 목소리를 내지 못하게 하면, 그는 진화론이 제시한 분명한 증거에 도전하지 않을 것이다. 이것이 종교를 가르치는 목적일까? 아니다. 과학적 신념과 종교적 신념이 형성되는 복잡한 방식을 학생에게 소개하는 것이 종교를 가르치는 목적이다. 근본주의자는 성경을 과학 교과서로 여기며, 자유주의자는 종교를 마음의 문제로 여긴다. 하지만, 종교와 과학이 상호작용하는 방식을 나타내는 넓은 스펙트럼에서 근본주의자와 자유주의자는 양쪽 끝 부분에 있을 뿐이다. 종교를 믿는 학생은 대부분 창세기의 문자적 해석이 자기 신앙의 기초라고 생각하지 않는다. 하지만, 종교를 믿는 학생은 신앙을 과학계에서 떼어내어 분리하지 않으려 한다. 종교언어가 과학이론과 과학 공식, 과학적 상징과 어떻게 다르게 작동하는지 이해하도록 종교를 믿는 학생을 도와야 한다. 비슷하게, 자연을 사고할 때, 보편적 법칙이 자연을 지배하며 하나님의 목적이 자연을 이끈다고 생각한다면, 종교를 믿는 학생도 당연히 신학적 관점의 전 스펙트럼을 알아야 한다.

성품교육에 한마디

공립학교에서 종교를 더 많이 가르치길 바라는 집단들이 다정하게 타협한다면, 흔히 말하는 성품 교육이 타협의 결과가 될 것이다. 성품 교육은 지나가는 유행이 아니다. 성품 교육은 이미 학교에서 하고 있다. 깨어진 가정이 사회를 점점 짓누르기 때문이다. 사회에서 예부터 하던 학교의 역할을 회복해야 한다고 성품 교육은 말한다. 성품 교육에 대한 논의를 들으면 사람들은 아주 구식 학교를 떠올린다. 수십 년 전에 자신들을 가르쳤던 학교를 상상한다. 예를 들어, 평생 배워야 하는 이유를 학생에게 가르치는 학교를 생각해 보라. 사람들은 향수에 젖어 그런 학교를 꿈꾼다. 그래서 공화당과 민주당의 정치인도 이런 교육에 그렇게 매력을 느끼는 것 같다.

교사는 성품 교육의 미래를 자주 장담하지만, 현실은 이런 약속과 매우 다르다. 성품 교육은 우리를 미혹할 만큼 단순한 개혁안이다. 따라서, 우리는 성품 교육의 유익과 한계를 세심하게 따져봐야 한다.

사실과 가치, 지식과 도덕성이 하나로 어우러지며, 배움을 전체론의 관점으로 조망하던 시절이 있었다. 보수적 종교인은 이런 시대를 그리워한다. 최근 보수적 종교인은 사회에서 목소리를 가장 높이지만, 보수적 종교인만 이런 시대를 그리워하지 않는다. 모든 사람이 도덕성과 교육은 분명히 이어져 있다고 믿었던 때가 미국 역사에서도 실제로 있었다. 배움은 도덕 사업이었다. 즉, 지식을 갈고 닦는 사람은 자기 행동에 더욱 책임을 지고, 주변세계에 더욱 신중해질 것이다. 19세기 미국의 교육학자는 스코틀랜드 계몽주의 사상가에게 상당한 영향을 받았다. 이 사상가들은 기본 인지능력을 발휘할 때 도덕성이 나타난다고 생각했다. 역사학자인 줄리 루벤Julie A. Reuben은 이렇게 설명한다. "사물의 딱딱함을 느낄 수 있듯이, 사람은 행위나 생각의 선함을 느낄 수 있다."12) 교육학자는 도덕상식이 있다고 믿었다. 도덕상식이란 단순한 경험증거에서 도덕적 결론을 도출할 능력이다. 모든 개인에게 이 능력이 있다. 도덕적 인간은 무엇이 올바른 일인지 아는 인간이다. 도덕은 개인의 선호나 주관적 감정의 문제가 아니다. 도덕성과 지식의 결합은 '자연' 과학이 '부드러운' 인문학에서 떨어져 나가지 않았음을 뜻했다. 지식을 가진 사람은 도덕의 기본 진리를 행하기 때문이다. 따라서, 자연신학은 과학을 이루는 필수 요소였다. 하나님의 본성과 의지도 물리세계에서 발견할 수 있다. 물리세계가 이미 하나님의 선한 피조물이기 때문이다.

20세기에 과학이 빠르게 전문화되면서, 이전 시대의 생각도 점점 허물어졌다. 진화론은 자연에 대한 경험적 탐구와 도덕적 탐구를 크게 갈라놓았다. 생물학이 발전하면서 우주는 무심하고 냉혹한 법칙이 다스리는 곳으로 변해갔다. 이 법칙을 따르면, 개체는 장점을 이용하여 경쟁에서 살아남아야 한다. 자연사가 적자생존에 대한 이야기라면, 경험적으로 아무리 탐구해도 종교적 진리를 찾지 못할 것이다. 종교는 무심한 세상을 잠시 잊는 안전한 피난처가 될 수 있다. 그러나 종교적 관점은 세계가 실제로 작동하는 방식을 연구하는 데 아무런 근거도 제공하지 못했다.

종교가 자연 질서와 무관해지자, 종교적 진리도 어디에도 사용될 수 없는 진부한 경건성으로 변해갔다. 근본주의자는 이런 흐름에 저항했다. 신앙은 이렇게 황폐해지고 약해졌지만, 그리스도인은 대부분 이런 신앙에 안주했다.

사람들은 도덕성마저 주관적이고, 감정적이고, 사적이며, 개인의 선호라고 기술했다. 도덕적 결정을 하는 주체도 개인 의지이다. 도덕적 결정은 집단적 지혜의 결과가 아니다. 윤리학도 모든 과목에 포함돼야 하는 주제가 아니라 분과학문이 돼버렸다. 교육과정에서 중요한 위치를 차지하려면, 윤리학은 과학과 같은 학문이 돼야 했다. 윤리학자도 인위적으로 만들어진 도덕 딜레마를 탐구하기 시작했다. 이런 딜레마는 주로 사례연구로 제시되었으며, 종교적 전통과 신앙의 정황과 상관이 없었다. 윤리학은 도덕원리를 발견하는 데 초점을 맞췄다. 관련된 모든 사례에 적용할 도덕원리를 발견하는 것이다. 그런데 윤리학을 따르면, 우리는 지성적으로 숙고하여 도덕원리를 발견한다. 신앙은 도덕원리를 발견하는 데 아무런 기여도 하지 않는다. 그래서 윤리학을 가르쳐도 사람들은 종교적 성찰을 거의 하지 않는다. 하나님과 세계에 대한 신학이 도덕적 진리를 뒷받침한다. 이 도덕적 진리를 대체하려고 사람들은 종종 윤리학을 가르친다.

도덕성을 종교와 함께 탐구하는 윤리학자도 있다. 성품 교육은 대체로 교리를 뺀 기독교 도덕성과 크게 다르지 않았다. 코카콜라 라이트처럼 성품 교육은 '기독교 라이트'였다. 윤리적 지혜를 가르치려고 종교전통을 소개하면서도 종교전통에 포함된 신학적 진리 주장을 슬그머니 무시하는 것은 공립학교가 쉽게 활용할 수 있는 교수법이다. 그러나 이것은 종교생활이나 윤리적 숙고를 공정하게 다루는 행위가 아니다. 스탠리 하우어워스 같이 유명한 신학자도 계속해서 지적하듯이, 기독교 윤리가 과연 있는지 의심스럽다. 무엇을 믿든 상관없이 모든 사람이 기독교를 이해할 수 있고, 기독교에서 일반적 윤리지침을 이끌어낼 수 있다고 기독교 윤리가 가정한다면, 과연 그런 기독교 윤리가 가능할까?13) 윤리체계는 추상적 원리를 제시하고 무엇이 행위를 의무로 만드는지 설명한다. 하지만, 기독교는 그런 윤리체계가 아니다. 기독교 윤리는 어떤 그리스도인이 좋은 그리스도인인지 이야기한다. 기독교 윤리는 기독교 신학을 가리키는 또 다른 이름일 뿐이다. 기독교가 윤리를 가르칠 때, 기독교는 사실 예수 그리스도를 가르친다. 기독교 윤리는 예수 그리스도에 대한 가르침, 그 이상이 아니다.

기독교 윤리는 텅 빈 생각이지만, 위험한 생각이기도 하다. 기독교 윤리라고 할 만한 윤리를 찾으려는 사람은 도덕을 도덕의 종교적 기초에서 떼어낼 수 있다. 기독교 신앙의 교리에서 시작하여 이 교리를 철저하게 사고한다면, 당신은 기독교 윤리를 얻게 될 것이다. 반면, 일반적 윤리기준에서 시작한다면, 당신은 구체적 기독교 신앙으로 돌아가기 어려울 것이다.

그래도 공립대학에서는 기독교 윤리학이라 부르는 학문이 이미 자리 잡고 있다. 이 학문에 더 포괄적 명칭을 붙여 때때로 종교 윤리학이라 부른다. 종교 윤리학을 가르치는 친구가 한 명 있는데, 그는 기독교 신학자로서 윤리학에 관심이 있다. 친구는 나에게 이런 말을 했다. 나는 자신이 다니는 주립대학에서 강의를 못 한다는 것이다. 내 수업이 한쪽으로 치우쳤기 때문이다. 기독교로 지나치게 기울었다는 뜻이다. 반면, 친구는 다양한 학생을 고려하여 훨씬 적절하게 수업을 한다. 세세한 종교 신앙보다 일반적 윤리문제를 논하는 것이 공립학교에 훨씬 적합하다고 친구는 가정하는 것 같다. 하지만, 일반적 윤리문제를 논하다 보면, 곧 신앙의 구체적 내용이 거론되지 않을까? 더구나 오늘날 우리 사회에서 벌어지는 윤리적 갈등은 상당한 논쟁을 불러온다. 그렇다면, 도덕적 결정을 내리려고 숙고할 때, 신앙이 어떤 역할을 하는지 처음부터 따져볼 수 있겠다. 그렇지 않은가? 낙태에 대한 토의가 하나님에 대한 토의보다 더 쉬울까? 반드시 그렇지도 않다. 낙태 논쟁에서 의미 있는 결론을 이끌어 내려면, 하나님에 대해서도 토의해야 할지 모른다.

솔직히, 내 친구는 할 수 없는 일을 하려고 한다. 이것이 내 친구의 실수이다. 친구는 양자택일할 수밖에 없다. 1) 윤리학자도 신학적 명제를 가정한다는 것을 감추어야 한다. 그래서 친구는 지적으로 자신과 타인을 기만할 수밖에 없다. 2) 친구는 종교 윤리학도 하나의 신학으로 인정하고 종교 윤리학을 가르쳐야 한다. 첫 번째 선택은 지적으로 정직하지 못하다. 그렇게 하는 것이 아무리 편해도, 어거스틴, 토마스 아퀴나스, 간디, 심지어 칸트를 가르칠 때, 그들의 신학적 신념을 지적하지 않고 그들을 가르칠 수 있겠는가? 친구가 두 번째 선택을 한다면, 친구는 사실 나와 똑같이 가르치게 된다. 강조점만 다를 것이다.

내 친구가 대면한 이런 딜레마를 만들어낸 지적 흐름은 신학이 아니라 철학에서 시작되었다. 수십 년 전부터, 철학자는 순수하게 이성에 토대를 둔 보편적 도덕성을 방어하는 작업에서 점점 물러난다. 철학자가 이렇게 후퇴하자 신학적 윤리학이 다시 떠오를 기회가 생겼다.

이제 윤리적 사고는 특수하다고 생각하기 때문이다. 윤리학이 가장 깊이 뿌리내린 신념에서 나온다면, 대부분 사람이 보기에 윤리적 성찰은 철저하게 신학적 성찰로 보일 것이다. 따라서, 신학을 가르치지 않는다면, 당신은 윤리학을 가르칠 수 없을 것이다.

성품 교육이 공립학교에서 학생의 도덕성을 고취할 수 있다면, 성품 교육은 신학과 윤리학에 얽힌 복잡한 문제의 핵심을 파헤쳐야 한다. 그렇게 할 때, 교육의 파편화와 과학적 유물론 이데올로기에 저항할 수 있다. 우리는 도덕성을 다시 지식에 연결해야 한다. 즉, 도덕적 감수성을 형성하는 종교전통에 도덕성을 연결해야 한다.14) 그렇게 하지 않으면, 사람들은 성품 교육을 믿음과 상관없는 행동교육이라고 생각할 것이다. 그렇게 되면 결국, 도덕 수업은 사소한 일로 전락하게 된다. 수업시간에 집중하고, 교사를 존중하고, 운동장에서 싸우지 말라고 가르치는 것도 필요하다. 그러나 도덕성이 모든 생활에 배어 있음을 학생은 배워야 한다. 학생은 배우는 내용과 방식, 이유도 알아야 한다. 특히, 고학년은 도덕에 따라 행동하려면 제대로 성찰해야 함을 배워야 한다. 학교 규칙을 무턱대고 따라한다고 도덕적으로 행동하는 것은 아님을 알아야 한다. 요컨대, 성품 교육은 교실에서 가치를 가르치면서 종교 신앙에 얽힌 논쟁적 문제를 피하는 편리한 수단이 돼선 안 된다. 기독교 도덕성은 기독교 교리와 분리할 수 없다. 반면, 도덕성을 교육의 중심으로 삼으려면, 윤리행위의 종교적 기초를 더욱 철저히 탐구해야 한다. 성품 교육의 옹호자보다 더 철저히 종교적 기초를 다뤄야 한다.

교수법 모형 : 주석

세속적 교실에서 종교를 가르칠 때, 개인의 신앙고백까지 다루고 신학적 성찰을 덧붙인다면, 어떻게 될까? 이런 수업은 과연 어떻게 진행될까? 나는 두 개의 모형을 제시해보겠다. 이 모형들은 교육학적 상상력을 제한하지 않고 오히려 부추기려는 목적을 가진다. 각 모형은 기본적으로 은유를 사용한다. 모형을 소개하기 전에 한 가지 사실을 명심하자. 어떤 모형도 교실에서 종교적 열정을 드러내는 '문제'를 풀 수 없다. 교사라면 누구나 수업을 특별히 잘한 적이 있었을 것이다. 교사는 이 수업을 회상하며 이렇게 탄식한다. 이 수업을 비디오로 촬영하여 다른 학생에게 보여줄 수 있다면 얼마나 좋을까! 교사는 다른 학생에게 이렇게 말하고 싶을 것이다.

"자… 봤지. 이렇게 흥미롭고 열정적으로 토의할 수 있잖아. 훌륭한 토의수업은 이런 거야. 지금 토의 수업이 따분한 것은 내 잘못이 아니야! 여기 증거가 있잖아."

하지만, 우리는 훌륭한 토의수업을 반복할 수 없다. 인간정신이 낳은 산물은 모두 그렇다. 우리는 훌륭한 토의수업의 핵심을 단순한 공식이나 지침으로 붙잡을 수 없다. 그래서 교사는 무엇보다 첫 수업이 힘들지만, 더욱 마음에 남는다고 종종 고백한다. 교사는 첫 수업에서 무슨 일이 일어날지 모르기 때문이다. 그래서 첫 수업에서는 모든 것이 새롭고 흥미롭다. 따라서, 예측할 수 없는 토론상황을 되도록 줄여서 교사가 그런 상황에 대처할 필요가 없게 하는 것이 교수법 모형의 초점은 아니다. 교수법 모형은 교사가 방어하려는 마음을 내려놓고 기꺼이 자유롭게 토의에 빠져들도록 돕고자 한다. 종교의 예를 들면, 종교적 열정은 문제를 일으킨다는 생각이 오히려 문제를 만든다는 것을 수업하면서 발견하는 것이 교수법 모형의 초점이다.

가르침이 수행적 기술이라면, 가르침은 전통적 연극보다 즉석연기에 더 가깝다. 즉석에서 한 연기는 반복될 수 없다. 교사는 뭔가 위험한 일이 벌어지도록 멍석을 깔아준다. 이것이 교사가 할 수 있는 최고의 작업이다. 교사와 학생이 흔한 주제에 맞지 않는 말을 내뱉으면서 무심코 사람들을 도발할 때, 교사와 학생이 스스럼없이 이런 짓을 할 때, 수업은 효과가 있다. 학생이 어떤 주제에 대한 신념을 드러낼 때, 종교수업의 역학은 놀랄 만큼 재빨리 바뀐다. 학생이 참으로 자신을 드러내거나 어떤 역할을 맡으면, 학생은 긴장된 순간을 대화로 풀어내면서 오래된 사고습관과 쓸모없는 일반화를 깰 수 있다. 진짜 사건이 갑자기 수업시간으로 침투하는 것이다. 물론, 이것은 위험할 수 있다. 교사가 그 흐름을 그대로 둔다면, 사건은 일어날 것이다. 교수법 모형은 교사가 교실을 새롭고 자유로운 공간으로 상상하도록 유도함으로써 이런 사건을 촉진해야 한다.

종교를 가르치는 일은 외국어를 가르치는 일과 얼마나 비슷할까?

내가 제시하는 첫 번째 교수법 모형은 외국어 가르치기 모형이다. 종교를 가르치는 일은 외국어를 가르치는 일과 비슷하다. 종교전통에 무지한 학생이 점점 늘어난다면, 종교전통을 배우는 일은 학생에게 외국어의 문법을 배우는 일과 비슷할 것이다.

최근 종교가 실제로 자연어와 어떻게 닮았는지 지적한 종교학자가 많다. 종교의 교리는 문법처럼 기능한다. 종교 교리 덕분에 신자는 종교를 이해할 수 있다. 종교는 나름대로 일관성이 있다. 언어도 세계를 언급하고자 단어가 조합되는 방식을 나름대로 만들어낸다.[15] 따라서, 종교 교육은 역사나 모국어 가르치기보다 외국어 가르치기와 훨씬 비슷하다. 종교교사는 학생을 이상하고 낯설지만, 꿈이 있는 세계로 집어넣는다. 하지만, 교사는 이 세계의 어떤 측면이 학생이 속한 옛 세계에 말을 걸어야 한다고 요구하지 않는다. 알래스데어 맥킨타이어Alasdair MacIntyre는 타문화 연구에 대한 글을 썼다. 여기서 그는 이렇게 말했다. "이 언어를 배우는 것과 그들이 속한 공동체의 전통에 입문하는 것은 모두 같은 입문과정이다."16) 종교 '언어'를 배울 때, 우리는 초대를 받는다. 이 초대를 받아들인다면, 엄청난 결과가 나타날 수 있다.

학생이 종교에 끌리는 이유는 가지각색이다. 그런데 프랑스문학 교수인 알리스 카플란Alice Kaplan은 이런 이유 가운데 하나를 분명하게 지적한다. "사람들은 왜 다른 문화를 습득하고 싶어 할까? 사람들이 속해있는 문화에는 자신들이 싫어하는 요소가 있기 때문이다. 하지만, 문화는 그 요소가 무엇인지 말하지 않는다."17) 자서전에서 카플란은 프랑스어와 프랑스 문화의 매력에 푹 빠져버렸다고 말한다. 가족이 곤경에 처하면서 카플란은 걷잡을 수 없이 프랑스에 빠졌다. 삶이 엉망진창이 되자 카플란은 외국어 뒤에 숨었다. 그러나 다른 세계는 우리를 원래 자극하고 도주하게 한다. 카플란에게 프랑스어 가르치기는 학생을 새로운 상황으로 밀어 넣는 행위였다. 카플란은 학생에게 네가 누구이며, 네가 무엇을 원하는지 알아내라고 요구한 것이다. 카플란은 말한다. 가르침은 "말을 만들어내는 행위다. 다른 사람의 말을 만들어내는 행위이다. 가르침은 사람이 무언가를 바꾸게 하고, 실수하게 하며, 관심을 두게 하고, 관심을 두지 않게 하며, 언어의 어감에 민감하게 하고, 지나치게 민감하지 않게 한다. 그리고 가르침은 사람이 위험을 무릅쓰게 한다."18) 예를 들어, 프랑스어 가르치기라는 연속극은 다음과 같은 행위에서 시작된다. 학생은 'r'을 프랑스어로 읽는 법을 배울 때, 학생은 'r'을 목구멍 깊숙한 곳에서 느끼면서, 여기서 나는 신기한 소리를 듣는다. 이 소리는 새로운 세계를 암시한다.

카플란은 집을 떠나 멀리 여행하면서 자신을 다시 발견했다. 그래서 카플란은 프랑스어를 가르치고자 하는 마음을 품게 되었다. 종교교사도 친근한 세계에서 멀리 떨어진 세상으로 학생을 데려간다. 그러나 멀리 떨어진 이 세상은 교사에게 매우 뜻깊은 곳이다. 그런데 어떤 여행 안내자가 자기가 좋아하는 곳으로 여행객을 데려가서, 그들이 좋아해야 하는 모든 장소를 알려주고, 자신이 수년 전에 느꼈던 것처럼 여행객도 느낄 거라고 기대한다. 이런 여행 안내자를 상상해보자. 그러나 교사는 이 안내자처럼 학생을 지도하면서, 종교 연구에서 이익을 얻도록 학생을 강제할 수 없다. 종교적 삶은 우리를 다르게 부른다. 종교교사는 종교적 삶의 독특함을 존중해야 한다. 종교적 삶이 자신을 부르는 소리를 알아듣도록 돕는 것이 일단 종교교사가 짊어진 책임이다. 학생이 종교수업을 하고 나서도 신앙으로 변화된 삶이 어떤 것인지 나름대로 규정하지 못한다면, 그 수업은 실패한 것이다. 이것은 실패한 외국어 수업과 같다. 문법과 어휘, 발음을 배우지만, 외국어로 대변되는 이국적 삶의 방식에 충분히 젖어들지 못하거나, 먼 나라로 떠나 나 자신을 한번 바꿔보고 싶다는 생각이 들지 않는다면, 외국어 수업은 실패한 것이다.

종교 교육과 패싱passing의 은유

두 번째 교수법 모형은 패싱 현상을 배경으로 삼는다. 최근 학계에서 패싱은 교육학 은유로서 인기를 누린다.[19) 자신이 소수집단임을 숨기고 불특정 다수집단에 속한 사람처럼 행세하는 것을 패싱이라 한다. 패싱은 사회가 더 적절하다고 인증해주는 역할을 맡음으로써 자기 정체성을 위태롭게 하는 행위를 뜻한다. 패싱은 커밍아웃과 대조된다. 커밍아웃은 공공의 견해에 의해 종종 가려졌던 진짜 자기를 드러내는 행위를 뜻한다.

고등교육에서 정체성과 재현에 얽힌 문제는 자주 논의된다. 누가 특정 집단을 위해 말할 권리가 있는가? 자신이 특정집단에 속한다고 정당하게 말할 수 있는 사람은 누구인가? 종교 연구에서도 비슷하게 질문할 수 있다. 누가 신앙인을 위해 말할까? 어떻게 ‘우리’가 ‘신앙인’에 대해 말할 수 있을까? 우리는 우리가 가르친 믿음을 가장하는가? 개신교인이 토마스 아퀴나스를 가르칠 때, 무신론자가 불교를 가르칠 때, 뉴에이지 추종자가 로마 가톨릭을 가르칠 때, 우리는 학생에게 다음과 같이 말하는 걸까?

즉, 종교와 사상의 경계는 이제 중요하지 않으며, 종교 연구는 경계를 가로지르며, 타인다움을 갑자기 드러내고, 다른 종교나 사상의 경계선을 점령한다. 주체성은 흐르며 본질적 내적 핵심은 없고, 우리는 변이하고 변장할 수 있다. 우리는 학생에게 이렇게 말하는 걸까?

패싱의 뜻을 세밀하게 따진다면, 패싱에 함의된 뜻은 오늘날 교육에 그다지 유익하지 않다. 주변으로 몰린 집단을 사회가 정의하고 억압하는 방식을 둘러싸고 정치적 싸움이 벌어진다. 패싱은 이 싸움에 자주 관여한다. 정치적 정체성은 대학을 지배한다. 주류의 견해와 행동이 소수집단을 주변으로 몰아낸다고 믿는 교사가 다수다. 패싱을 비판하는 사람들은 소수집단이 자기 정체를 드러내고 주류를 거부하길 바란다.

그러나 대체로 패싱은 우리가 맡은 역할 뒤에 진짜 자기가 있다는 생각을 은근히 비판한다. 패싱의 논리를 따르면, 학생은 자신이 되고 싶은 인물이 될 수 있다. 자기 이미지를 결정하고, 동일시하고 싶은 집단을 선택하는 주체는 개인이다. 패싱은 하나의 공연/연출로서 정체성을 검사하는 복잡한 사건이다. 그런데 이것은 교실에서 종교를 탐색하는 일에 잘 어울린다.

종교를 믿는 학생은 공립교육에서도 자기 목소리를 내야 한다. 그러나 종교를 믿는 학생을 고정관념에 가두지 않았으면 좋겠다. 예를 들어, 종교를 믿는 학생은 지나치게 민감하고, 방어적이고, 원한이 가득 차서 어떤 질문이나 의심도 거부하려 한다는 고정관념이 있다. 그렇지만, 종교 연구는 자기 정체성을 탐구한다. 종교 연구는 교실에서 자기 정체성 탐구를 피할 수 없으며, 피해서도 안 된다. 그런데 주류에 속한 사람처럼 행동하려는 소수자만 패싱에 관여하는 것은 아니다. 주류집단의 구성원도 이방인처럼 굴면서 종종 가족의 영향에서 벗어나려 한다. 그렇게 가족에게서 벗어나 사회계약의 허름한 변두리에 사는 것을 나름대로 특권으로 여긴다. 나는 이렇게 말하고 싶다. 종교 연구는 학생이 자신을 여러 가지 역할에 내맡기도록 초대한다. 학생은 신앙에 머물기도 하고, 그것을 반박하기도 한다. 종교적 정체성을 숨기기도 하고 드러내기도 한다. 그렇게 하면서 학생은 종교와 협상한다. 종교도 특정한 역할을 맡으라고 사람들을 초청하기 때문이다. 종교는 변화된 삶을 증거하고자 특정한 역할을 맡으라고 사람들에게 권한다.

여러 문화권에 속한 학생들이 교실에 있을 때, 정체성 개념은 뜨거운 화제가 된다. 이런 상황에서 패싱은 반드시 필요한 교육학적 전략이 되었다. 패싱은 보통 일관성의 개념과 충돌한다. 패싱이 새로운 정체성을 찾는 자아를 암시한다면, 일관성은 안정된 자아를 암시한다. 안정된 자아는 다른 사람이 보는 자기 모습은 진짜라고 분명히 안다. 그러나 자아가 무엇인지 규정할 때, 패싱과 일관성이 반드시 충돌하는 것은 아니다. 이것을 기억해야 한다. 패싱이 기본적으로 자아가 없다는 불안에서 나올 필요는 없다. 반면, 자기가 누구인지 분명히 아는 것은 패싱이 긍정적이고 효과 있는 학습체험이 될 필요조건일 수 있다.

나는 개신교인 교수이다. 그러나 나는 기독교를 믿기 때문에 교실에서 여러 가면을 쓸 수 있다. 기독교를 믿기 때문에 오히려 과감하게 가면을 쓴다. 교실에서 나는 회의주의자, 불교인, 가톨릭, 자유주의자, 보수주의자가 된다. 학생을 속이는 것이 목적은 아니다. 내 수업을 듣는 학생 수는 적다. 학생들도 나를 잘 안다. 따라서, 학생을 속이고 싶어도 속일 수 없다. 원래 가르치려면 가면을 써야 하므로 나는 가면을 쓴다. 종교교사는 늘 패싱을 해야 한다. 늘 가면을 써야 한다. 다른 전통을 대변하는 사람처럼 학생 앞에서 말해야 한다. 종교교사가 프로이트와 마르크스, 니체를 가르친다면, 그는 비종교인 행세를 해야 한다. 내가 이렇게 할 수 있는 것은 내 정체성이 공짜로 나에게 주어졌기 때문이다. 내 정체성은 하나님이 나에게 준 선물이다. 내 정체성은 변하거나 진화할 수 없는 내면의 핵심에서 생겨나지 않았다. 나는 다른 종교에 마음을 열 수 있다. 내가 계시의 다양한 근원에서 구원을 찾으려고 애쓰기 때문에 그런 것은 아니다. 내 믿음이 아무리 연약하더라도, 예수 그리스도의 사역 덕분에 하나님이 내 연약한 믿음을 받으신다는 것을 확실히 알기 때문에 다른 종교에 마음을 열 수 있다. 하나님의 은총에 응답하면서 나는 그리스도인으로서 패싱의 기술을 습득했다. 나는 패싱을 활용하여 다른 신앙의 구성원이 된다는 것이 과연 어떤 것인지 학생에게 보여줄 수 있다.

나는 불교를 가르치면서 불교인 행세를 할 수 있다. 학생은 내가 실제로 불교인이 아님을 알기 때문이다. 이것이 요점이다. 다시 말해, 나는 불교인 행세를 하면서 학생을 속이지 않는다. 그것은 불교를 모욕하는 짓이다.

내가 학생을 속이는 식으로 불교인 행세를 하면, 종교적 신념은 잠깐 머물다 흐르기 때문에 심각하게 연구할 만한 가치가 없다는 메시지를 학생에게 전하게 된다. 따라서, 나는 나를 공개하고 나서 불교를 연기한다. 종교를 이해하려면 자기 자신의 길을 걸어야 한다는 것을 학생에게 보여준다. 그렇게 해야 다른 신앙의 힘을 존중할 수 있다. 또한, 내 연기는 한계가 있고, 불완전하며, 설득력이 부족하다. 여기서 학생은 다른 종교의 심장으로 들어가기가 참 어렵다는 것을 보게 된다. 종교인이 되려면 그저 종교인 행세를 하는 것으로 부족하다. 부름을 받아야 종교인이 될 수 있다. 종교를 가르치면서 우리는 외국어를 말하는 원어민이 되어보라고 학생에게 권한다. 따라서, 종교를 믿는 신자로 행세하는 것이 어떤 것인지 학생은 종교교사를 통해 직접 본다. 우리는 종교인이 된다는 것이 단순한 연기를 넘어선 행위임을 지적한다.

여기서 데니 아르캉 감독의 「몬트리올의 예수」가 중요하다. 나는 이 영화로 자주 가르친다. 배우 공연단은 복음서의 수난 이야기를 연기하다가 곧바로 자신들이 연기하는 인물과 구분할 수 없는 경지로 들어간다. 이 영화에서 새로운 정체성을 입는 것은 새로운 정체성을 연기하는 것과 분명히 구별되지 않는다. 따라서, 이 영화는 연극과 종교를 동시에 말한다. 종교적 삶을 상상하면서 영화에 빠져들면, 자기가 단지 동일시하는 종교적 인물이 자신처럼 느껴진다. 그 인물과 자신을 구분하기 어려워진다. 패싱이 언제 참된 회심이 되며, 하나의 정체성이 언제 다른 정체성으로 교체되는지 확실하게 말해줄 이론적 방책은 없다. 예를 들어, 「몬트리올의 예수」에서 예수를 연기하는 배우가 죽을 때, 그 배우는 신앙의 진실성을 위해 자신을 희생하는 걸까? 아니면, 예술의 진실성을 위해 자신을 희생하는 걸까? 영화에서는 이것을 분명하게 결정하지 않는다. 그가 다시 예수를 연기할 때, 비로소 그는 배우의 목소리를 되찾는다. 그러나 이 배우는 정확히 어디서 종교인답게 변할까? 우리는 그 지점이 어디인지 정확히 지적할 수 없다. ‘객관적’ 학문 토론과 ‘주관적’ 영적 성숙을 언제 구분해야 할지 모르기 때문이다. 종교교사가 학생에게 시험 삼아 신앙을 가져보라고 권할 때, 어디까지 객관적 실험이고, 어디까지 주관적 믿음인지 확정할 수 없다.

신세대는 가상공간에 종종 몰입하는데, 가상현실놀이는 놀이와 실재의 구분을 흐린다. 종교 연구수업도 학생이 신앙을 성찰하도록 인도하는데,

이런 성찰이 종교전통을 실제로 실천하는 행위와 늘 구분하는 것은 아니다. 종교 연구는 정말 종교적이기도 하다. '어떤 인물이 된 것처럼' 연기할 때, 정말 신념이나 믿음이 바뀌기도 한다.

종교인처럼 되려면 믿음과 함께, 의례와 도덕을 수행해야 하듯이, 종교 연구에도 분명히 수행적 차원이 있다. 종교인답게 되려면, 종교인처럼 믿고 행동해야 한다. 즉, 새로운 집단의 구성원 행세를 하는 법을 배워야 한다. 종교 연구는 신앙을 실험해보는 행위와 같다. 즉, 신앙이 자신에게 잘 맞는지 신앙을 입어보는 것이다. 그래서 종교 연구를 하는 사람은 종교사상의 힘과 한계를 시험해보고 다른 사람이 어떻게 반응하는지 알아보려고 믿음이나 의심을 표현한다. 학생이 이렇게 종교계로 침잠하여 종교를 두루 살필 수 있다면, 그는 종교 연구수업을 충분히 소화한 것이다. 그러나 학생은 자기도 모르게 말실수를 하고 말을 잘못 하기도 하면서 자신이 진짜 종교인은 아니라고 은근히 드러낸다. 종교교사는 학생이 토론하다가 종교로 회심하도록 유도하지 않아도 된다. 물론, 그런 일이 일어나긴 한다. 일부 교사는 그런 일이 정말 일어날까 두려워 학생이 신앙을 그저 공손하게 대하길 바란다. 즉, 적당하게 거리를 두고 종교적 태도와 표현을 평가하길 원한다. 다른 교사는 학생이 신앙에 충분히 친밀해지길 원한다. 그들은 학생이 신앙에 아주 익숙해져 신앙을 종교인처럼 연기할 수 있게 도우려 한다.

영성이 있는 사람은 도대체 어떤 사람일까? 어떻게 하면 특정 종교전통의 구성원이 될 수 있을까? 종교인이 된다는 것은 과연 무슨 뜻일까? 오늘날 우리 사회에서는 이런 문제에 대해 의견이 날카롭게 맞선다. 매우 신실한 신자조차 종교수업에서 자기 신앙을 탐구하다 보면 새로운 영역에 발을 들여놓는다. 예를 들어, 대부분 학자는 기독교가 특권을 가진다고 말한다. 그래서 교실에서 자신을 그리스도인이라고 밝히는 사람은 자기 행위를 방어할 수 없게 된다. 그리스도인은 억압된 집단과 접촉하기 위해 자신의 정체성을 벗어 던지라는 요구를 받는다. 그리스도인은 학계가 흔쾌히 수용할 만한 정체성을 연기해보라는 요구를 받기도 한다. 그러나 오늘날 대학에서 소통되는 담화는 복잡하다. 기독교가 교실에서는 세속적 선입견에 짓눌려 기를 펴지 못하지만, 대학 주변의 지역사회와 교과 외 활동을 하는 학생 동아리에서는 상당한 힘을 발휘할 수 있다.

백인 학생이 흑인 학생으로 패싱하거나, 이성애 학생이 동성애 학생으로 패싱하면서, 사회적 모순에 반대하고 더 많은 사람을 포용하는 세계를 만들자고 주장하는 것은, 종교를 찾는 학생이 종교인으로 패싱하는 것보다 분명히 쉽다. 결국, 그리스도인으로 패싱하는 것은 세속교육이 주장하는 자유주의 정치를 그저 거부하고 무시하는 행태로 자주 나타난다. 그래서 가장 강력한 기독교 목소리마저 종종 반동적이다. 안타까운 일이다. 교실 바깥에서 가해지는 정치적·문화적 압력을 분명하게 느끼는 학생은 기독교를 수사적 수단으로 삼아 정치적 급진화와 세속화의 경직된 과정에 공개적으로 저항하려 한다. 이런 학생은 자신이 그리스도인으로서 보수주의자 행세를 하는지 보수주의자로서 그리스도인 행세를 하는지 제대로 분별하지 못할 것이다. 어느 쪽이든 이 학생들은 종교 연구에서 패싱의 영향력을 잘 보여준다.

종교를 종교인답게 가르친다. 한마디로 정의하면?

신학적 논제를 곧바로 제기하지 않고도 여러 종류의 주제를 가르치는 정당한 방법이 있다. 그렇지만, 신학적 논제를 다룰 때, 종교에 가장 효과적으로 접근할 수 있다. 적어도 신학적 논제에 접근하도록 허용한다면, 그런 일이 일어날 수 있다. 종교 교육학은 원래 신학답다. 그래서 나는 내 교수법 모형을 테오 페다고지theo-pedagogy라고 부른다. 테오 페다고지를 따르면, 종교 교육은 궁극적으로 하나님의 신비에 주목하는 것과 다르지 않다. 테오 페다고지는 무엇보다 환대와 나눔의 교육학이다. 교사는 학생을 믿고 존중하면서 초대한다. 교사는 초대함으로써 학생을 환영한다. 기독교로 이해한다면, 이런 가르침은 예전의 한 절차와 비슷하다. 기독교 예배에는 신자가 예물을 테이블로 가져오는 순서가 있다. 물론, 그리스도가 자신을 드린 행위를 기억하는 성만찬 테이블the communion table은 교실의 책상과 다소 거리가 먼 대상이지만.

테오 페다고지를 자세히 정의해보자. 학생에게 종교적 상상력을 불어넣어 영적 삶에서 무엇이 정말 중요한지 느끼게 하고, 학생 자신의 신앙을 더 넓고, 더 깊은 맥락에서 조명하는 기술이 바로 테오 페다고지이다. 이 뜻을 다시 세 부분으로 나눠서 설명하면, 종교를 종교인답게 가르치자는 제안이 무엇을 뜻하는지 정교하게 해명할 수 있다.

첫째, 종교를 생각하려면 상상력을 발휘해야 한다. 종교를 가장 쉽게 떠올리게 하는 활동은 무엇일까? 이야기, 역사, 관습, 교리, 행함, 의례, 종교 전통의 기예 등이다. 다시 말해, 학생이 자기 이야기를 할 때, 학생이 하는 이야기는 교실의 교육과정이 될 수 있다. 종교의 밀도를 탐구하는 첫 번째 수단이 바로 학생 자신의 이야기이다.

둘째, 학생은 신앙이 중요하다고 느끼고 모든 문화가 왜 실제로 종교적인지, 종교가 왜 그런 열정과 열심을 늘 일으키는지 이해해야 한다. 종교의 관심사는 지성을 사용하는 수업을 넘어서며, 종교적 탐색을 완결할 수 없고, 그것을 완전히 이해하거나 정신적 활동으로 대체할 수 없음을 학생은 알아야 한다. 우리는 종교가 어떻게 그렇게 많은 사람을 사로잡는지 완전히 설명할 수 없다. 그 이유를 정확하게 말하지도 못한다. 종교는 내기다. 따라서, 학생은 종교가 주는 짜릿함과 종교가 일으키는 실존적 위기를 조금은 평가할 수 있어야 한다.

셋째, 학생이 자신의 신앙 여정에 깊이 참여하도록 학생을 초대해야 한다. 위대한 철학자와 신학자가 믿고 소망하고 사랑했던 것을 신앙과 세밀하게 연결하도록 학생을 돕는다면, 학생은 자기 신앙에 깊이 몰입할 수 있다. 교사 덕분에 학생이 자기 체험을 더 넓은 맥락에서 바라보고, 교사가 신앙을 둘러싼 역사적 맥락을 최대한 밝혀준다면, 학생은 쏟아지는 종교에 대한 정보에 주눅이 들지 않고 상상력을 계속 기를 수 있다. 자기를 드러내도록 학생을 강제해야 한다는 뜻은 아니다. 종교를 연구할 때, 학생은 때때로 조용히 있어야 한다. 개인이 홀로 있을 때 종교적으로 더욱 성숙해지기 때문이다. 교사는 조용히 있는 학생을 존중해야 한다. 학생이 교사의 지도력을 거부하려고 고집스럽게 조용히 있는 것은 아니다. 학생이 조용히 있으면 교사는 겁을 먹지만, 종교적 성찰 같은 힘든 작업을 하려면, 반드시 시간이 필요하며 마음을 넓혀야 한다. 그래서 교사는 학생의 침묵을 존중해야 한다. 교사는 학생이 조용히 있도록 허용함으로써 학생을 종교적 성찰로 자연스럽게 이끌 수 있다. 이것 역시 세속적 교실에서 종교를 믿는 학생의 목소리를 존중하는 가장 좋은 방법이다.

Chapter 3_가르침의 신학과 신학의 가르침

　학교 개혁을 부르짖는 사람들은 점점 한 가지 사실을 깨닫는다. 종교적 관심과 가치는 인간이 형성되는 과정인 교육과 어떻게든 연결되어 있다. 물론, 바우처와 기도, 진화, 국가와 교회의 분리에 대한 헌법. 이런 주제를 두고 논쟁하면 의견이 여전히 흑과 백으로 나뉜다. 그렇지만, 논쟁자들조차 교육은 정보를 전달하는 기술에 그치지 않는다는 사실에 동의한다. 놀랍게도 이런 합의가 점점 분명해진다. 제대로 된 교육은 학생의 마음으로 파고들어 가 배움의 세계로 들어가고자 하는 열정을 불러일으킨다. 교육이 제대로 된다면, 교사와 학생 모두 가장 포괄적 의미를 묻지 않을 수 없다. 미국을 휩쓴 부흥운동과 같다고 할까? 하지만, 완전히 변신하려는 욕망으로 몸을 도사리는 주체는 정작 교회가 아니라 학교다.

　부흥운동을 떠올리게 하는 학교개혁의 주문들은 다양하지만, 연결되어 있다. 이런 주문의 세세한 내용을 한마디로 요약할 수 있다. 바로 교육에거는 기대이다. 사람들은 문화전수와 인격형성, 시민의 책임의식 함양, 다양한 지능의 개발 등을 교육에서 기대한다. 그런데 이런 기대가 공유하는 생각이 하나 있다. 교육은 초월적 가치와 헌신적 도덕의식을 추구하는 신성한 활동이라는 것이다.

종교와 교육의 연관성을 뒷받침하면서 우리가 공유할 수 있는 근거를 발견할 수 있을까? 이제 우리에게 이 문제가 남아있다. 이런 근거를 찾으려면, 미국 교육의 목적이 무엇인지 규정해야 하며, 나아가 무엇이 종교의 본질인지 정의해야 한다.

깜짝 놀랄 만큼, 교육언어는 종교언어와 겹치고, 때때로 구분할 수 없을 만큼 얽힌다. 우리는 교실이 배우는 자의 공동체가 되길 원한다. 교실은 무심한 얼굴들이 무작위로 잠시 모였다가 흩어지는 장소가 아니다. 우리는 초월적 목적과 도덕의 중요성이 교육에서 회복되길 바란다. 그렇게 된다면, 학생은 교사를 존중할 것이며, 더 나아가 삶이 바뀌는 긴 여정에 감사함으로 동참할 것이다. 우리는 교실의 주도권을 한곳으로 모으지 않으려 한다. 교사도 학생의 목소리를 들으면서 배울 수 있으며, 학생도 자기 목소리를 평가하는 법을 배울 수 있다. 이렇게 서로 배우려면, 학생이 교실에서 하는 이야기를 존중해야 한다. 그리고 학생이 자기 이야기를 하도록 기회를 마련해야 한다. 우리는 서구의 유산과 전통을 다시 긍정하려 한다. 물론, 학생이 서구 전통도 다원적임을 깨달아야 하고, 세계 문화의 다양성도 느껴야 한다. 우리가 세운 이런 교육목표는 종교적 문제, 가치와 거의 뗄 수 없이 이어져 있다.

나는 종교 교육은 늘 신학에 관여한다고 이미 주장했다. 그러나 교육도 종교에 관여할까? 우리는 종교언어로 교육을 정의할 수 있을까? 교육은 기본적으로 종교 사업인가? 종교와 교육은 수렴될 수 있을까? 이런 질문에 긍정적으로 답할 수 있다. 가르치는 행위를 기술할 때, 종교언어를 자연스럽게 사용한다. 고대에 사람들은 가르치면서 신화와 의례, 교리를 전수했다. 가르치는 사람이라면, 젊은이에게 책임감을 느낀다. 그런 책임감에는 양육처럼 신성한 차원이 내재한다. 개인과 사회를 계속 유지하려면 무엇보다 교육이 필요하다. 그러나 교육은 생존해야 한다는 요구를 넘어선다. 교육 덕분에 우리는 주변 환경과 동물계를 뛰어넘을 수 있었다. 조건 없는 절대성이 물씬 배어 있는 언어만이 교육에 적합하다.

교육이 밑바탕부터 종교적 사업이라고 주장할 수 있다면, 종교와 교육에 대한 논쟁도 지금보다 훨씬 쉽게 전개될 것이다. 그러나 종교와 교육을 이어보려는 시도에는 위험과 한계가 없을까? 교육의 전체 체계를 지원하려면, 종교의 어떤 측면을 포기해야 할까? 우리에게 필요한 것은 교육의 신학인가? 아니면, 우리는 교육할 때 신학을 더 많이 가르쳐야 할까? 가르침에 대한 종교적 해석이 우리 문화에서 힘을 더 얻을 것 같지 않다. 일단, 파커 팔머에게서 시작해보자. 파커 팔머는 미국에서 가장 인기 있는 교육학 저술가이다. 파커 팔머의 견해는 여러모로 나와 가깝다. 팔머는 교육을, 온전함을 찾으려는 영적 활동으로 여긴다. 이런 시도에도 한계가 있다고 지적하고 나서, 내 관점을 분명하게 제시해보겠다. 그리고 학자 두 명을 더 논할 것이다. 이들은 자유를 찾는 영적 탐색을 교육과 연결한다. 피터 핫지슨과 벨 훅스가 그들이다. 피터 핫지슨은 신학자로서 헤겔 연구로 유명한 학자이다. 아프리카계 미국인인 벨 훅스는 여성주의와 인종을 논하는 책을 많이 썼다.[1] 이들이 정의한 교육은 교실에서 종교의 역할을 제한한다. 이 장을 마무리하면서 나는 가르침을 신학적으로 더 섬세하게 정의할 것이다. 가르침의 영적 차원에 대한 일반적 견해가 있으며, 모든 사람이 이런 견해를 받아들인다고 한다. 그러나 나는 그렇게 생각하지 않는다. 그렇지만, 특정한 종교를 믿는 사람도 자기 종교의 언어로 교육을 받아들이려고 노력해야 한다.

파커 팔머Parker J. Palmer: 교실에서 온전함을 추구하다

파커 팔머는 내면성과 자기 성찰을 강조하는 퀘이커 신학을 기반으로 교육을 성찰한다. 팔머는 교사의 영적 통합성을 강조하면서 이 통합성이 가르치는 기술의 비법이라고 말한다. 팔머가 말한 바로는, 가르치는 기술은 교사의 성품을 대체할 수 없다. 교사의 성품이란 교실에서 영감을 주고 질문을 일으키는 교사의 능력을 가리킨다. 파커에게 가르침은 공연과 같은 행위가 아니다. 무대와 연기를 보여주는 공연행위가 아니다. 가르침은 오히려 온전함과 치유를 갈구하는 활동이다. "우리 안에 있는 교사에게 말을 걸어야, 우리는 비로소 학생 안에 있는 교사에게 말할 수 있다."2)

교사가 수업에 온전히 몰입하여 학습주제와 스스로 하나가 될 때에만, 가르침은 학생에게 통할 수 있다. 진짜 마술은 전혀 마술처럼 보이지 않듯이 가르침의 마술도 똑같다. 교사는 가르치면서 어떤 술수를 쓰지 않는다. 그저 자기를 드러낼 뿐이다.

나도 팔머의 견해에 많은 부분 동의한다. 팔머에게서 많은 것을 배웠다. 그러나 팔머가 교육학을 이해하는 방식에는 다소 동의하지 않는다. 때때로 팔머는 가르침을 학생의 학습을 돕는 수단이 아니라 자기 발견의 수단으로 보는 것 같다. 자기를 온전히 알아야만 참되게 가르칠 수 있다면, 학생을 가르치려는 사람은 무엇보다 바깥이 아니라 내면을 들여다봐야 한다. 여기에 위험이 도사리고 있다. 팔머처럼 가르침을 이해하면, 가르침은 자기 개발의 수단이 될 것이다. 그리고 자기 실현이 교육을 판단하는 기준이라면, 가르침은 오히려 실망만 주는 일이 될 수 있다. 교사라면 이것을 잘 알 것이다.

팔머는 교실에서 자기 자신을 온전히 유지하는 것이 중요하다고 말하지만, 이런 기대는 현실과 맞지 않는다. 이것이 팔머가 부닥친 진짜 문제인 것 같다. 교사는 여러 역할을 동시에 수행해야 한다. 교실에는 여러 종류의 청중이 있기 때문이다. 교사는 어떻게든 모든 청중에게 호소해야 한다. 교사가 교실에서 인격을 분열시키지 않고 온전히 보존하려면, 즉 수업내용을 통해 학생과 영적으로 이어지길 원한다면, 교사는 오랫동안 실망하고 낙담할 수밖에 없을 것이다. 가르침은 자기 발견이 아니라 다른 사람에게 마음을 여는 행위이다. 다시 말해, 가르침이 학생에게 통할 때, 가르침은 은총의 신비가 될 것이다. 전혀 기대하지 않았는데, 환대를 받는 것과 같다. 교사는 교실에서 계속 온전한 인격을 유지해야 한다고 요구하는 사람은 가르침은 절대 일어나지 않을 거라고 암시하는 것이다.

물론, 앞에서 나는 이렇게 주장했다. 종교교사가 가르치는 이유와 방법을 이해하려면, 종교교사는 과거를 되돌아보면서 자기가 어떻게 신앙을 가졌는지 분별해야 한다. 그러나 교사가 하나님과 관계를 맺을 때, 교사는 결국 적절한 종교기관과 상징, 이야기를 통해 관계를 맺어야 한다. 교사와 하나님을 매개하는 것은 궁극적으로 학생이 아니다. 교사는 교실에서 구원을 찾을 수 없다. 정말 교실에서 구원을 찾으려는 교사가 있다면, 그는 실제로 정죄를 더 많이 발견할 것 같다.

학생은 교사를 구원할 수 없다. 오직 하나님이 우리를 구원하신다. 종교교사의 자아는 거의 항상 분열되어 있다. 그는 이성의 요구에 맞추려고 애쓰면서도 신앙의 리듬을 귀담아들으려 한다.

팔머가 현명하게 지적하듯이,

"내 안에는 수많은 내가 있으며 오랫동안 자기를 찾아 여행한다는 것을 잊는다면, 나는 현실을 무시한 채 학생에게 지나치게 기대하게 될 것이다. 내 영혼은 내 안에서도 다양하며, 나의 자기가 천천히 떠오름을 기억한다면, 나는 젊은 학생이 통과하는 삶의 단계를 존중하면서 학생들에게서 나타나는 다원주의를 더욱 북돋울 수 있을 것이다."[3]

따라서, 가르침에 성공해야 영적 생활도 성공한다고 생각하지 않는 것이 좋다. 이것이 교사에게 최선이다.

그러나 팔머는 학계의 문화는 인격을 불신한다고 올바로 지적한다. 이

지적은 특히 종교수업에 맞다. 학생은 개인 경험을 이용하여 어려운 수업 내용을 가로지르는 지적 지름길을 만들거나 논쟁을 일으키는 주제에 대한 토론을 막아버린다. 종교교사도 이것을 잘 안다. 하지만, 학생이 배우면서 참으로 영향을 받아야 한다면, 교사는 인격을 피해갈 수 없다. 학생이 글 쓰기 과제를 할 때, 나는 학생에게 '내가' 라는 말을 쓰라고 권한다. 학생은 깜짝 놀라면서, 다른 과목을 들을 때 그런 말을 쓰면 점수를 잘 받지 못한 다고 말한다. 학생들은 어색한 문체로 글을 쓰려고 무지 애쓰면서 수동태 문장을 작성한다. "…그렇게 믿어지고 있습니다." 그리고 간접화법을 사용하여 화자를 모호하게 하면서 솔직하게 자신을 드러내지 않으려 한다. "어떤 사람은 이렇게 주장하기도 합니다…."

학부와 대학원생일 때, 나는 내 과거와 완전히 이별했었다. 그래서 교실을 온통 자기 이야기로 도배하는 교수에게 사뭇 끌렸다. 일단, 그 교수의 수업에서는 내 이야기를 하지 않아도 되기 때문이다. 그러나 "당신은 누구입니까?"라는 질문을 많이 받았다면 더 좋았을 텐데. 그런 질문을 자주 받았다면, 나는 내 목소리를 조금 더 일찍 발견할 수 있었을 것이다. '학생 자신의 이야기' 를 말해보라고 요구함으로써, 교사는 인격이 걸린 문제를 다룰 때 가장 많이 배운다는 것을 학생에게 가르칠 수 있다.

그렇지만, 교실에서 자기 인격을 드러내는 것이 종교 교육의 전부는 아니다. 종교 교육은 원래 인격에 대해 질문할 자리를 마련하는 행위다. 플래너리 오코너Plannery O'Connor의 작품을 학생에게 가르치면서 나는 이 사실을 조금씩 깨달았다. 다음과 같은 질문을 하지 않은 채 플래너리 오코너의 작품을 가르칠 수 없다. 플래너리 오코너는 당대의 자유주의자를 혹평하는데, 그는 자신의 독자인 우리마저 혹평할까?

오코너는 이렇게 말한다. 좋은 동기를 품고 선하게 사는 자유주의자를 간섭하려면, 하나님은 폭력적으로 행동할 수밖에 없다. 이때 오코너는 우리가 얼마나 맹목적이고 교만하고 피상적으로 사는지 지적하는 것 같다. 오코너가 분명히 과장한다고 학생들은 늘 지적한다. 여기서 과장법이 과연 진실한지 이야기를 나눌 수 있겠다. 이성에 맞는 생활을 하려고 노력하는 사람은 종종 자기가 어떤 인간인지 망각해버린다. 이것이 오코너가 창작한 많은 이야기의 요점이다. 두루 이해하고 올바르게 행하려는 사람은 오히려 다른 것이 침투하지 못하게 현실을 밀폐한다. 강하게 힘을 가해야만 현실을 다시 끄집어낼 수 있다. 오코너를 읽다 보니 오코너가 나도 비난하는 것 같았다. 그러나 오코너의 비난은 현대 문화가 개탄하는 그런 비난은 아니다. 현대 문화는 타인을 관용하자고 외치면서, 판단하고 비난하는 목소리에 대해 늘 한탄한다. 반면, 오코너의 비난은 해방하는 비난이다. 하나님은 우리를 놀라게 한다. 하나님은 심판함으로써 우리를 놀라게 하고, 허황한 상상에서 우리를 풀어주신다. 그래서 우리는 하나님의 심판 덕분에 아픈 진실을 발견한다. 즉, 우리는 우리가 누군지 모르지만, 하나님이 우리를 알기 때문에 우리는 우리 자신을 알 수 있다. 이런 앎은 사랑과 이어져 있다.

피터 핫지슨 : 자유를 찾아 나서다

팔머는 교사의 영성에 주목하면서 교사의 영성이 교육을 이루는 종교적 실체라고 말한다. 『하나님의 지혜: 교육신학을 위하여』에서 피터 핫지슨 Peter C. Hodgson은 교육의 목표는 밑바탕부터 이미 종교를 지향한다고 말한다.4) 핫지슨은 교육을 종교로 조망하려는 야심 찬 기획을 훌륭하게 펼친다. 교실에서 종교가 하는 역할을 방어하는 것이 핫지슨의 으뜸 목표는 아니다. 물론, 핫지슨대로 생각하면, 종교의 역할을 방어할 수는 있다. 하지만, 핫지슨은 교육과정 전체를 종교 관점으로 이해하려고 한다. 정말 이렇게 이해할 수 있다면, 핫지슨의 기획은 공통어휘를 제공할 것이다. 즉,

교육에 다시 생기를 불어넣으려는 실화 같은 이야기가 공통어휘를 제시할 수 있어야 한다. 하지만, 핫지슨의 기획에 문제가 있다면, 우리는 지금 진행되는 교육개혁을 재고할 수밖에 없을 것 같다. 더구나 종교와 교육을 다르게 연결하려면 현재 교육개혁을 다시 검토할 수밖에 없다.

핫지슨의 책, 『하나님의 지혜』는 솔직히 짧고 간단하다. 핫지슨은 세계적으로 유명한 헤겔 연구가다. 헤겔의 사상은 매우 복잡하지만, 핫지슨의 헤겔은 오히려 단순하다. 헤겔은 '양쪽 모두'의 사상가이다. 다른 사상가가 오직 모순을 보는 곳에서 헤겔은 종합을 찾아낸다.

핫지슨도 헤겔을 따르면서 기독교 교육과 그리스의 파이데이아는 서로 맞서지 않는다고 말한다. 파이데이아는 아이pais를 먹이고 기르는 활동을 가리킨다. 파이데이아는 그리스 문화가 추구하는 중심 이념이었다. 에베소서에서도 이 단어가 쓰였다. 이것은, 아이를 올바로 기르는 것을 기술하려고 사용된 단어이다.엡6:4 모든 문화는 실제로 아이를 교육하려고 기관과 이념을 설립한다. 핫지슨은 이런 과정이 원래 종교적이라고 주장한다. 교육은 삶의 가장 위대한 신비이기도 하다. 교육은 파괴함으로써 만들어낸다. 교육은 아이에서 성인이 되는 단계를 사회적으로 인증함으로써 사회를 갱신한다. 우리는 교육하면서 신뢰하고 소망하고 믿는다. 지혜를 찾는 활동이 교육을 인도한다. 이런 활동은 가치를 낳는다. 그런데 이 가치는 종교적이라고 부를 수밖에 없다.

물론, 모든 문화가 교육을 이렇게 이해하지는 않는다. 기독교도 가르침의 가치와 위엄을 늘 좋게 평가하지 않았다. 기독교가 유대교에서 떨어져나올 때, 기독교는 랍비라는 이름을 버렸다. 랍비는 예수가 교사임을 가리킨다. 그런데 기독교는 교육학마저 낮게 평가했다. 기독교 역사를 보면, 예수에게 여러 이름이 붙었다. 하지만, 예수가 교사로서 존경받은 적은 거의 없다. 종교 교육 교수인 가브리엘 모란이 지적하듯, 유대교와 이슬람교에서는 "종교지도자를 가리키는 이름 가운데 '교사' 만큼 위대한 이름은 없다."5) 기독교가 가르침을 이렇게 낮게 평가했던 것은 무척 유감스럽지만, 이 사실이 주는 교훈은 여전히 중요하다. 기독교에서 예수는 무엇보다 살아계신 하나님의 말씀이다. 가르치고 교화하는 일은 예수에게 부차적 사명이다. 즉, 기독교는 기독교 추종자에게 조언하지만, 구원하는 하나님의 말씀까지 직접 준다.

그렇지만, 핫지슨은 이렇게 주장한다. 그리스인과 유대인, 초기 그리스도인은 모두 교육을 조금씩 다르게 정의했지만, 그들은 하나님의 영을 양육함으로써 하나님이 주는 똑같은 지혜를 찾았다. 헤겔처럼 핫지슨도 차이보다 유사성을 찾으려 한다. 핫지슨은 서로 다른 교육이론의 흐름을 거대한 전망으로 모은다. 하나님은 영으로써 역사를 관통하며 일하시는데, 하나님의 영은 인간의 사상을 일으키고 인도한다. 핫지슨은 이런 전망으로 여러 교육이론을 통합하려고 한다. 핫지슨이 말한 바로는, 인간의 영이 가장 넓은 가능성을 대면하도록 하나님은 "인간의 영을 '이끌어 내신다.' 이런 활동을 통해 하나님은 모든 사람을 가르치신다."6)

인간 교육을 일으키는 하나님의 성품은 신적 지혜소피아이다. 우리가 갖춘 고유한 능력을 완전히 펼치도록 신적 지혜는 우리를 설득한다. 그래서 하나님이 우리의 교사라고 말하는 사람은 다음과 같이 말하는 것이다. "가르침과 교육에는 원초적이고, 신비로우며, 놀라운 것이 있다."7) 지혜를 찾아 나서는 인간의 활동이 바로 교육이며, 오직 하나님의 지혜가 교육의 기초를 마련할 수 있다.

하나님의 가르치는 힘 덕분에 교육은 가장 급진적 가능성에 이를 수 있다. 핫지슨은 교육을 비판적 사고와 강화된 상상력, 해방하는 실천으로 나눈다. 하나님의 지혜는 3개의 요소를 강하고 풍부하게 한다. 그러나 하나님이 여기 계심을 인정하든 인정하지 않든 3개의 요소는 계속 있다. 종교

언어로 교육을 이야기해도 교육의 목표는 바뀌거나 도전받지 않는다. 오히려 종교언어로 교육을 이야기하면, 궁극성과 신성함의 분위기가 교육을 감싸게 된다.

핫지슨은 교육이 원래 종교를 지향한다고 생각한다. 그래서 핫지슨은 다양한 교육활동에도 정당한 몫을 부여하려고 교육을 폭넓게 정의할 수밖에 없다. 핫지슨을 따르면, 하나의 정신이 교육을 추동하는 힘을 구성하면서 개인들이 자신들의 가능성을 최대한 넓히도록 이끈다. 그런데 이렇게 개인을 추동하는 하나의 정신은, 이름을 여러 개 가질 수 있다. 이 정신에 이름을 붙이고 이것을 알아도, 정신이 움직이는 방식에 영향을 주는 것은 아니다. 예수 그리스도는 우리 모두에게서 작동하는 교육의 힘을 명명하는 이름일 뿐이다. 그것도 하나의 이름일 뿐이다. 실제로 핫지슨은 이렇게 썼다. "하나님의 지혜는 예수 그리스도로 '성육신' 하며, 하나님의 지혜에 열려있고, 하나님의 지혜를 받아들이는 모든 사람에게 성육신한다."8) 인간 정신은 신적 정신의 도움을 받아 지혜를 추구한다. 인간 정신은 바로 인간사를 관통하는 보편적 지혜를 찾는다.

핫지슨에게 교육의 목표는 하나님의 영광을 아는 것이 아니라 자유를 쟁취하는 체험이다. 헤겔처럼 핫지슨은 인간사를 관통하는 자유의 행진곡을 들을 수 있다. 핫지슨은 이것이 인간 교육을 추동하는 내적 힘이라고 생각한다. 교육 덕분에 학생은 "즉각성immediacy, 편협, 무지의 굴레를 벗어던질 수 있다."9) 교육이 여정旅程이란 말은 단순한 은유에 그치지 않는다. 교육에 힘입어 학생은 "자신이 속한 특정한 시대와 장소, 윤리, 가족, 문화"에서 자유롭게 풀려난다.10)

사상의 세계를 두루 훑어보면서 학생은 자신이 사는 작은 세계를 떠날 수 있다. 새로운 사상에 마음을 활짝 열면서 학생은 "사회적 관례에 적응하기보다 저항할 수 있다." 자아는 교육을 받으면서 특수한 것을 젖혀두고 보편적 진리를 지지하는 법을 배운다. 역사에서는 늘 해방의 행진곡이 울려 퍼진다. 이것이 역사의 보편적 진리이다.

북미인이라면 자유를 두고 논쟁하지 않는다. 자유는 북미인에게 너무나 당연한 이념이다. 그래서 핫지슨의 주장을 반박하기 어렵다. 그렇지만, 교육에는 다른 목표들도 있다. 자유를 강조하면 현재 체제를 정치적으로 비판하고 다양성을 긍정하도록 교육하게 된다. 정치적 비판과 다양성 긍정은 비판적 사고를 이루는 중요한 요소이다. 그렇지만, 오늘날 비판적 사고는 종종 냉소적 거부로 둔갑한다. 전통이라면 무조건 비웃으면서 비서구적 요소를 그냥 찬양한다. 이런 시대에 자유를 강조하다 보면, 모든 것을 허용하는 허무주의에 빠진다. 각자 하고 싶은 대로 하라는 뜻이다. 교육을 다른 것보다 인격형성의 과정으로 본다면, 공동체와 전통의 뜻을 더욱 강하게 강조하면서 덕을 가르쳐야 할 것이다.

핫지슨은 학생이 자유롭다고 가정한다. 여기에 허점이 있다. 핫지슨에게 학생은 이미 자유로운 정신의 소유자이다. 즉, 학생은 스스로 해방되도록 양육받기만 하면 된다. 일단, 이렇게 가정하면 제도로 확립된 종교는 학생의 표현적 개인주의를 방해하는 걸림돌이 된다. 물론, 자유를 향해 가는 학생의 여정은 원래 영성을 지향하지만. 오히려 기독교 전통에 따라 학생은 죄로 물들었다고 가정하면, 학생에게 필요한 것은 변화이지 해방이 아니다. 학생이 지금과 다른 모습으로 바뀌도록 학생에게 힘을 줄 전통이 있다면, 학생은 그런 전통에 젖어들어야 한다. 다시 말해, 학생은 자유를 배워야 한다. 여러 요구와 기대가 충돌할 때도 자기 욕망을 제대로 유지하는 법을 익히면서 학생은 자유를 배운다.

핫지슨의 교육론은 마음을 움직이고 통찰을 준다. 그의 교육론에 끌리는 교사가 많을 것이다. 그러나 이것은 거꾸로 문제가 될 것이다. 핫지슨은 되도록 많은 사람에게 호소하려 하다가, 기독교를 자신의 일반 교육론에 끼워 맞춰 버린다.

핫지슨의 책에는 딱히 흠잡을 만한 요소가 없으며, 특별히 종교적 요소가 있는 것도 아니다. 핫지슨에게, 기독교는 교육에 아무런 영향을 주지 않는다. 기독교는 다른 어떤 종교와도 다르지 않기 때문이다. 핫지슨은 교육을 신학적으로 해석하려고 너무 많은 대가를 치른 것 같다. 핫지슨과 다르게 교육을 정의해보자. 예를 들어, 예전에 몰랐던 사상을 학생이 대면하는 사건을 교육으로 볼 수 있겠다. 기독교를 있는 모습 그대로 기독교의 독특함을 그대로 보여주면서 기독교를 기독교답게 이해해보라고 학생에게 도전할 수 있다. 종교적 감성으로 교육에 세례를 베풀지 말고, 신학자는 기독교적 목소리가 교실에서 들리도록 공간을 마련해야 한다. 이때 신학자는 기독교적 목소리의 특이함과 특수성을 온전히 허용해야 한다. 반면, 교육을 신학적으로 해석할 때, 일반적으로 통용되도록 해석하려 한다면, 이것은 상당히 야심 찬 기획이다. 하지만, 이것은 학생을 바꾸는 효과는 별로 없을 것 같다.

벨 훅스Bell Hooks: 급진적 교실

교육의 일차 목표는 자유라고 선언하는 사상가가 한 명 더 있다. 바로 벨 훅스다. 벨 훅스는, 가르침에는 종교적 차원이 있다고 분명하게 밝힌다.

"교육하는 사람은 자유를 행한다. 자유를 실천하는 것도 가르치는 방법이며, 누구나 이 방법을 배울 수 있다. 가르치는 일에는 신성함이 깃들어 있다고 믿는 사람은 자유를 실천하는 법을 가장 쉽게 배운다. 가르치는 일의 신성함을 믿는 사람은 다음 사실도 믿는다. 교사는 가르치면서 정보를 나누기도 하지만, 학생의 지적, 영적 성숙을 나누기도 한다. 배움이 가장 진지하고 친밀하게 일어날 조건을 교사가 마련해야 한다면, 교사는 가르칠 때 학생의 영혼을 존중하고 돌봐야 한다."12)

핫지슨처럼 벨 훅스도 궁극적으로 해방에 관심이 있다. 벨 훅스는 교실을 활용하여, 자유를 향한 자신의 여정을 나눈다. 여기서 벨 훅스는 자유를 찾아 떠나도록 학생에게 영감을 주려 한다. 벨 훅스에게 교육은 해방하는 과정이었다. 즉, 궁극적으로 자기실현을 향해 나가는 힘든 여정이었다. 벨 훅스는 학생도 이런 여정을 떠나길 바란다. 다른 모든 교사처럼 벨 훅스도 자신에게 뜻깊은 일이 학생에게도 일어나길 원한다.

"20년 전 나와 내 동료에 비해 오늘날 내가 만나는 학생은 자기실현의 기획을 훨씬 불신하는 것 같다."13) 이것은 무척 흥미로운 시인이다.

오늘날 학생은 해방과 자유에 대한 설교보다 전통적 윤리지침이 더욱 필요하다고 벨 훅스는 말할 수도 있었다. 그렇지만, 벨 훅스는 사회적 관습과 편견에서 학생을 해방하려는 소명을 수행한다.

벨 훅스가 수행하는 소명을 이해하려면, 벨 훅스가 교사이며 저술가로서 성장했다는 사실을 알아야 한다. 벨 훅스는 매우 중요한 고백을 한다. 벨 훅스는 어릴 때 다소 고립된 학교에 다녔는데, 벨 훅스는 그 시절을 무척 그리워한다. 이 학교의 교사들은 "학생의 정신을 바꾸려는 메시아 같은 열망으로" 가득 차 있었기 때문이다.14) 흑인 학교에서 가르치는 교사들에게 목적이 하나 있었다. 자신을 증명하려는 열정이 이 목적을 낳았다. 다시 말해, 비록 자원이 부족하지만, 자신도 백인 학교의 교사만큼 좋은 학생을 기를 수 있다는 것을 증명하고 싶었다. 백인과 흑인이 함께 다니는 학교는 이런 열정을 조금은 없애버린 것 같다. 그래서 벨 훅스는 자신이 느낀 열정을 다시 불붙일 교육학을 1970년대 부상한 여성주의 운동에서 발견했다. 여성주의 수업은 흑인학교의 개혁 열망과 진지한 도덕성을 모두 붙잡았다. 초기에 벨 훅스는 여성주의 수업에 다소 실망했다. 당시 여성주의 수업은 인종주의에 도전하지 않았기 때문이다. 하지만, 여성주의 수업은 "학생이 교육과정을 비판할 수 있는 공간을 제공했다."15)

교육학을 의심하는 것이 과연 인종주의를 조사하는 것보다 급진적이고 변혁적일까? 전혀 그렇지 않은 것 같다. 하지만, 교육학을 의심하는 수업을 통해 벨 훅스는 교사와 사상가로서 성장할 수 있었다. 적어도 벨 훅스는 교육학을 비판할 수 있어야 했다. 그녀는 흑인이었기 때문에 다른 학자처럼 학문적으로 성공하고 직업을 개발할 수 없었기 때문이다. 성별에 대한 어떤 토의에도 흑인 여성인 벨 훅스가 끼어들 자리는 없었다. 그러나 여성주의는 교실의 주도권을 흩어버리고 새로운 목소리가 들리도록 허용했다. 그래서 벨 훅스는 자기 목소리를 찾아가는 여정을 시작할 수 있었다.

벨 훅스는 오늘날 교육 상황을 개탄한다. 요즘 여성주의를 가르치는 교사는 전통적 수업이 인정하는 기준과 우선순위를 대부분 받아들인다. 그래서 새로운 목소리를 허용하고 듣기보다 추상적이고 엄격한 이론작업을 더 중요하게 여긴다. 학계에서 일하는 여성이 느끼는 불안이 이런 현상을 낳았다고 벨 훅스는 진단한다. 학계의 여성은 여전히 남자가 지배하는 학계에서 자기 자리를 유지할 수 있을지 근심한다. 벨 훅스는 유토피아적 관점으로 교육을 조망하면서, 오늘날 해방하는 교실을 어디서 찾을 수 있는지 묻는다. 벨 훅스는 학생이 자기 이야기를 자유롭게 하는 것이 시민사회적 가치를 지닌다고 말한다.

그러나 벨 훅스의 정치적 발언은 민주주의보다 혁명을 지향한다.

실제로 벨 훅스는 교실수업에 기대를 많이 건다. 이것은 그녀가 가담했던 사회운동이 실패한 것을 위로하려는 시도로 볼 수 있다. 그래서 교실은 그녀가 다른 방식으로 실현하려 했다면 실패했을 꿈을 이루는 장소가 된다. 벨 훅스는 파울로 프레이리의 유명한 작품인 『페다고지』의 정신을 따르면서 학생이 자기 삶을 형성하는 사회요인을 의식하도록 인도한다. 프레이리는 『페다고지』에서 읽고 쓰는 능력을 정치적 해방에 연결한다. 그래서 벨 훅스는 학생이 주변 환경을 비판하면서 주변 환경에서 자유롭게

벗어나는 길을 찾도록 돕는다.16)

"문화의 다양성을 인정하라고 요구하고, 아는 방식을 다시 따져보고, 옛 인식론을 해체하며, 교실에서 학생이 변해야 한다고 요구하고, 가르치는 내용과 방식을 바꿔야 한다고 요구하는 것은 우리에게 꼭 필요한 혁신이다. 이런 혁신을 통해 타락하고 죽어가는 학계에 다시 생기를 불어넣을 수 있다."17)

급진주의자가 우리 사회에서 실제로 힘을 발휘할 수 있는 마지막 공간이 교실이다. 그래서 급진주의자는, 진짜 변화는 교실에서만 시작할 수 있다고 주장할 수밖에 없다. 벨 훅스는 급진적 평등의 신성함을 밑바탕부터 종교적으로 이해하도록 학생을 지도하고자 한다. 그래서 벨 훅스는 급진적 평등을 이루려면 급진적 변화가 일어나야 한다고 학생을 설득한다. 변두리로 몰린 학생은 억압받는 새로운 계급이 된다. 이 계급은 지쳐버린 산업 프롤레타리아를 대신하여 경제적 균형이란 이상을 사람들에게 전할 수 있을 것이다. 이런 소망은 문화의 흐름과 너무나 어긋난다. 이것은 학생이 실제로 체험하는 것과 너무나 다르다. 그래서 좌파 교수들조차 학생의 체험에 호소하지 못한다. 좌파 교수들은 정치적 급진주의의 수사학을 흉내 내도록 학생을 부추길 수밖에 없다.

계급: 종교 연구의 숨은 문제

벨 훅스의 이야기를 읽으면서, 내가 가르치는, 종교를 믿는 학생을 생각하지 않을 수 없었다. 이들 가운데 일부는 복음주의 신앙이 있다. 오늘날 세속교육에서 복음주의 신앙은 변두리로 밀려나 있다. 인종과 성별은 30년 전에 사람들을 당황하게 하는 주제였다. 복음주의 신앙이 그만큼 논란을 일으키는 주제는 아니지만, 의미심장한 주제이긴 하다. 복음주의 신앙을 가진 학생이 자기 이야기를 개발할 기회가 생기고, 자기 목소리를 찾을 수 있게 된다면, 이것은 어떤 의미가 있을까? 이들은 종교를 가르치는 수업에서 자기 목소리를 찾을 수 있을까?

70년대에 여성은 여성주의 수업을 통해 자기를 찾을 수 있다는 용기를 얻었고, 80년대에 흑인은 아프리카계 미국인 연구를 통해 자기를 찾을 수 있다는 용기를 얻었다. 이처럼 복음주의 신앙을 가진 학생도 종교수업을 통해 자기 목소리를 찾을 수 있을까? 신앙심이 깊은 교사라 해도, 동료 교사가 어떻게 생각할지 염려하지 않을까? 다시 말해, 신앙을 가진 학생이 자신의 신앙을 이야기하도록 허용함으로써 종교를 믿는 교사가 '학문적 기준'을 낮춘다고 동료 교사가 생각하지 않을까?

훅스는 교육에서 경제계급이 은밀하게 작용한다고 지적한다. 훅스의 지적은 유용하고 용감하며 통찰력이 있다. 경제계급의 힘을 우리는 자주 무시하려고 한다. 노동계급의 관점에서 교육을 바라본 글을 편집한 책인 『낙원의 이방인』은 노동계급 출신의 교수가 느낀 엄청난 분노와 소외, 죄책감을 잘 보여준다. 제인 앨런 윌슨은 이것을 다음과 같이 요약한다. "고등교육을 받는 과정은 나에게 신앙심을 잃는 과정이었다."[18] 자신이 아닌 다른 존재처럼 행동해야 성공한다는 요구를 받을 때, 사람들은 자신에 대한 믿음을 잃어버린다. 나는 경제적 약자가 아닌 것처럼 자신을 연출하는 법을 배움으로써 가난한 학생은 자신이 한때 믿었던 것을 신뢰하지 않는 법을 배운다.

종교 연구에도 계급과 연관된 차원이 있다. 종교수업은 교회경험을 반영한다. 교사와 학생 모두 교회에서 배운 관습과 사고방식을 가지고 수업에 임하기 때문이다. 그만큼 종교수업은 다른 복음주의적 전통보다 성공회나 장로회의 종교경험을 더 많이 담아낸다. 그래서 종교수업의 분위기는 질서정연하고 신중하다. 종교사회학자가 우리에게 가르쳐주듯이 교파들의 차이점은 경제 계급에 의존한다. 그렇다고 해서 종교적 보수주의를 더 가난한 계급과 곧바로 동일시해서는 안 된다. 복음주의는 모든 사회 영역에 퍼져 있다. 그러나 계급구분과 종교적 소속감은 여전히 상관관계가 있다. 그래서 상위 계급으로 올라가는 사람은 종종 종교적 행동을 바꾸는 법을 알아야 한다. 교육 덕분에 상위계급으로 쉽게 올라갈 수 있다.

우리 문화 안에 있는 교육기관을 거친 엘리트는 종교를 가볍게 다룰 수 있는 능력을 갖춘다. 이런 능력을 보여주는 사람이 바로 교육받은 엘리트이다. 주류교단을 모형으로 삼은 종교수업은 시민적 가치를 증진하려고 한다. 이런 종교수업에서 교사는 노동계급에게 시민적 가치를 가르치면서 종교적 열정을 가두고 줄이는 사회적 기술을 전수한다.

벨 훅스는 이렇게 설명한다.

"교실에서 언쟁이 붙으면, 상류층과 중간층에 속한 학생들은 다소 불편해진다는 것을 나는 알게 되었다. 이 계급에 속한 많은 학생은 큰소리가 오가고 말을 가로막는 것을 무례하고 위협하는 행위로 여긴다. 그러나 노동계급에 속한 우리 같은 사람들은 토의가 강렬한 반응을 일으켜야 더욱 깊어진다고 느낄 것이다."[19]

예절은 모든 사회에서 사회 통제를 유지하는 수단으로 사용된다. 예절은 교실에서도 이런 기능을 한다. 따라서, 종교 연구도 교실에서는 하나님의 은총을 조용히 묵상하는 고교회high-church 체험에 더 가까울 것이다. 하지만, 하나님이 낮은 자를 떠들썩하고 험난하게 구원하신다는 저교회low-church 체험과는 다소 거리가 멀 것이다.

복음주의는 실제로 모든 사람이 거리낌 없이 정죄하고 선입견을 덮어씌우는 종교분파이다. 종교수업에서 일반적으로 다루는 교과서와 주제를 아무리 봐도, 복음주의 기독교가 세계에서 중요한 현상이었고 오늘날 주류교회보다 훨씬 인기를 누리고 있음을 알 수 없을 것이다. 학문적 종교 연구 분야에서 저교회다운 가치는 대단히 미묘하게 검열된다. 미묘하게 검열된다는 것은 그만큼 검열이 잘 된다는 뜻이다. 계급이동 가능성은 적어도 조금은 학습 정도에 따라 달라진다. 다시 말해, 공적으로 대화하면서 종교적 주제를 언급할 때, 언제, 어떻게, 얼마나 언급해야 적절할까? 이런 문제를 대처하는 것을 보면, 그 사람의 계급이동 가능성을 조금은 예측할 수 있다. 벨 훅스는 이렇게 쓴다.

"나만 뒤처졌다는 느낌이 싫어서, 노동계급에 속한 학생은 주류에 동화되어 말하는 법을 바꾸고, 참고하는 말도 바꾸며, 습관도 버린다. 노동계급 학생은 특히 출신계급을 보여주는 습관을 모두 버린다."[20]

복음주의 신앙을 가진 사람은 지역 사투리를 사용하는데, 이 사투리는 종교적으로 적절하고 자기를 통제하는 표준 영어에 동화되어야 한다. 이런 맥락에서 종교학과에서 수업을 듣는 학생은 매우 적지만, 성경공부 모임과 학생이 주도하는 종교모임은 늘어나고 있다.

벨 훅스 말고 다른 길이 있을까?

벨 훅스도 다른 교수들처럼 혁명을 추구하는 교실을 원한다. 이 교실에서 현재 상태는 철저히 검사받고, 변두리로 몰린 목소리는 해방된다.

어떻게 하면 교실에서 종교인의 목소리를 자유롭게 풀어놓을지 고민하면서 나도 벨 훅스의 교육학 모형에 조금은 영향을 받았다. 그렇지만, 벨 훅스와 완전히 다르게 생각하는 부분이 있다. 벨 훅스가 꿈꾸는 교실은 유토피아 같은 사회를 모형으로 삼는다. 이 사회에서는 벨 훅스가 제시한 역동적이고 힘을 주는 사례가 평등을 실행한다. 벨 훅스는 종교 같은 전통적 사고형태를 억압적 장애물로 여긴다. 참으로 해방되려면 이 장애물을 치워 버려야 한다는 것이다. 반면, 나는 이렇게 주장하고 싶다. 참으로 민주주의를 지향하는 교실은 종교적 목소리마저 허용한다. 물론, 종교인이 할 말을 다하면 반동적으로 보이긴 한다. 그런 목소리를 내는 종교인은 이미 소외와 억압을 당하기 때문이다. 우리가 학생에게 자유롭게 말해보라고 할 때, 상당히 정치화된 평등을 긍정하려고 학생이 가장 소중히 여기는 것을 포기하라고 요구해선 안 된다.

실제로 종교교사는 교리와 좁은 관점을 버리고 비판적으로 포용하라고 말하면서, 학생이 자라난 종교적 배경이 학생의 정신을 마비시켰다는 식으로 생각한다. 이런 분위기에서 학생은 교실에서 입을 다물고 가만히 있을 수밖에 없다. 교사가 학생의 신앙을 진지하게 받아주지 않을 때, 학생은 자신감을 잃는다. 감정에 따르는 종교생활에서 벗어나 정교한 합리성을 따르는 생활로 들어갈 때 종교적으로 발달하는 것이라는 생각에 학생이 저항하려면, 용기가 필요하다. 앞으로 나아가려면 무언가를 버려야 한다고 우리는 배웠다. 종종 사람들은 종교를 버려야 할 짐이라고 말한다. 현대세계에서 진보하려면, 종교라는 짐을 버려야 한다는 뜻이다. 정말 그렇게 행동하면, 우리는 심리적으로 황폐해지거나 정신을 여러 부분으로 나누게 될 것이다. 어느 쪽으로 가든 학생은 결국 교사의 말을 진지하게 받아들이지 않는 법을 배우고 말 것이다.

많은 종교교사가, 교사가 되는 과정에서 자신이 자라난 종교배경을 귀신 몰아내듯 쫓아버린다. 이런 교사는 자신이 선택한 종교교사라는 직업에는 개인적 감정이나 역사가 전혀 중요하지 않다고 생각하면서 자신을 숙련된 전문가로 여긴다. 그래서 그는 종교를 애매하게 대하는 태도를 익힌다. 사실 나도 그런 교사였다. 그러나 종교교사는 문득 자신이 사기꾼처럼 느껴질 것이다. 당신이 버린 과거는 당신의 목덜미를 붙잡고 당신을 깜짝 놀라게 할지 모른다. 복음주의 배경에서 자라난 우리 같은 학자들은 종종 옷장 안에 숨으면서, 전형적 자유주의자처럼 행동한다. 그러나 이런 속임수를 쓰면 대가를 치르게 되어 있다. 그게 인생이다.

종교수업이 전달하는 자유주의적 관점에 도전할 기회를, 종교를 믿는 학생에게 준다면, 그는 지적으로 자신감을 가질 수 있을 것이다.

그리고 종교수업도 교육학적으로 강렬하게 개입하는 공간이 될 것이다. 안타깝게도 종교적 열정과 흥분을 두려워하는 종교교사가 많다. 왜 그럴까? 흑인과 동성애자, 여성의 관점은 최근에야 교실에 소개되었다. 이런 관점들은 정보의 관리에 계속 도전한다. 그래서 수업에도 종교적 열정을 표현할 기회가 생기면, 많은 교사가 두려워하듯 그나마 질서가 남아있던 수업이 아예 혼돈에 빠져버릴지 모른다. 학생이 기존의 종교에 반대하는 종교적 견해를 드러내면, 교사는 자신의 권위가 도전받는다고 종종 느낀다. 너무나 많은 교사가 이렇게 믿는다. 교사가 갈등을 피하기만 하면 학생은 교사를 계속 좋아할 것이다. 수업에서 교사와 학생이 화를 내면서 합의하지 못하면 학생은 교사에게 좋지 않은 감정을 품는다고 걱정하는 교사도 있다.

내가 가르치는 대학 1학년 수업에서 복음주의 신앙을 가진 학생을 만날 때마다 나는 늘 긴장했던 것 같다. 나는 대학원에서 암묵적으로 배운 교수법을 이용했다. 내가 대학원에 다닐 때만 해도 교수법을 논하는 것은 대학원의 품격에 맞지 않는 활동이었다. 그래서 나는 종교이론을 먼저 알려주고, 종교이론의 강점과 약점을 차분하게 분석해보라고 학생에게 요구했다. 학생이 계몽주의에 눈뜨도록 인도하고 싶었다. 그래서 다른 종교인의 신앙을 배제하는 종교적 주장을 아예 포기하라고-적어도 과감히 바꾸라고-요구하면서 종교적 다양성의 가치를 인정하도록 지도했다.

내가 가르친 보수적 학생들은 내 과거 모습과 너무나 비슷했다. 그래서 나는 그들에게 무엇보다 정신적으로 운동하는 법을 보여주고 싶었다. 매일 종교다원주의 이론을 배우고 익히면 정신적 운동을 할 수 있다고 생각했다. 보수적 학생들은 저항했다. 하지만, 나는 그들이 왜 저항하는지 이해할 수 없었다. 당시 나는 더 높은 종교적 경지에 있다고 스스로 믿었기 때문이다. 종교의 다양성을 배우고 가르치는 일에 보수적 학생들의 저항도 도움이 된다는 것을 이론적으로 설명할 수 없었다. 그래서 보수적 학생들에게 점점 조급해졌다.

힌두교와 이슬람교를 믿는 인도출신의 학생들 덕분에 돌파구가 생겼다. 그들은 지금 배우는 종교이론이 자신들을 정말 포함하는지 물었다. 나는 교실이 여러 종교가 공존하는 폭넓은 공간이 되어야 한다고 외쳤지만, 정작 어떤 학생도 그것이 자기를 겨냥한 말이라고 느끼지 않았다.

즉, 내가 더 많은 종교를 포용할수록, 더 많은 학생이 배제되었다. 나는 종교 간 대화라는 이상을 추구했지만, 실제로 나는 학생을 모두 계몽주의적 자유주의를 고백하도록 지도한 것이다. 따라서, 다원주의도 다른 전통적 신앙만큼이나 다른 신앙을 배제했다고 말할 수 있다. 내가 나를 배제하고 있다는 생각도 들었다. 내가 설교하는 이론은 틀린 이론처럼 들렸고, 나는 말하면서도 지루했다. 학생을 있는 모습 그대로 두려면 수업을 다시 조직해야 한다는 것도 깨달았다. 일단, 가장 먼저 내가 더욱 나다워져야 했다. 작가도 글을 쓰기 전에는 무엇을 쓸지 잘 모르듯이, 어떤 문제를 가르치기 전에는 그 문제에 대해 어떻게 생각할지 정말 모른다. 내 학생들은 내 말을 그래도 지그시 들어주고 진심으로 반응했다. 그래서 학생 덕분에 나는 종교를 가르치는, 종교를 믿는 교사로서 내 길을 찾을 수 있었다. 학생에게 준 만큼만 학생에게서 돌려받을 수 있다. 그렇지 않다면, 학생의 이야기를 듣고자 하는 열심도 지나치게 간섭하는 것으로 보였을 것이다.

처음에는 교실에서 내 신앙을 조금씩 밝힌다는 것이 학생을 조종하려는 위험한 짓으로 보였다. 그러나 계시가 필요 없는 때는 거의 없다. 내가 내 신앙을 밝힐수록, 학생들도 용감하게 자기 신앙을 드러냈다. 세세한 부분에 집착하는 것보다 나의 경험을 제시하는 방식이 훨씬 중요함을 배웠다. 가르침에서는 임기응변이 중요하다. 우리는 다른 사람이 참여하도록 임기

응변으로 독려할 수 있다. 내가 어떻게 종교를 탐구했는지 학생에게 설명하는 방법도 배웠다. 나는 이런 방법을 사용하여 학생이 사실에만 매달리지 말고 직접 참여하도록 인도할 수 있었다. 교사인 내 이야기를 해야 한다는 것이 요점은 아니다. 논쟁할 주제를 나의 개인적 삶을 통해 이야기하면서, 학생이 자기 삶을 돌아보고 토의에 참여하도록 돕는 것이 요점이다.

학생의 이야기를 그저 들어야 할 때도 있다. 한번은 세계 종교들의 다원성을 이야기해보라고 권했는데, 학생은 자신에게 가장 중요한 종교 간 차이를 계속 물고 늘어졌다. 이들은 주로 개신교와 로마 가톨릭을 믿는 학생들이었다. 갑자기 과거가 떠올라 학생들에게 나의 체험을 이야기했다. 친구가 사는 집을 방문했는데, 냉장고에 맥주가 있었다. 이때 나는 처음으로 종교다원주의를 체험했다.

아버지는 우리 집에서 절대 술을 허용하지 않으셨다. 아버지에게 이 일을 말했더니, 아버지는 웃으시며 내 머리를 쓰다듬으셨다. 그리고 이렇게 말씀하셨다. "그럴 줄 알았지. 네 친구 가족은 가톨릭교인이거든." 나는 이 이야기를 하면서 가톨릭교인의 행실보다 개신교인의 선입견을 지적하고 싶었다. 나는 학생에게 이렇게 물었다. 언제 자신이 개신교인임을 처음 느꼈는가? 가톨릭이든 다른 종교든 언제 자신이 신자임을 처음 느꼈는가? 나는 학생과 함께 술을 대하는 종교인의 태도에 대해 알찬 토의를 했다. 가톨릭교인은 성장하면서 음주에 대한 태도를 바꿀 수 있을까? 이렇게 질문하고 나서 시계를 보니 벌써 한 시간 내내 학생과 대화하고 있었다. 일단, 토의를 중단했지만, 대화는 수업이 끝나고 나서도 계속 되었다. 심지어 현관에서도 대화를 나눴다. 학생들은 종교체험이 시작된 날이 정말 있다고 말했다. 여기서 다시 질문이 시작되었다. 학생들이 종교의 차이점을 스스로 분별하도록 내버려뒀다. 그리고 나는 종교들이 근본적으로 같다고 학생에게 주입하지 않았다. 이런 과정을 거쳐야 다른 종교를 믿는 사람들이 서로 이해하려고 노력할 수 있다.

핫지슨과 훅스는 자유의 교육학을 설교한다. 하지만, 또 다른 교육학도 있다. 자유는 여러모로 분명하고 논란의 여지가 없는 이념처럼 보인다. 그러나 자유는 다소 기만적 주제이다. 교실에서 자유를 강조하면, 실제로 교육을 상대주의와 개인주의에 넘겨주게 된다. 교육의 주제인 자유는 교사가 수업을 정치판으로 만들도록 부추긴다. 그래서 현재 상태를 비판하고 전통과 역사를 의심하는 것이 규칙이 된다. 완전무결한 자유는 전혀 자유가 아니라고 주장하는 철학자도 많다. 완전무결한 자유는 변덕스런 의지로 변한다. 변덕스런 의지 때문에 자유를 실행하려는 행위는 일시적 욕망을 추구하는 행위로 전락한다. 자유를 한 사람의 삶에 통합하려면, 자유로운 결정을 북돋우는 환경이 마련되어 있어야 한다. 다시 말해, 사람들은 자신이 누구이며, 어디서 왔고 어디로 가는지 말할 수 있어야 한다. 그렇지 않으면 자유는 오늘날 걷잡을 수 없이 뻗어나가는 자본주의적 소비주의의 가면으로 전락할 것이다.

기독교는 자유를 논하는 종교이다. 그러나 기독교가 말하는 자유는 죄에서 벗어나 하나님께 가는 자유이다. 그것은 자기가 원하는 대로 행하는 자유가 아니다. 교육을 신학적으로 해석할 때도 자유에 의존할 수 없다. 학생의 영적 발달을 고려하면서 학생을 가르치려면, 가능성만큼이나 한계/경계도 인지해야 한다. 우리 삶에는 비극적 구석이 정말 있다. 이것은 기독교와 잘 어울리지만, 미국인이 좋아하는 낙관론과 쾌활함에는 어울리지 않는다.

한계와 더불어 한계를 지키며 살아가는 법을 가르치는 것이 교육이다. 사는 법을 배우려면, 나이 들고 죽는 법도 배워야 한다. 세속적이고 자유주의적인 교육이론은 대부분 한계 없는 가능성과 한계를 통과하는 지식성장을 가정한다. 어떤 것도 금지되지 않으면, 어떤 것도 가능하지 않다. 예를 들어, 종교로 학생을 가르친다는 것은 어떤 활동을 뜻할까? 종교로 학생을 가르치는 사람은 학생이 다양한 신앙을 체험하고, 이런 다양성의 근원을 상상하도록 가르칠 수 있다. 학생은 전문적으로 훈련을 받지 않아도 누구나 접근할 수 있는 단일한 근원에서 여러 가지 신앙이 흘러나왔다고 상상할 수 있다. 그러나 자기 행위의 결과에 책임지면서 사는 법을 배워야 한다면, 사람들은 이것과 저것 가운데 선택할 수밖에 없다. 가능성을 제한하고 확정해야만 덕을 배울 수 있다. 의례와 제도가 우리를 뒷받침할 때만 덕이 몸의 습관으로 내려앉을 것이다. 도덕적 성품을 개발하려면, 자신이 추구하는 인격을 긍정해야 하며, 그만큼 여러 가지 선택지를 부정해야 한다. 인간 본성은 원래 잘 변하며 인간 역사는 불가피하게 진보한다고 생각해야만, 당신은 모든 종교가 공동의 도덕적 메시지를 전달한다고 가르칠 수 있다. 그것도 우리가 쉽게 배우고 실행할 수 있는 메시지 말이다.

희생과 사랑: 교실에서 다시 따져보기

원래 세속적 개념인 자유를 교육의 목표로 정하고, 종교전통을 자유에 맞추려고 종교전통을 희석하지 말고 차라리 다음 사실을 정직하게 시인해 보자. 교육에 대한 종교적 관점이 하나밖에 없는 것은 아니다. 종교라는 단일한 실체는 없기 때문이다. 오히려 여러 종교가 서로 논쟁한다. 하나의 본질로 종교들을 묶거나 요약할 수 없다. 그러나 종교인이 교육을 종교로, 종교를 통해 사고해서는 안 된다는 말은 아니다. 교육을 종교적으로 해석할 때, 특정한 종교 전통을 기반으로 삼아야지 현대적 세속문화가 추종하는 일반 이념을 근거로 삼아서는 안 된다는 뜻이다. 기독교는 처음부터 끝까지 자유가 아니라 가치를 통해 교육을 해석해야 한다. 예수 그리스도가 구현하고, 실천하고, 가르친 가치로 교육을 해석해야 한다. 이런 가치 가운데 으뜸은 사랑이다. 특히, 자기를 희생하는 사랑이 으뜸이다.

기독교는 자유를 봉사와 순종, 공동체에서 찾는다. 기독교는 일시적 욕망을 추구하는 개인에게서 자유를 찾지 않는다.

훅스는 불교에 관심이 있다. 그래서 훅스는 이렇게 주장한다. 전체론이 말하는 배움의 공간을 만들려면, 교사는 자신이 걸어가는 영적 여정을 수업에 통합해야 한다. 교사의 영혼을 돌보는 것에 먼저 관심을 두는 교육학은, 어떻게든 학생의 관심을 붙잡아두려고 애쓰는 교사에게 무척 좋게 들린다. 솔직히 학생의 관심을 끌려고 노력해봐야 힘만 빠진다. 월급도 변변치 않고, 교사라는 직업에 온전히 몰입하기도 어렵다. 이런 상태에서 교사는 자신이 이미 너무 많이 희생한다고 생각한다. 이런 교사에게 교육학적 신학을 논하면서 자기희생을 설교할 수 있겠는가? 교사가 좋아하든 싫어하든, 대부분 교사는 자기희생의 이데올로기에 정말 젖어있다. 이 이데올로기는 학교와 학생에게 좋은 일이라면 무엇이든 해야 하지만, 자기 이익은 다소 무시해도 된다고 교사에게 말한다. 자기희생의 수사학은 정신과 신체를 구분하는 서구 철학의 전통적 구분과 비슷하게 들린다. 교사는 교실이란 제단에 신체를 바치고 학생의 정신을 성장시켜야 한다!

물질보다 정신을 강조하는 데카르트를 따르는 계몽주의는 이원론에 책임이 있다. 이원론은 교실로 들어올 때 신체를 벗어던지라고 말한다. 하나님이 예수 그리스도의 인격으로 성육신했다고 이야기하는 기독교는 정신과 신체를 다르게 이해한다. 안타깝게도 종교는 신체를 부인한다고 단순하게 생각하는 사람이 많다. 따라서, 기독교가 말하는 자기희생의 윤리와 계몽주의 같은 이원론을 잘 구분해야 한다. 신학이 희생을 구체적으로 어떻게 해석하는지 검토할 때, 어떤 사례가 가장 도움이 될까? 교실에서 일어나는 일이 이것을 이해하는 데 가장 도움이 된다.

영적 온전함과 전체론, 통일성은 요즘 인기 있는 주제이다. 파커 팔머는 교사의 내면을 발견하라고 말한다. 밖으로 무언가 드러내려면 내면이 통합돼야 한다는 말은 영적으로 들리지만, 다소 모호하다. 그러나 이런 생각은 정통 기독교와 잘 어울리지 않는다. 기독교에서도 자아나 궁극적 실재를 다양하게 해석한다. 우리는 홀로 있는 개인이 아니듯 하나님도 홀로 있는 존재가 아니다.

기독교는 이렇게 가르친다. 하나님은 공동체로 존재한다. 하나님은 홀로 떨어져 영원히 존재하는 개체로 존재하지 않는다. 교육학을 고려할 때, 이 교리에는 매우 급진적 뜻이 담겨 있다. 삼위일체 개념을 따르면, 하나님은 신적 군주가 아니다. 모든 것을 다스리면서 우리에게 복종을 요구하는 군주가 아니다. 하나님은 관계가 점점 풍성해지는 사회이다. 하나님은 그물망 같은 결속이며, 이 결속은 늘 움직이면서 계속 자신을 넘어선다. 삼위일체에서는 진리가 관계를 지향한다. 늘 여러 개가 관여하는 과정이 바로 진리다. 하나님은 공동체로 존재한다. 똑같이 우리도 다른 사람에게 의존한다고 시인함으로써 우리 자신을 깨닫는다. 하지만, 우리는 우리 자신을 다른 사람에게 던지고, 전체를 위해 우리의 정체성을 버려서는 안 된다. 삼위일체는 하나님의 삶이다. 우리는 사후에야 삼위일체를 온전히 분유分有할 것이다. 하나님의 삶을 통해, 삼위일체를 통해 우리는 흩어지고 나누는 삶을 배워야 한다. 그렇지만, 다른 사람과 따로 떨어져 있기보다 다른 사람과 더불어 참여함으로써 우리는 미래를 만들어간다.

교육학을 고려하면서 삼위일체를 성찰할 때, 기독교를 탁월하게 실천할 수 있다. 그리스도인은 늘 사랑을 이야기한다. 그러나 사랑을 교실과 연결하여 이야기하면 그리스도인은 당황한다. 모든 교사는 교실이 조금은 낙원이 되길 바란다. 솔직히 사랑이란 주제는 교실에서 의심받는다. 교사는 모든 학생에게 헌신해야 하며, 특별한 소수만 챙겨서는 안 된다고 생각하기 때문이다. 그러나 이렇게 사랑을 의심하는 사람은 사랑을 개인적이고 사적인 열정으로 여긴다. 이런 열정은 친밀한 관계를 넘어서지 못한다. 이런 열정으로 불타는 연인은 모든 사람을 무시해버린다. 그런데 삼위일체는 이렇게 가르친다. 사랑 덕분에 3명이 사귀는 공동체가 세워질 수 있다. 3명 이상의 사람이 사귀는 공동체가 생길 수 있다. 하나님 안에서 사랑은 무언가를 낳는다. 그래서 삼위일체를 이루는 위격은 모두 동등한 위엄과 책임을 가진다. 더구나 하나님에게서 흘러넘치는 사랑은 응답할 존재를 낳는다. 하나님은 성령으로 활동하면서 급진적 자유를 추구하지만, 주는 자의 공동체를 지향하기도 한다. 주는 자는 다른 사람에 대한 의존을 자신을 제약하는 조건으로 여기지 않고, 사랑할 용기가 솟아나는 근원으로 여긴다.

사랑은 교실에서 작용해야 한다. 이 주장을 두 개의 뜻으로 풀이할 수 있다. 수업이 지향하는 이념과 교과서에 나온 말을 그저 수단으로 사용해선 안 된다. 이념과 말은 부과된 목적을 성취하는 수단으로 그치지 않는다. 이념이 살아남으려면 이념을 잘 가르쳐야 한다. 교과서에 나온 말이 실제 대화에서 효과가 있으려면, 그것은 우리 가운데 자리 잡아야 한다.

영문학 교수인 웨인 부스가 주장하듯, 책을 가장 친한 친구처럼 사랑해야 한다.[21] 그러나 학생은 어떤가? 교사는 모든 학생을 사랑해야 할까? 이 질문에는 대답하기 어렵다. 가르치는 사람은 자신을 내어준다. 우리는 보통 우리가 사랑하는 사람에게만 자신을 내어준다. 물론, 자기희생을 온전히 증명하려고 모든 학생을 늘 사랑하는 교사는 없다. 그러나 주는 행위도 다양하다. 사랑도 다양하듯. 은총 덕분에 그리스도인은 자기가 사랑하지 않는 사람에게도 자신을 줄 수 있다고 믿는다. 교실에서 자주 좌절하는 교사에게 이 말은 위로가 될 것이다! 그러나 제대로 가르치려면, 교실을 선물교환의 장소로 여겨야 한다. 어떤 것을 주고받고, 그것도 매우 과하게 주고받는 장소가 교실이다. 주고 받는 행위의 전제조건인 사랑이 없다 해도, 주는 행위는 연대와 상호존중을 낳는다.

교실은 삼위일체다운 공동체가 된다. 여기서 모든 사람이 모든 사람에게 준다. 그런데 일단 교사가 먼저 주고 학생이 받는 것은 아니다. 가르치는 사람은 오히려 학생에게 선물을 요구한다. 가르치는 사람은 자신을 주로 받는 자로 만든다. 다시 말해, 상대가 줘야 하는 것에 가장 의존하는 자가 된다. 가르치는 사람은 간청한다. 그는 아무것도 없다는 듯이 손을 벌리고, 학생이 주는 것 말고 다른 것은 전혀 기대하지 않는다. 그래서 가르침은 성만찬과 비슷하다. 성만찬의 원래 뜻을 고려할 때, 그렇다. 즉, 가르침은 감사를 뜻한다. 종교수업에서 교사와 학생은 학문적 식탁에 초대받은 것에 감사한다. 하나님의 신비에 참여하듯 교사와 학생은 모두 교실이란 제단에 선물을 가져온다. 이런 주고받음을 사랑이라 부른다. 그런데 의례처럼 교사와 학생의 주고받음은 정말 일어난다. 그렇지만, 이런 주고받음이 수업이 끝나고 나서도 똑같은 형태로 남아있는 것은 아니다. 교실은 성스러운 공간으로서 바로 여기서 주는 자의 모임을 만들어낸다. 수업이 끝나면 다시 세속의 시간이 돌아온다. 사람들은 변화되고 관계도 지속하지만, 다음 수업이 시작될 때까지 수업이란 의례는 잠시 중단된다.

기독교가 말하는 희생은 데카르트가 사고한 자아 개념과 사뭇 다르다. 데카르트는 정신보다 몸을 경시한다. 데카르트의 철학은 몸이 정신에 간섭하지 못하게 최대한 막으면서 지성적 객관성을 보증하려고 했다. 이것은 고상하지만, 어긋난 시도였다.

기독교가 말하는 자기희생은 다른 객관성을 지시할 수 있다. 이 객관성은 몸으로 구현되면서도 다른 사람의 현실에 열려있다. 기독교는 기독교적 경험론을 가지며, 이 경험론을 방어한다. 기독교적 경험론은 세계의 구체적 현실에 깊이 헌신한다. 이것은 삼위일체교리의 결과이다. 삼위일체교리를 따르면, 은총의 풍성한 능력은 육화한다. 무엇보다 예수 그리스도의 삶과 가르침으로 육화했고, 교회와 심지어 우주의 역사로 육화한다. 진리는 체화된다. 진리의 몸에는 생명이 있다. 이 몸은 나름대로 역사를 가진다. 따라서, 자기희생은 윤리이면서 인식론이기도 하다. 자기희생은 공동체와 상호교류를 위한 일차 조건이면서 세계를 아는 방법이기도 하다.

기독교의 사랑이 교실에서 어떻게 흐르는지 자세히 분석하기 위해 삼위일체의 세 단계를 살펴보자. 첫째, 교사는 말을 창의적으로 한다. 여기에 분명히 풍성한 뜻이 담겨 있다. 하지만, 교사의 말은 학생이 쏟아내는 무수한 말 가운데 비로소 생기를 얻는다. 학생은 교사가 끝맺는 말을 해주길 종종 바란다. 그러나 교사는 학생 자신이 무엇을 원하는지 말해줄 수 없다. 학생은 자기 자신을 위해 자신이 무엇을 원하는지 말해야 한다. 말에 효력이 있으려면 말이 전해지고 흩어져야 한다. 말이 나오고, 말이 전해지고, 말이 덧붙여져야 한다.

둘째, 수업에 참여하는 학생은 교사가 하는 말에 응답하면서 자신을 드러낸다. 그러나 학생은 필요와 욕망을 곧바로 채우지 않고, 그것을 사상과 텍스트의 리듬과 패턴, 교사가 지향하는 방향에 맞춤으로써 자신을 발견해야 한다. 지식은 추상적이지 않다. 지식은 오히려 교육과정으로 구현된다. 학생도 이 과정에 가담하여 한 부분이 될 때, 학생은 예전과 다른 존재가 될 기회를 잡는다.

셋째, 진리를 탐색하는 과정은 수업활동에 힘을 불어넣기는 하지만, 성취하기 어려운 목표다. 그러나 학생은 수업활동이 이미 자신들이 찾는 힘을 드러내고 있음을 종종 깨닫는다. 토의에 참가한 사람이 모두 토의를 좋게 평가하면서 상대의 선입견을 강화한다면, 이런 토의는 테오 페다고지의 좋은 사례가 아니다. 오히려 어떤 목표를 추구함으로써 토의에 참여한 집단을 하나로 모으려면, 토의 참가자들이 서로 연결되어 있다고 느껴야 한다. 토의가 이렇게 이뤄질 때, 토의 참여자들은 여전히 해야 할 말이 남아있다고 느낄 것이다. 토의를 무력하게 만들거나, 토의에 생기를 불어넣는 것도 바로 할 말이 더 남았다는 느낌이다.

이런 느낌은 학생을 하나로 모으기도 하지만, 그들을 교실의 한계에서 벗어나도록 이끌기도 한다.

요컨대, 가르침은 기독론을 추구한다. 즉, 가르침을 통해 교사는 특권을 내려놓고 타인에게 귀 기울여야 한다. 교사는 아는 것을 내려놓고 선입견을 몰아내야 한다. 교사는 어떤 질문이라도 답할 수 있다고 학생은 종종 가정하지만, 교사는 이런 선입견을 물리쳐야 한다. 분명하고 정확하게 설명하고 통제하겠다는 소망을 교사는 버려야 한다. 이런 소망은 교사가 자신을 바꾸지 않은 채, 학생을 통해 자신을 재생산하겠다는 환상에 불과하다. 가르치는 내용을 통달했다는 듯이 연기하지 않을 때, 학생은 교사 덕분에 자신이 교사에게서 무엇을 원하는지 직면하고, 지금 토의하는 문제가 쉽게 풀리지 않는다는 것도 알게 될 것이다. 학생이 이렇게 행동한다면, 학생은 시야를 넓혀서 지성과 함께 영성, 교실과 함께 교회, 지식과 함께 신앙을 고려할 수 있다. 교사는 학생에게 다음 사실을 보여줄 수 있다. 교사가 아는 지식은 교사가 추구하는 것도 아니고 교사에게 필요한 것도 아니다. 학생이 지금과 다른 모습에 이르도록 가장 잘 도우려면 교사는 무엇을 해야 할까? 바로 교사 자신이 품은 욕망을 자제해야 한다. 지금과 다른 모습은 지금보다 더 나은 모습일 수 있다.

물론, 나도 안다. 교사는 가장 훌륭한 신자가 아니며, 교실은 교회를 대체할 수 없고, 지식도 믿음은 아니다. 결국, 교실은 세계 안에 있고, 세계에 속해 있다. 학생도 결국 심판받는다. 학생은 결국 성적을 받는다. 가르침은 죄 가운데 일어난다. 교실은 완전한 평등과 순수한 상호교류가 일어나는 장소가 절대 될 수 없다. 종교수업은 규범과 목표를 그저 고대하는 자리가 될 수 있을 뿐이다. 규범과 목표는 교회에서 비로소 분명하게 드러날 것이다. 교회에서는 예배와 기도로 서로 주고받는다. 나도 내 학생이 나와 비슷한 사람이 되길 바라지 않는다. 하지만, 내 소망은 여전히 남아 있다. 어떤 학생들은 확신하게 될 것이다. 내가 그들에게 가르친 것을 가장 잘 배울 수 있는 곳은 바로 교회라고.

Chapter 4_ 고백하는 교실

교육학을 서술하는 신학적 비유를 구속하다

세속교실에서 신학을 가르칠 자리를 마련하려면, 적어도 교육도 개인체험으로 볼 수 있어야 한다. 신학적으로 말하자면, 개인의 이야기를 풀어낼 교실은 종교적 고백도 허용할 것이다. 가르침도 고백의 행위이며, 교실에서 자기 관점을 솔직하게 밝히도록 학생을 격려해야 한다는 생각은 이제 놀랄만한 뉴스가 아니다. 그동안 여성주의자는 정말 관심을 끌어 모았다. 여성주의자 덕분에 사람들은 교실에서 개인 이야기를 풀어내는 교수법에 주목하게 되었다. 그렇지만, 종교를 가르치는 교사는 교실에서 하는 고백을 수상하게 여긴다. 그는 고백의 언어를 사용하여 교수법을 기술하는 행위도 종종 의심한다. 기독교에서도 고백은 나름대로 역사가 있다. 고백에는 분파주의와 광신, 주관주의 기미가 보인다. 우리가 그리스도의 제자로서 교리가 아니라 그리스도를 믿는다면,(내가 잠시 고백적 기독교인이 되어 말하자면) 훌륭한 그리스도의 제자가 고백의 가치를 논할 때 무슨 일을 할 수 있을까?[1] 확실히 고백은 신학적 용어인지라 이 용어로 교실에서 일어나는 일을 기술할 수 없다. 그런데 정말 그럴까?

사람들은 고백파Confessionalist를 흔히 이렇게 설명한다. 그는 공공신학을 드러내지 않으면서 주류 의견과 담화에 참여하려는 사람이다.

고백파는 그리스도를 문화와 강하게 맞세운다. 기독교는 서구 문화를 변혁하고, 보완하고, 지지한다고 보는 사람에게 고백파는 맞선다. 그러나 이것이 고백파의 모든 것일까? 신앙고백적 신학은 분명히 기초신학과 반대되는 신학이다. 기초신학은 특정한 이성적 기준에 맞는 종교 신앙만을 받아들인다. 토대주의가 모두 논리 실증주의는 아니듯이 신앙고백주의가 모두 신앙지상주의는 아니다. 합리성의 기준을 모두 거부하는 몽매주의신앙obscurantist을 신봉하는 것을 신앙지상주의라고 한다.

신앙고백주의는 세속의 바이러스에 감염되지 않으려고 종교에 예방주사를 놓으려는 시도로 끝나지 않는다. 종교를 신앙고백의 관점으로 이해하는 바람에 신앙이 아예 바꿀 수 없는 신념으로 굳어지면서 개선되거나 변화하지 않는다면, 학문을 논하는 교실에서는 신앙고백주의를 다룰 수 없을 것이다. 그러나 신앙고백적 신학은 종교를 성찰하는 기회를 없애지 않고 오히려 만들 것이다. 신앙고백주의는 하나님의 계시에 대한 개인의 반응을 기반으로 삼는 해석 틀을 이용하여 모든 사건을 이해하면서, 여러 가지 대안적 패러다임에 개입할 것이다. 그래서 더 철저하게 종교적으로 헌신하려고 새로운 지식을 습득할 때, 신앙고백주의는 습득의 기준을 다듬거나 넓힌다.[2]

신앙고백적 교육학이 교실에서 작동하지 않는다면, 그것은 신학적 신앙고백주의가 아니라 세속적 신앙고백주의 때문이다. 종교를 사사롭게 이해한다고 하면서 "그건 내 생각일 뿐이죠"라고 말한다면, 그것은 열매 맺는 대화에 불을 붙이기는커녕 그런 대화를 끝장낼 수 있다. 반면, 신학이 뒷받침하는 신앙고백적 신학은 고백을 책임윤리과 진리하나님의 실재에 다시 연결할 것이다. 따라서, 신학은 종교적 고백의 참모습을 드러내면서 현대 교육학의 흐름을 비판하는 데 이바지할 수 있다.

세속적 고백 vs 신학적 고백

신학이 말하는 고백은 두 개의 뜻을 품을 수 있다. 죄를 고백하기와 믿는다고 고백하기. 두 개의 고백은 연결되어 있다. 그리스도인은 가장 은밀한 죄를 사사롭게 규칙적으로 사제나 하나님께 고백하지만, 믿는다고 고백할 때는 교회에서 다른 신자가 보는 앞에서 고백한다. 그러나 그리스도인이 믿는다고 고백하지 않고서 죄를 고백할 수 있는지 생각해봐야 한다. 어거스틴의 『고백록』을 보면, 자기 이야기를 하는 것은 하나님을 믿는다고 고백하는 행위와 같다. 정말 자신을 알면 하나님을 안다. 모든 고백은 하나님을 알고자 하는 충동을 일으킨다. 심지어 자신이 저지른 잘못과 악행을 가장 철저하게 반성하는 행위도 그런 충동을 일으킨다. 서로 맞서는 욕망이 우리를 충동질할 때, 그것은 오히려 우리가 치유와 온전함을 갈망한다는 것을 보여준다. 자기가 누구인지 철저히 캐묻는다면, 죄를 벗어던짐으로써 마음을 깨끗하게 할 것이다.

고백의 이런 이중구조는 현대 문화에서 깨어졌다. 우리는 이제, 욕망은 서로 부닥치지만 참된 자기는 있다고 확실히 믿지 않는다. 또한, 부닥치는 욕망을 넘어서는 참된 목적이 자기를 둘러싸고 있다고 믿지도 않는다. 아마 그래서 우리는 끊임없이 자기 이야기를 하는 것 같다. 그렇게 자기 이야기를 늘어놓다 보면 진짜 자기를 발견할지 모른다고 기대하면서. 신앙을 공개적으로 고백하는 행위는 오늘날 개인의 일이 돼버렸다. 반면, 죄의 고백은 점점 공개적으로 이뤄지고 있다. 역설적이다. 실제로 우리가 사는 세상에는 고백이 넘쳐난다. 모든 사람이 은밀한 일을 타인에게 알리려 하지만, 정작 누구도 흥미로운 일을 말하지 않는다. 믿는다고 공개적으로 밝히면, 사회적 지위에 타격을 받을 수 있다. 그러나 과거의 흠을 이야기하면, 거꾸로 사회적 지위가 높아질 수 있다. 경제적으로 취약한 사람에게 고백은 "나 여기 있어요. 나 좀 봐주세요!"라는 말과 같다. 무척 가난한 사람에게 고백은 품위를 지키고 관심을 끄는 방법이 될 수 있다. 결국, 고백은 오늘날 진리를 드러내기보다 힘을 협상하는 일이 된 것 같다.

그러나 사람들은 죄를 정말 고백하지 않는다. 사람들은 무언가를 계속 위반했다. 사람들은 가장 은밀한 이야기를 하려고 애쓴다. 자기를 희생자로 묘사함으로써 어떤 행위든 쉽게 정당하게 만들기 때문이다. 누구도 죄를 책임지지 않는다. 사람들은 늘 다른 사람을 비난하기 때문이다. 비난할 사람을 언제든지 찾을 수 있다고 생각한다. 그래서 텔레비전 토크쇼에 나와서 기꺼이 모든 것을 늘어놓는다. 텔레비전에 출연하여 고백하는 행위는 조금은 무죄선언 효과를 내는 것 같다. 제리 스프링어는 제리 스피링어 쇼가 끝날 때마다 한 줌의 도덕을 늘어놓는데, 그것은 그가 한껏 부추긴 난장판을 정당화한다. 제리 스프링어는 텔레비전에 나오는 것은 무엇이든 인정하려는 특이한 현상을 이용한다.

진실한 고백은 연예산업의 기초를 이루는 벽돌 같은 존재이다.

이런 분위기를 고려할 때, 교실에서 무엇이든 허용하고 의견을 비판적으로 검토하지 않은 채 의견을 내보라고 학생을 부추긴다면, 이것은 개인의 의견을 아예 금하는 것만큼이나 무례한 짓이 될 수 있다. 교실에서 개인의 고백을 허용하려 할 때, 그것이 문제가 많은 사회적 유행을 그저 반복하고 강화하는 것에 그쳐서는 안 된다. 방청객의 의견을 귀담아 듣는 필 도나휴의 능력을 모방하면서 가르치는 일을 시작하는 교사도 꽤 많은 것 같다. 하지만, 우리가 하는 수업이 텔레비전 토크쇼처럼 들리면 좋겠는가? 불행하게도 오늘날 포스트모던 문화에서 메타 내러티브와 보편적 진리는 거부된다. 그래서 학생을 즐겁게 하려는 교육학이 우리에게 남는다.

다른 이데올로기는 사라진 상황에서 사람들은 학생을 자본주의적 기대가 쥐고 흔드는 소비자로 대한다. 학생이 말하고 학생의 말을 긍정하는 한, 수업의 내용은 그렇게 중요하지 않다. 여러모로 교육학은 유도하고 듣고 고백하는 놀이가 돼버렸다. 교실은 고백의 장소이며, 고백은 모두 옳다.

보수주의자는 이런 교육학적 흐름에 반대하면서 권위 있는 위계질서가 사라졌다고 한탄할 것이다. 그는 개인이 책임감을 느껴야 한다고 강조하면서 진리가 객관적이라는 주장을 버린 결과는 해롭다고 주장할 것이다. 그는 교실 안팎으로 과묵함과 공손함이 점점 사라진다고 슬퍼할 것이다. 나도 보수주의자처럼 근심한다. 요즘 교육에서도 수행을 지나치게 강조한다. 일부 학생은 이런 경향을 꺼리며, 나도 그렇다. 고백이 세속화하면서 체험 표현주의가 나타났다. 후기 자유주의 신학자인 조지 린드백George Lindbeck의 냄새가 나는 단어인, 체험 표현주의는 주체를 모든 진리주장의 처음과 끝으로 추켜세운다.3) 학생의 느낌을 수업의 재료로 쓴다면, 학생은 아직 모르는 것을 배우더라도 자기 삶을 새롭게 체험할 기회를 놓쳐버릴 것이다. 학생도 이것을 알고 있다.

기독교에서 말하는 고백의 수사학을 단순하게 교실에 적용할 수 없다. 세속 문화가 고백을 자기 것으로 만들면서 왜곡했기 때문이다.

개인의 자유를 바깥에서 제한하고 규제하려는 시도를 늘 의심하는 문화에서, 교실은 예배의 요소를 벗겨 내고 고백을 평범한 행위로 만들어버렸다. 자기를 점검할 책임이 모든 사람에게 있으며, 공개적으로 신앙을 고백하고 실천하라고 기독교는 주장한다. 하지만, 지금 우리에게 남아있는 것은 자기애에 충만한 잡담이다. 고백은 구속돼야 하고, 고백의 신학적 뿌리로 돌아가야 한다. 그렇게 될 때, 고백은 종교 교육학의 필수 요소가 될 수 있다. 오늘날 문화는 자기 이야기를 하고자 하지만, 정작 자기에 대해 아무 말도 하지 않는데, 이런 문화에서 우리를 구원할 신학적 고백개념이 과연 있을까?

푸코와 고백의 계보학

논쟁을 일으키는 프랑스 철학자인 미셸 푸코Michel Foucault는 누구보다 현대적 자기 개념은 기독교의 고백행태에서 나왔다고 강조했다. 푸코는 성욕을 집중적으로 분석했다. 그러나 푸코의 진짜 관심사는 다른 곳에 있었다. 푸코는 내면의 은밀한 일을 드러냄으로써 우리 자신을 만들어 가는 방식을 알려고 했다. 기독교를 통해 서구 문화는 고백이 개인의 경건함이라는 생각을 받아들였다. 이것은 실제로 자기 점검과 동의어이다. 하지만, 푸코가 보기에 고백은 존재의 어떤 상태를 표현하는 행위가 아니다. 오히려 고백은 우리 자신이 누구인지 규정하는 방법이며, 새로운 존재를 구성하는 방법이다. 고백은 자기를 발명하려고 한다. 고백은 자기가 무엇을 믿는지 드러내거나 자기가 무엇을 해야 하는지 숙고하는 행위가 아니다. 고백행위는 진리에 도달하는 모형인 사법부의 조사과정과 비슷하다. 그러나 겉모습만 그렇다. 푸코를 따르면, 우리는 고백행위를 관찰하면서 다음 사실을 깨닫게 된다. 진리가 거하는 자리는 사실이 아니라 허구적 이야기이다. 진리가 거하는 곳은, 피할 수 없는 아픈 사실이 아니라, 우리 자신에 대한 허구적 이야기이다. 푸코는 고백이 서구에서 중요한 기능을 했다는 것을 증명한다. 푸코를 따르면, 고백은 의례로 시작되었지만, 나중에는 삶의 방식으로 확산되었다. 가톨릭교회가 지정한 7개의 성례 가운데 하나인 고백은 은총이 전해지는 통로이다. 고백을 통해 교회는 모든 신자에게 이렇게 요구한다. 푸코의 표현을 그대로 인용해보자. "당신의 욕망, 당신의 모든 욕망을 말로 드러내 보시오."[4] 초기 기독교 전통을 보면, 예배에서 신자는 죄를 함께 고백하면서 영혼의 필요를 드러내고 영혼의 변화를 촉구했다.

그러나 교회는 개인이 죄를 설명할 필요가 있다는 것을 알고 있었다. 개인이 죄를 설명하면 하나님이 용서하셨다는 뚜렷한 표시를 얻게 될 것이다.5) 교부시대에 속죄고행는 교회가 수행하는 화해의 공적 의례였다. 이것은 믿음이 점점 없어지거나 심각한 죄를 범한 그리스도인이 참여해야 하는 의례였다. 개인의 죄 고백은 아일랜드에서 들어왔고 영성 지도자로 섬기는 수사의 관습에 영향을 받았다. 중세에 로마 가톨릭 교회에서 개인의 죄 고백은 제도로 굳어졌다. 1215년에 열린 제4차 라테란공의회 후에 심각한 죄를 범한 그리스도인은 해마다 고해를 해야 했다. 고해는 사회의 도덕성을 강화하는 일차 수단이 되었다.6) 1551년에 열린 트렌트공의회는 가톨릭교회를 개혁하려 했는데, 여기서 속죄/고행에 대한 법적 수사도 더 강해졌다. 용서는 면죄선언 같은 사법적 행위로 기술되었고, 속죄/고행도 죄에 대한 배상으로 묘사되었다.

고해신부는 일단 가장 훌륭한 교사가 될 수 있다. 즉, 고해신부는 삶을 어떻게 개조하는지 가르칠 수 있다. 우리는 고해신부 덕분에 자비는 정의 없이 오지 않음을 다시 기억할 수 있다. 그러나 개신교인은 고해신부의 능력을 의심했다. 고해신부는 또 다른 그리스도처럼 행동하면서 심판하고 용서하는 권위를 행사했다. 개신교인은 고해신부가 과연 이런 권위를 가졌는지 의심스러웠다. 개신교인은 참회제도에서 협박과 이익을 주고받는 교환의 기미를 느꼈다. 협박하고 이익을 주고받는 행위를 근절하려면, 회개를 마음으로 해야 한다. 그렇지만, 개신교 종교개혁은 고해를 아예 없애지는 않았다. 개신교는 고백을 참회제도에서 '해방'하면서 고백을 어느 곳에서나 가능하게 만들었다. 이것은 확실하다. 개신교의 가장 과감한 시도인 만인사제설은 고백을 변형시켰다. 죄를 치유하는 구체적 처방을 부과하는 권위적 인물 없이 신자가 서로 죄를 고백할 수 있다는 것이다.약 5:16

개신교 종교개혁자는 교회의 지원이나 하나님의 법에 기대지 않으면서, 고백의 핵심을 유지하려 했다. 그러나 종교개혁의 결과는 달랐다. 고백하는 행위는 곧 사라졌다. 가톨릭교회는 고해를 유지했지만, 제2차 바티칸 공의회 후에는 가톨릭 교인도 도덕이 복잡해지고 혼란스러워지는 시대에 고해의 사법적 틀은 유익하지 않다고 생각했다. 따라서, 고해라는 의례는 결국 가끔 실행되었다.

교회가 고백을 이해하고 실행할 틀을 제시하지 않자 세속문화는 그 공간을 맹렬히 채웠다. 고백을 실행하던 종교적 의례가 사라지면서 고백은 배가되고 확산하였다. 심지어 고백적이지 않은 문화형식을 찾기 어려울 정도로 널리 전파되었다. 실제로 푸코는 이렇게 주장한다. 서구문화는 끊임없이 고백을 요구한다. 그런데 서구문화가 요구하는 고백은 종교적 배경을 벗어던진 고백이다. "고백의 효과는 폭넓게 전파되었다. 법정, 의술, 교육, 가족 관계, 사랑, 가장 평범한 일상, 가장 근엄한 의식 등에서 고백은 작동한다. 여기서 사람들은 자기가 범한 범죄, 죄악, 생각, 욕망, 질병, 곤경 등을 고백한다. 가장 정확하게 가장 말하기 어려운 내용을 말하기 시작한 것이다."[7] 고백은 진리를 나타내는 비유가 되었고, 정말 인간 본성을 나타내는 비유가 되었다. "서구인은 고백하는 동물이 되었다." 푸코의 말이다.[8] 우리가 누구인지 규정할 때, 우리는 우리 자신의 무엇을 드러내야 할지 결정해야 한다. 꼼꼼함이 미덕이다. 고백은 종교를 벗어나 자연스런 일이 된다. 그래서 이제 우리는 고백할 의무를 우리에게 부과되는 권력으로 여기지 않는다.

푸코가 말한 바로는, 고백이 확산하면서 서구세계는 서서히 주관주의로 기울기 시작한다. 자아도 공적 만남의 세계가 아니라 내면세계로 보기 시작했다. 공적 만남의 세계는 입회하고 모방하면서 형성되지만, 내면세계가 알려지려면 내면세계는 표현돼야 한다. 푸코는 서구에서 발생한 성욕의 고백을 동양에서 훨씬 흔하게 나타난 예술 활동으로서 성ars erotica과 대조한다. 동양에서 진리는 "쾌락 자체에서 도출되며, 실천으로 이해되고, 경험으로서 축적된다."9) 동양의 전통도 성욕을 규제하지만, 동양의 전통은 성욕을 통달해야 할 실천으로 본다. 장인은 비밀스런 지식을 전수하고, 제자는 이 지식으로 쾌락을 강화하고 조련한다. 반면, 고백에서 나온, 성욕의 과학은 성욕을 내면의 비밀로 만든다. 내면의 비밀을 밝힘으로써, 자기 자신과 가장 사적인 관계를 맺음으로써 자아가 구성된다.

그러나 우리는 푸코에 반대하면서 이렇게 말할 수 있다. 고백의 전통과 예술 활동으로서 성은 오늘날 세속문화에서 서로 손을 맞잡는다. 성은 엄밀한 과학의 탐구대상이 되었지만, 여전히 상상을 자극하며 온갖 담화를 부추기는 주제이기도 하다. 우리는 성욕을 둘러싼 심각한 토의를 듣고자 한다. 성욕에 대한 토의는 보통 숨겨진 개인의 세계를 끄집어내기 때문이다. 물론, 세속의 성담화는 점점 신학을 대체하고 있다. 그래서 심리학과 정치학, 사회학의 이데올로기는 통일성을 전제한다. 그러나 이 통일성은 자기 점검을 통해 얻어질 수 있다. 결국, 자기를 점검하고 수소문하더라도, 자기를 치유하고 자기의 통일성을 회복하기 어려울 것이다. 그래도 고백에 홀리는 일은 조금도 수그러들지 않는다. 현대적 자기는 기껏해야 허구적 이야기, 결말 없는 이야기임을 우리에게 솔직히 털어놓는 사람을 만날 때, 우리는 당황하여 가만히 있을 것이다. 우리는 관음증 환자처럼 다른 사람의 고백을 듣는다. 의무를 행하듯 다른 사람의 고백을 들을수록 이야깃거리는 점점 줄어든다는 느낌만 강해진다.

고백은 질서와 목적의 우주론과 연결되어 있었지만, 고백은 순수하게 인간중심적 신앙고백주의로 서서히 바뀌었다. 회개는 한때 고백의 필수 요소였다. 그러나 고백이 의례에서 분리되면서 고백은 회개가 아니라 자기 높이기로 바뀌고 있다. 고백은 원래 의례였다. 고백하는 자는, 고백이라는 의례를 행하면서 자기 정화와 궁극적으로 구원에 이르고자 했다. 전통적 가톨릭 교리를 따르면, 고백은 고행으로 이어진다. 그렇게 말은 행위와 긴밀하게 얽힌다. 고백하는 자는 자신이 한 말에 책임을 진다. 고백은 누가 누구에게 무엇을 했다는 논란을 일으키는 내러티브를 고안하는 행위가 아니었다. 반대로, 고백의 목적은 자신이 이겼다고 끊임없이 주장하는 권력의 유희를 끝내는 것이었다.

오늘날, 고백하는 행위는 공연예술이다. 그래서 도덕규범은 부적절하며, 귀에 거슬리는 것 같다. 오늘날 문화에서 고백은 지나치게 팽창한 것 같다. 무엇을 해야 용서할지 모르기 때문이다. 용서가 없다면 고백도 또 다른 합리화가 돼 버린다. 그럴듯한 구성으로 실패를 상연하면서 우리는 우리가 겪은 실패를 앞뒤가 맞는 이야기로 바꿔 버린다.

우리는 고백을 아름다움의 체험으로 만들었다. 그래서 고백을 쳐다보는 것은 연극을 관람하는 행위와 비슷하다. 고백이 멜로드라마 같을수록 고백은 더 나아진다는 것이다. 낱낱이 털어놓아야 한다. 어떤 것도 공적 심사를 비켜갈 수 없기 때문이다. 고백은 공적인 일이다. 공사의 구별을 흐린다는 뜻에서 고백은 공적이다. 이렇게 공적인 일이 돼 버린 고백은 우리를 모두 관음증 환자로 만든다. 진리를 추구하는 자들이 공동체를 이룬다는 뜻으로 생각한다면 고백은 공적이지 않다.

이상하고 낯선 고백도 평범하고 심지어 사소한 일이 돼버렸다. 그래서 고백이 속죄로 연결될 기회도 우리 문화에서 거의 사라졌다. 모든 사람이 온갖 일을 고백한다면, 한 사람이 한 개의 일을 고백할 수 없다. 고백은 우리 문화 곳곳에 널려 있다. 그러나 고백은 특정하게 정해진 방식대로 이뤄진다. 고백하면서 사람들은 자기애에 빠진 채 사생활을 낱낱이 뒤진다. 제리 스프링어 쇼는 분명히 제작자가 꼼꼼하게 작성한 대본대로 진행되는데, 제작자는 극적 효과를 내려고 과장하거나 거짓말하라고 출연자를 부추기는 것 같다. 그러나 시청자는 이런 사실에 별로 신경 쓰지 않는 것처럼 보인다. 시청자가 어떻게 이런 반응을 보이는지 주목해보라. 개성을 찬양하고 고백을 심리치료의 수단으로 사용하는 시대에도 사람들이 하는 말은 거의 비슷하며, 고백했다고 해서 더 나아졌다고 느끼는 사람도 없다.[10]

고백이 우리에게 도전한다

학생의 삶에서 가장 개인적 측면을 다루는 종교교사로서 우리는 교실에서 고백을 닮은 수사학을 만들어야 한다. 도무지 풀릴 것 같지 않은 계속되는 사회 병리들고백문화에 도전하고, 이것을 바꿀 수 있는 수사학을 만들어야 한다. 교실에서 고백이라는 실천을 제대로 하려면, 고백의 신학적 맥락을 회복하는 길고 긴 과정을 거쳐야 한다. 기독교 신학자는 고백의 전통적 경계를 환기하면서 고백의 맥락을 다시 조성해야 한다. 고백하는 자는 믿는 자이다. 고백하는 자는 자신을 심판에 내맡긴다. 복음주의적 신학자인 미로슬라브 볼프Miroslav Volf는 고백을 논하면서 고백이 헌신으로 이어져야 한다고 강조한다. "고백은 언어행위로서 원래 어떤 것을 위임하는 행위다. 나는 고백하면서 나 자신을 어떤 것에 헌신한다."[11] 고백은 나름대로 검증을 요구하는 진리 주장을 하면서 안이 아니라 바깥을 가리킨다.

넓게 이해할 때, 고백도 비언어적 형태를 취할 수 있다. 비슷하게, 기독교를 믿는 자도 올바른 행위를 하면서 그리스도를 믿는다고 선언한다. 볼프가 지적하듯, 잘못된 교리를 고백해도 그리스도를 거부하게 되지만, 잘못된 삶을 살아도 그리스도를 거부할 수 있다. 잘못된 교리보다 잘못된 삶이 그리스도를 더욱 거부할 수 있다. 고백은 내면의 어두운 구석을 밝혀내거나 조명하는 것에 그치지 않는다. 고백은 과거가 어디서 잘못되었고 앞으로 어디로 갈지 제안하면서 미래를 가리킨다.

고백에 대해 성서는 중요한 주장을 한다. 고백은 사람들 사이에서 일어나는 공적 행동이라는 것이다. 고백은 늘 초청이다. 고백은 상대를 받아들이는 태도로써 공동체의식을 북돋운다. 고백에는 이렇게 사회적 차원이 있어서, 신앙고백은 공적으로 확립된 고백문에 따라 종종 이뤄진다. 그러나 볼프의 주장을 따르면, "참된 기독교 언어행위는 적어도 공식적으로, 암묵적으로, 고백행위이다."[12] 신앙고백은 그리스도인의 일이다. 실제로 신앙고백은 교회의 본질이다. 한 사람이 신앙을 고백하고, 다른 사람도 신앙을 고백하면서 결국 교회가 생겨난다. 이런 뜻에서 교회의 본질은 신앙고백이다. 볼프는 고백의 중요성을 강조하면서 자유교회의 교회론을 방어한다. 일단, 볼프의 논증은 이 책의 관심사가 아니다. 내 관점에서는 고백이 얼마나 수업을 구성할 수 있을지 물어보는 것이 중요하다. 교회생활의 기초를 이루는 고백을 신학적으로 성찰하면서 이 질문을 탐구하는 것도 중요하다.

우리는 고백이란 실천을 통해, 자유는 공동체에서만 발견된다는 인식을 인간 번영의 개념과 연결시켜야 한다. 자신을 고백하는 자는 자신이 다른 사람에게 책임이 있다고 시인하는 사람이다. 그렇지만, 마술 부리듯 고백만 한다고 공동체가 생기는 것은 아니다. 고백이 도덕 주관주의를 낳지 않으려면, 고백하는 자는 고백에 대한 도덕적 합의와 궁극적 진리를 성찰해야 하며, 고백은 공동체를 기반으로 삼아야 한다. 반성하지 않고 정해진대로 고백한다면, 사람들은 고백이 홀로 자율성을 가진 자기에 대한 이야기라고 계속 생각할 것이다. 진리를 찾는 참회자는 바깥이 아니라 내면을 본다.

푸코는 이렇게 생동하는 공동체는 오늘날 사라졌음을 똑바로 봤다. 그래서 푸코는 기독교 이전의 주체성 개념을 되살리면서 현대적 정체성에서 몸이 하는 역할을 다시 정의하려고 한다.

푸코는 고백을 모방과 입회의 기술로 대체하려 한다. 푸코는 이것을 '자기를 만드는 기술'이라고 불렀다. 푸코는 몸의 쾌락에 의지하여 인간 행동을 지도하려 한다. 푸코와 다른 포스트모더니스트가 주장하듯, 뿌리 깊은 자아는 없다. 뿌리 깊은 자아는 기독교의 발명품이다. 뿌리 깊은 자아는 고백으로 형성된다. 반면, 푸코가 말한 바로는, 몸으로 하는 행위를 향상하고, 관리하고, 규제하는 다양한 방식과 움직이는 몸이 있을 뿐이다. 자기 자신을 발명해야만 자기가 드러난다. 따라서, 푸코에게는 수사학이 자기의 본질인 주체성을 대체한다.

푸코가 되살리려는 사상은 이교적이며, 도덕률 폐기론의 윤리가 배어 있다. 기독교 신학자는 이런 사상을 받아들일 수 없다. 무한한 가치와 무한한 깊이가 개인에게 있다. 하나님이 창조자이시며 구원자이시기 때문이다. 물론, 기독교 신학도 사후의 영혼을 말할 때, 거의 영지주의처럼 말한다. 너무나 자주 신학은 영혼을 추상적 존재로 여겼다. 영혼이라는 추상적 존재는, 원래 하나님과 관계가 없는 존재가 아니다. 그러나 성육신과 부활은 인간 몸의 순수한 물질성을 긍정하며, 예언자가 말하는 새로운 세계도 인간이 자연에 의존한다고 인정한다. 고백을 통해 우리는 인간 삶을 지탱하는 다양한 관계에 더욱 민감해져야 한다. 신앙고백주의가 주체성의 이데올로기에 반드시 붙어 있어야 하는 것은 아니다. 더구나 신앙고백의 신학적 기원을 다시 성찰한다면, 신앙고백주의는 주체성의 이데올로기를 고집할 필요가 없다.

리처드 밀러, 신앙고백주의를 비판하다

우리는 종교수업에서 개인적 고백을 어떻게 다루어야 할까? 이것은 긴급한 교육학적 문제를 자극한다. 하여간, 고백은 개인이 한다. 고백을 성찰할 때 우리는 이렇게 묻는다. 사적 영역에서 어떻게 공적 영역으로 나갈 수 있을까? 고백을 아예 막지 않으면서도 어떻게 사적 영역을 합리적으로 점검할 수 있을까? 우리는 고백을 감독해야 한다. 어떤 사람이라도 이 주장에 대해 긴장할 것이다. 어떤 고백이 수업에 적절한지 어떻게 결정할까? 더구나 수업을 둘러싼 환경은 더 크다. 수업은 교육기관에서 이뤄지는데, 교육기관은 나름대로 가치와 우선순위가 있다. 따라서, 고백은 중립적이지 않으며, 결과가 없는 고백도 없다.

모든 고백은 제도 안에서 말해야 할 것과 말하지 말아야 할 것을 조금은 언급한다. 그래서 고백에도 정치학이 있다. 누가 고백할 수 있는 권한이 있을까? 어떤 사실을 고백할 수 있을까? 이런 문제들을 누가 결정할까? 이런 이유 때문에, 수업에서 고백이 하는 역할은 논쟁을 일으키는 주제이다. 이것은 가르침의 본질과 종교의 본질을 곧바로 추궁한다.

리처드 B. 밀러Richard B. Miller의 『결의법과 현대 윤리』Casuistry and Modern Ethics는 종교 연구 프로그램에서 신학이 맡은 역할에 관한 가장 유용한 토론을 제공한다. 주립대학에서 종교윤리를 가르치는 밀러는 실제로 신학을 방어하는 일에 뛰어든다. 철학자 루드비히 비트겐슈타인과 인류학자 클리포드 기어츠에 주목하면서, 밀러는 종교 연구 영역을 정의하는 본질이 없다고 주장한다. 따라서, 종교 연구를 오염시킬 수 있는 학문 담화에 물들지 않도록 종교 연구를 순수하게 보존할 필요도 없다. 우리가 지켜야 할 종교 연구란 없기 때문이다. 밀러는 학문에 접근할 때, 시적이거나 귀납적으로 접근하며, 종교 연구를 구성하는 다종다양한 담화를 환영한다. 무엇이 종교 연구에 합당한지 판단하는 기준은 하나밖에 없다. 즉, 지금 학계에서 개발되어 사용되는 기법이 바로 그 기준이다.

그렇지만, 밀러는 종교 연구의 경계를 그으려고 한다.

밀러는 스티븐 툴민의 용어를 이용하여 이렇게 주장한다. 종교 연구는 '촘촘한' 학문이 아니다. 기존의 기준과 절차로 매 단계를 판단할 수 있는 학문이 촘촘한 학문이다. 오히려 종교 연구는 '분산된' 학문이다. 분산된 학문은 과학적 진보를 판단하는 엄격한 조건과 느슨하게 일치할 수 있는 학문이다.

분산된 학문이라도 제대로 연구가 이루어지려면, 적절한 질문과 적절한 문제, 적절한 방법론을 규정할 수 있어야 한다. 그래서 시적 다원주의를 추구하는 밀러조차 다음같이 주장하고 말았다. 종교교사의 의무이자 책무는 종교 연구의 경계를 확정함으로써 종교 연구를 점검하는 것이다. 밀러는 신학을 종교 연구에 도입하는 대가로 어떤 형태의 신학을 배제해야 했다. 신학을 가르치는 모든 학교는 조금은 변증론을 구사한다는 것을 밀러는 인정한다. 하지만, 밀러는 고백적 신학을 받아들이지 않는다. "고백적 신학은 신조를 추구한다. 고백적 신학은 분명히 드러난 신앙의 뜻과 함의를 세세하게 기술하려 한다. 고백적 신학자는 대체로 자신들이 폭넓은 대중에게 통하는지 거의 신경 쓰지 않는다.

그러나 변증론은 다르다. 변증론은 경험과 합리성의 기준에 맞게 종교를 방어하려 한다. …고백주의자가 단지 특정 종교의 믿음과 실천을 기반으로 자신이 옹호하는 진리를 발전시키려 하는 한, 종교다원주의자의 지적은 옳다. 고백주의자는 비신자와 공유할 수도 있는 탐구기준을 거부하고, 완전히 '자신의 전통에' 속한 주장만 발전시키려 하는 것 같다."13) 밀러는 고백주의를 상대주의와 동일시한다. 하지만, 밀러가 고백주의적 신학자라고 분류한 사람들은 고백주의에 거의 어울리지 않는다. 조지 린드벡와 존 하워드 요더, 윌리엄 C. 플레처, 존 밀뱅크를 밀러는 고백주의적 신학자로 분류한다.

밀러는 본질주의를 날카롭게 비판하면서 시작했지만, 밀러는 종교 연구 영역이 고백주의에 물들지 않게 하려고 결국 종교 연구 영역을 감시한다. 밀러는 고백주의를 반박하지 않은 채, 고백주의자가 학문적 담화에 꼭 필요한 공적 탐구를 거부한다고 그냥 전제해 버린다. 밀러가 고백주의 신학자로 분류한 신학자들은 밀러가 수용한 비트겐슈타인과 기어츠를 칼 바르트와 종합하려 애쓰면서 비트겐슈타인과 기어츠를 이용한다. 그렇지만, 밀러는 공적 탐구와 합리적 논쟁의 본성에 대해 고백주의자와 논쟁하지 않는다. 밀러는 신학적 고백주의를 자기애적 잡담으로 여기는 경향이 있다. 세속문화에서 자기애적 잡담은 종종 고백으로 인정받는다. 밀러가 말한 고백주의자는 사회에서 종교의 역할을 강조하고, 종교를 가장 잘 이해하는 방법도 강조한다. 하지만, 밀러는 고백주의자를 묵살해 버렸으므로 밀러는 고백주의자의 이런 주장을 분석하지 않는다.

밀러는 고백주의자를 조금은 참아줄 수 있다고 거들먹거리며 양보한다. "이런 관용은 자유주의 정치철학이 말하는, 관용하지 않는 자를 관용하기와 비슷하다."14) 그러나 밀러는 경고처럼 들리는 말을 덧붙인다. "신학대학과 신학과보다 종교학과를, 연구와 교육을 수행하기에 더 나은 장소로 선택한 신학자는 약간 위험한 선택을 한 것이다."15) 여기서 밀러가 말한 위험은 분명하다. 즉, 어느 날 신학자는 자신이 실제로 종교학과 소속이 아니라는 말을 들을지 모른다. 밀러는 이렇게 말하고 나서도, 공교육에서 신학은 교회에 다니는 청중을 거의 고려하지 않는다는 것을 인정은 한다. 다시 말해, 신학이 합리주의의 모습을 취하도록 신학을 압박함으로써, 종교 연구는 신학을 실제로 떨쳐냈다. 물론, 눈에 띄는 예외가 있긴 하지만.

바꾸어 말하자면, 종교 연구는 이미 현저한 예외가 있을 때도, 신학으로 하여금 합리적인 태도를 보이도록 강요함으로써 종교 연구 자체를 순수하게 유지하는 일에 성공해왔다.

밀러는 받아들일 수 있는 신학의 판본과 받아들일 수 없는 신학의 판본을 구분하여, 종교 연구가 위험하고 불건전한 잘못된 종류의 신학의 오염에서 벗어날 수 있게 되기를 원한다. 신학은 항상 누군가가 적절하게 종교 연구의 경계선을 그리기를 끝마친 후에 남아 있는 것이라고 여겨져서, 신학을 정의하는 최고의 방법은 종교 연구를 정의하는 것이다. 어떤 인류학자는 다음과 같이 말하고 싶은 유혹을 느낄지도 모른다. 고백주의자들은 만약 자신들이 없었다면 매우 산만했을지도 모르는 분야에서, 종교주의자들로 하여금 결속하게 만듦으로써 희생양이 되었다고. 신학에 대한 불신은 많은 종교학자의 유일한 공통점이다.

밀러의 논증의 문제점은 종교 연구의 본질화를 회피하려고 고백주의를 본질화한다는 것이다. 그를 따르면, 고백주의란 명확하게 제한된 의제나 일련의 전제를 가진다. 나는 고백주의를 모든 종교그중에서도 특히 신뢰할 증언과 증인에 의존하는 기독교와 같은 종교 속에 있는 내재적 요소가 아니라 분파적인 신학의 학파로 생각하는 것을 미심쩍게 여긴다. 고백주의가 신학의 특정한 학파로 생각된다고 하더라도, 고백주의의 논증은 타당하게 고려해야하며 비판적으로 반응할 만한 가치가 있다. 스탠리 하우어워스와 같은 고백주의자는 윤리학에서 내러티브와 공동체를 회복하는 것이 윤리학의 토대가 돼야 한다고 주장한다. 하지만, 다른 사람들은 여성주의적 관점이나 심지어 탈근대적 대상성 비판에서 신학의 고백주의와 같은 것에 도달했다.

고백주의자들은 합리적인 종교 담론이나 종교에 대한 과학적 접근을 제한하자고 공개적으로 강력하게 논증한다. 예를 들어, 그들은 종교 담론을 실행하는 사람이 종교담론을 가장 잘 이해할 수 있다고 주장하는데, 이러한 주장은 여성들이 여성 연구를 주장하는 바나 흑인들이 흑인 연구에서 주장하는 바와 다르지 않다. 고백주의는 또한 종교를 조사하는 사람의 개인적인 체험을 타당하게 여기며 옹호한다. 따라서, 우리는 모두 자서전과 연구 조사의 상호작용을 승인하고 명확하게 한다는 의미에서 고백주의자들이다.

결국, 물리학을 적용하여 하이젠베르크의 불확정성의 원리에서 조사자의 위치가 어떤 원자를 분리하고 측정하는 방식을 결정한다는 것을 염두에 둔다면, 우리가 어떻게 종교 연구자의 주관성이 중요하지 않다고 생각할 수 있겠는가?

요컨대, 고백주의는 단지 종교 간의 문제가 아니고 학문 전반과 연관된 하나의 경향이다. 고백주의자들은 모든 지식이 가진 고백적 본성에서 추론하는 사람들이다. 고백주의자들은 특수한 관점을 갖지 않은 청중이나 중립적인 관찰자라는 것은 없으며, 그래서 당신이 누구를 위하여 글을 쓰는가와 당신이 무엇을 믿는가가 당신이 말해야 하는 바를 형성한다는 사실을 공적으로 격렬하게 주장한다. 고백주의는 일부 신학 학파가 오늘날 매우 진부하고 부적절해진 인식론적인 이유 때문에 경시하고 축소한 모든 신학에 내재된 신학적 차원이라고 말하고 싶을 정도이다. 신학적 고백주의는 포스트모던 학문에서는 다른 모든 인문학 분과보다 더 표준적인 것이 되었으며, 더욱더 받아들여지고 인기를 얻게 되었다. 밀러는 신학적 고백주의가 종교 담론을 위태롭게 하여 종교 연구를 오염시키는 그러한 유형의 사고방식이라고 지목했다. 밀러가 이렇게 한 이유는, 단지 그의 고백적인 입장이 성 토마스 아퀴나스를 제한적으로 전유하여 특별한 계시나 신적인 법칙의 역할을 전적으로 부정하면서, 인간상황의 보편적인 측면을 보여주는 자유주의적 로마 가톨릭교였기 때문이었다.

우리는 윤리학 분야를 고백적이지 않으면서도 공교육에서 종교를 가르칠 수단이라고 생각할 수 있다. 윤리학 프로그램 대부분은 여전히 기독교에 뿌리를 두고 있지만, 교리적 쟁점이 아니라 윤리적 쟁점이 검토된다는 사실은 이러한 과목에 객관성과 보편성의 매력을 부여한다. 교차 문화적 윤리학 과목은 드물다. 윤리학자가 윤리학 과목에서 기독교 신학을 가르치더라도, 그는 보편적으로 관심 있는 주제들에 대한 합리적으로 널리 공유된 입장을 찾는다는 점을 강조하면서 신학을 드러내지 않으려 한다. 예를 들어, 밀러가 종교 연구에서 어거스틴의 『고백록』을 가르치는 방법을 말할 때, 그는 어거스틴과 프로이트 사이에 있는 평행을 말하거나 둘 사이에 있는 지성사에서의 역할 및 자기에 대한 해석에서의 평행을 말한다.

여기에서 어거스틴의 텍스트가 끈질기게 추구한 하나님에 관한 물음은 언급되지 않았다.

하우어워스는 생명의학 윤리라는 분야가 어떻게 공교육에서 신학에 새로운 생명을 부여했는가를 지적했다. 삶과 죽음이라는 쟁점은 자연스럽게 종교적인 관심을 불러일으키고 신학적인 탐구를 요청한다. 하지만, 하우어워스는 추상적인 원칙들을 강조하는 윤리적인 모델에 대해서는 회의적이다. 윤리학이 누군가가 믿는 바에 얽매여 있다면 어떻게 하겠는가? 그리고 누군가의 믿음이 특정 공동체나 그 전통에 얽매여 있다면 어떻게 하겠는가? 그리고 윤리학자가 학생들 내부에 윤리적 신앙과 행동을 형성하는 것을 하나의 사명으로 여긴다면 어떻게 하겠는가? 만약 그렇다면, 우리는 결국 종교윤리학이라는 현저하게 다른 과목을 개설하게 될 것이다. 불행하게도, 윤리학 분야는 학계에서 자유주의 개신교의 오랜 근거지 중 하나이다. 윤리학은 가장 폭넓은 원칙들과 전제들이라는 토대 위에서 광범위한 청중에게 말하고 있음에도, 기독교의 영향력이 작용하는 영역 내부에 있으려고 한다. 윤리학은 공통적인 윤리적 문제에 초점을 맞추어 종교를 간접적으로 가르치는 혼종적인 분과hybrid discipline이다. 아마도 언젠가 우리는 여성주의자들이 계속 주장해온 바와 같이, 특정한 상황과 개인적인 헌신에 기반을 두어 말한다는 것을 인정하게 될 것이다. 어쨌든, 윤리학자들은 특정한 전통에 기반을 두어 일하고, 유물론, 자연주의, 세속주의의 정전the canons을 초월하는 궁극성과 의미에 관한 물음을 제기한다.

고백 실천

종교학과가 나머지 세속 교육에서 가능하리라고 생각되는 것보다 더 높은 수준의 객관성을 가지려면, 자신들 학과의 종교적 신념을 감시하려고 해야 하는가? 누가 포스트모던 인식론자, 고백주의자 혹은 사회과학적 환원주의자와 더 장단이 맞는가? 예술사가들이, 예술이란 삶을 더 가치 있게 하고, 누리고, 도전하고, 요구하고 심지어는 변화시킬 수 있는 인간 창조성의 일면이라고 주장하는 것과 마찬가지로, 종교라는 것을 윌리엄 제임스의 용어를 사용하여 삶을 변화시킬 수 있는 잠재력을 지닌 현상이라고 가르칠 수 있는가?

종교와 교육에 관한 최근의 몇몇 논문은 고백주의가 아직도 살아있는 쟁점일 것이라는 희망을 불러일으키지는 않는다. 미리암 페스코비츠 Miriam Peskowitz는 미국 종교학회지에 실린 솔직한 한 논문에서 종교의례를 교실에 도입하고 자신의 신앙을 학생들에게 드러내는 문제와 씨름한다. 그녀는 종교적 정체성이 매우 복잡한 문제라는 것을, 교수들이 학생들에게 가르치고 있을 때, 교수들 본인은 어떻게 교실에서 자신들의 정체성을 확립할 것인가라는 문제를 제기한다. 교수들은 교실에서 궁극적으로 어떤 정체성을 가지는가? 학술적 훈련자라는 교수들의 정체성이 가르침을 증진시키기는커녕 방해할 수도 있다고 페스코비츠는 주장한다. 그녀가 멋지게 말한 것처럼, 교수들은 '우발적 교사들'이다.16) 대학원과 교수 협회는 교수를 단지 지식의 분배자인 초등학교나 중학교의 교사들과 구분되는 지식의 생산자로 규정한다. 교수의 특권이 '한낱' 교사 위에 있다는 이러한 전제를 출발점으로 삼는다면, 교실은 그 자체로 지식의 구성에 이바지할 수 없는, 문제 있는 공간으로 보일 것이다.

페스코비츠는 연구와 교육 사이의 격차를 줄이려는 그녀의 다양한 시도를 말한다. 그녀는 학생들이 로맨틱한 상황이나 스포츠와 같이 자신들에게 문제가 되는 일을 토론할 때에는 분석적이고 창의적이지만, 학문 연구에는 그렇지 않다는 점을 지적한다. 그녀는 학생들의 연구를 인격화하려 했지만, 그녀도 인정하듯이 그녀 자신이 필요하지 않는 학생들에게 어떻게 요구할 수 있겠는가? 그녀는 학습을 상호 과정으로 하려고 했는데, 이러한 시도는 몇몇 학생이 여성주의적 유월절에 관한 할당된 텍스트를 읽은 이후에 학급과제로 세데르유월절 잔치를 기념하고자 니산 월 15일과 16일에 유대인 가정에서 지키는 종교적 식사—역주를 해보려 했을 때 절정에 도달했다. 그녀는 더 나아가 교실의 경계를 허물면서 그 종교의식을 하도록 자신의 아파트를 제공했다. 서로 이야기를 나누었던 저녁 모임에서 페스코비츠는 그녀 자신을 이야기했다. 그러한 자기 개방은 매우 효과적이었다. "그들은 내가 자신들이 영향 받기를 원하는 종류의 인간인지를 물을 수밖에 없었다."17) 교육과 신뢰이는 신뢰하지 않는 사람을 교육하는 것을 포함한다는 연관되어 있다.

교사에 대한 전인격적인 평가는 바로 우리의 학생들을 가르치고자 우리에게 필요한 기법의 하나이다.

페스코비츠는 그녀 교실에서의 유월절이 계몽주의적 교육 모델에 대한 위반일 뿐 아니라, 종교 연구의 기독교 패권에 대한 위반이었다고 주장한다. 그녀는 종교 연구에서 관례적인 보편적 합리성이라는 이상은 실상 기독교라는 특정 종교의 전통을 반영한다고 주장한다. 종교의 학문적인 하위분과성서, 종교사, 윤리, 신학는 기독교의 유산이며, 종교의 다양한 현상에 대해서 본질을 규명하려는 시도도 그러하다. 따라서, 그녀는 우리의 선량한 문화에 저항한다. "만약 백인 개신교의 행태ethos가 변하지 않는다면, 커리큘럼이 첨가되고 변형된다고 하더라도 그 행태가 우리의 선량한 문화 속에서 여전히 지배권이 있을 것이며, 기독교의 타자들은 환영받는다고 느낄 수 없을 것이다."18) 그녀에게 교실을 인격화한다는 것은 교실을 탈기독교화한다는 것을 의미한다.

현대 학문에 대한 그녀의 정치적인 독해에 대해 이의가 제기될 수도 있다. 예를 들면, 수업의 하나로 기독교 종교의례보다 유월절 세데르를 개최하는 것이 훨씬 더 쉬울 수도 있다는 사실은 흥미롭다. 나는 불교를 연구할 때, 학생들에게 명상을 실천하도록 요구하지만, 기독교적 명상이나 기도의 실행을 하도록 학생들을 초청한다는 생각에 관해서는 경계하는 종교학 교수를 알고 있다. 왠지 기독교는 학문적 자유에 대한 위험을 대표하는 반면, 다른 종교의 믿음이나 실천은 흥미롭고 자유롭게 한다. 문제는 교수들이 더 광범위한 문화에서 지배권을 가졌다는 혐의로 판단하기 때문에, 기독교가 학문 내부에서 지배권을 행사한다고 부당하게 인식한다. 사실, 기독교는 미국 문화에서의 자신의 지위를 유지하려고 투쟁하며, 더 중요한 것은 기독교의 목소리가 종종 교사들과 학생들 사이에서 똑같이 억압된다는 것이다. 만약 페스코비츠가 학생들에게 자신의 기독교 주도권에 대한 불신을 전달한다면 – 그녀가 자신의 관점을 교실에 가져오려 하는 것을 볼 때 그녀는 확실히 그렇게 한다 – , 그녀는 어떻게 자신들의 전통에 뿌리박은 그리스도인 학생들이 자기 목소리를 개발하도록 격려할 수 있는가?

페스코비츠가 적발하려는 것은 기독교 신학의 지배권이 아니라 널리 퍼진 문화적 자유주의라는 태도이다. 이 태도는 다른 형식의 종교적 표현에 대해서 부당한 만큼이나 전통적인 기독교 신앙에 대해서 부당하다. 우리는 이러한 태도를 일종의 자유주의적 개신교라고 부를 수 있다. 비록 이런 태도가, 이런 태도를 낳은 지배현상과 곧바로 연결되지는 않지만.

역설적이게도 종교 연구에서 보이는 다수의 반고백주의적 수사학은 개신교 주류의 가치와 취향을 반영한다. 세속적인 개신교 운동과 달리 그리고 로마 가톨릭교와 달리, 개신교 주류는 항상 고백 행위의 중요성에 대해서 더 차가운 태도를 보여 왔다.19) 에큐메니컬 개신교는 20세기 북미의 시민종교를 형성할 수 있었는데, 그 이유는 단지 그들이 종교의례적이며 복음주의적인 요소를 공공연하게 탈피하여 종교를 합리적인 일로 다루었기 때문이다. 그 결과, 존 머레이 커디히가 주장하는 것처럼, 오늘날 시민종교는 시민성의 종교a religion of civility이다.20) 즉, 종교를 요구하지 않으며 말하지도 않는다. 교회에 가는 것은 문제없지만, 그에 관해서 너무 많이 말하지 않는다. 종교부서 중 다수는 여전히 주류 개신교 교회들과 아마도 극도로 미약하게 연관된 학부의 지배를 받으며, 교수들은 텍스트를 지적으로 심사숙고하는 주석 전통을 통해 종교생활을 한다. 그러나 교수들은 다른 사람들에게 왜 그들이 종교인이 되었는지 혹은 종교가 그들에게 무엇을 의미하는지는 말하지 않는다.

따라서, 페스코비츠는 미국 시민종교에서의 개신교 주도권을 과장하고 있다. 미국의 시민 종교는 뉴에이지의 방향으로 향하는 자유주의 개신교가 장악해왔다. 사실, 종교 연구 프로그램은 모든 종교를 하나의 공통된 체험의 다양한 표현으로 다루며, 그렇게 함으로써 이러한 시민종교에 이론적인 토대를 제공한다. 내가 여기에서 주장하고자 하는 것은, 우리가 교실에서 더 많은 시민종교가 필요하지 않지만, 독특한 종교적 목소리를 발화할 수 있는 더 많은 공간이 있어야 한다는 것이다. 왜냐하면, 모든 종교는－심지어 가장 포괄적이며 시민 종교조차도－ 인간 본성의 보편적인 특성을 숙고하는 것이라기보다는 특정 전통과 공동체에서 생겨나는 것이기 때문이다.

킴벌리 C. 패튼Kimberley C. Patton의 탁월한 논문 「광활함 사이를 비틀거리며 걷기: 종교 연구에서의 가르침에 관한 숙고」는 종교를 교실에 들여놓았을 때 얻는 결과를 예증한다. 패튼은 종교 연구의 전형적인 성격규정을 거부하고 종교 연구가 종교 사업이라고 주장한다. 학생들은 우리가 그들에게 가르치는 종교 전통에서 그들이 발견하는 것을 종합하려 해야 하고, 우리에게는 그들이 그러한 탐험을 할 때 도와야 할 책무가 있다.

학생들은 종교 연구라는 순례의 길을 떠날 때 종교교사를 모범으로 삼는다. 킴벌리는 존 레빈슨의 탄식을 인용한다. 레빈슨은 성서와 유대교를 연구한다. "마치 인종과 성별이 우리의 가장 심층적인 정체성을 결정하며, 오직 소수자들과 여성만이 고대의 교육학적 관계가 필요하다는 듯이, 오늘날 대학에서 덕망 있고 다문화적인 도제관계의 목소리가 주로 인종과 성(별)의 맥락에서 들린다는 것은 슬픈 일이다."21) 교사들은 정치에 관한 일에는 멘토가 되어 학생들을 지도하는 일에 열정적이지만, 사람들은 그런 관계가 종교 연구에서는 부적절하다고 생각한다.

순례는 종교 연구의 강력한 은유이다. 하지만, 나는 공교육에 종교를 도입하려고 반드시 모든 종교가 똑같은 평가를 받아야 하는지 의문스럽다. 우리는 고백을 교실에 도입하고자 모든 종교의 좋은 점을 추구하고 모든 종교를 함께 묶을 공통의 실마리를 찾으면서 비교종교학자가 되어야 하는가? 어디에서 순례가 끝나고 여행이 시작되는가? 일부 종교 연구 프로그램에서는 모든 과목이 최소한 두 개의 종교전통을 토론하게 되어 있으며, 그래서 어떠한 종교 전통도 그것의 고유한 용어로 다룰 수 없다. 이러한 접근방식은 종교 연구를 심미적 감상으로 환원시킬 위험이 있지 않은가? 이 심미적 감상을 따르면, 모든 종교는 더욱더 광범위한 주제와 패턴의 아름다운 표현에 불과하다. 문제는 이러한 환원주의가 평가와 판단을 위한 여지를 거의 남기지 않는다는 것이다. 비교종교학자들이 스스로 종교적 규범에 대한 구성적인 진술을 함으로써 신학자로서의 역할을 수행해야 한다는 점을 인정한다면, 문제 해결에 도움이 될 것이다. 신학자들은 점점 비교종교학에 의존한다. 기독교가 그러한 다원적 현상이기 때문이다. 그래서 신학과 비교종교학은 더 가까워지고 있다.

비교종교학자들과 신학자들은 더욱더 개인적이거나 고백적으로 종교 연구에 접근할 필요가 있을 때 서로 만난다. 학생들은 우리에게 자신들의 이야기를 할 필요가 있으며, 우리는 학생들이 어떻게 배우는가를 배울 필요가 있다. 그리고 그들에게 우리의 이야기를 할 필요가 있다. 그렇게 할 때, 그들은 자신들이 배우는 것을 평가하는 법을 배울 수 있을 것이다. 우리는 모든 것을 다 아는 것은 아니며, 우리가 제시하는 대답은 우리 자신의 헌신에서 유래했다는 것을 고백할 필요가 있다. 종교학부는 종종 몹시 짜증스럽게도 다양한 전통과 방법론을 학생들에게 소개하여 종교적 열정과 신앙을 숨기도록 한다.

종교 연구는 다른 분과의 일부분을 가지고 대충 짜깁기해서 영혼 없는 프랑켄슈타인 괴물처럼 중심이 빠진 듯이 보인다. 너무 많은 부분을 공부하도록 압력을 받고 있어서, 학생들은 개인적인 성찰이나 영적인 성장을 위해 시간 내기가 어렵다. 비교주의자들은 신학자들에게 그러한 다원성은 오늘날 움츠려드는 세상에서 어쩔 수 없는 현실이라고 말한다. 신학자들은 비교주의자들에게 종교를 비교하는 일은 개인적인 믿음에서 출발해서 참된 주장을 형성하고 방어하는 것으로 끝나는 영적인 실행이라고 말한다. 고백한다는 것이 이미 우리 자신을 말할 뿐 아니라, 우리가 되기를 원하는 바를 말하는 것을 의미하는 것과 더불어 어떤 종교적인 믿음을 고백한다는 것은, 고백의 대상과 더불어 신자들의 단체 일부가 된다는 것을 의미한다.

고백이 다시 신학으로 돌아오다

물론, 고백이 가진 신학적 차원을 교실에서의 경험으로 곧바로 바꿀 수는 없다. 교실은 교회가 아니기 때문이다. 교육의 목표는 신앙인을 만드는 것이 아니라 지식인을 만드는 것이지만, 지식이라고 할 때 그것은 누군가 믿는 바를 아는 것도 포함한다. 일지와 스토리텔링을 활용하여 개인적인 고백을 교실에 통합할 뿐 아니라, 고백을 종교 연구의 솔직한 측면으로 만들 필요가 있다. 학생들이 단지 자신들의 이야기를 할 뿐 아니라, 서로 이야기하도록 격려해야 한다. 따라서, 서로 손잡는 일은 수업과 텍스트 이해에 필수적이다. 다시 말해, 학생들의 개인적인 고백이 전통에 뿌리박고 있으며, 개인적인 고백들도 공동체에 의해서 형성되기 때문에 완전히 개인적이지는 않다는 점을 생각하도록 격려해야 한다. 페스코비츠는 개인적 의견이 공적인 성격이 있을 뿐 아니라, 모든 지식에는 개인적인 성격이 있기 때문에 지식의 생산과 보급 사이에 간격이 있음을 염려했다. 고백은 그러한 간격에 다리를 놓게 할 수 있다.

학생들의 수행적 행위는 종교적 신념과 실행의 역사에서 벗어날 수 없기 때문에 고백은 교육학적으로 매우 유익하다.

모든 고백은 참회하는 사람의 이력과 연관된 것 못지않게 종교에 대한 비판적인 물음과 연관되어 있다. 만약 학생들이 교실에서 종교의례를 되살린다면, 그들은 스스로 고백문을 만들 수 있을 것이다. 특히, 신학과목에서 학생들은 교회의 고백이라는 견본을 읽고, 토론하며, 비교할 수 있으며, 우리 문화에서 고백의 역할을 이야기할 수 있다. 그리고 나서, 그들은 학급 과제로 전체 학급을 위한 고백문 쓰기를 시도해 볼 수 있다. 이것이 불가능한 일인 것처럼 보이는가? 모든 학생이 모든 일에 어떻게 동의할 수 있겠는가? 어떠한 쟁점을 제기할 수 있을까?

키르케고르에 관한 주석

많은 사람에게 키르케고르는 19세기 주관주의를 완성한 사람으로 알려져 있다. 푸코가 기술했던 흐름은 키르케고르의 작품에서 완결된다. 키르케고르는 진리가 주관적이라고 규정한다. 니체는 모든 사유는 자서전 같은 본성을 가진다고 지적했는데, 키르케고르도 니체에게 동의했을 것이다. 니체는 이렇게 말했다. "지금까지 전승된 위대한 철학은 모두 저자 자신에 대한 고백이라는 사실이 점점 분명해졌다."22) 실제로 키르케고르가 쓴 가장 신학적 작품도 키르케고르 자신에 대한 주석이자 창작으로 해석될 수 있다. 특히, 레기나와 파혼한 경험에 대한 주석이자 창작으로 볼 수 있다.

하지만, 키르케고르는 낭만주의적 개별성 개념을 지니지 않았다. 신학자인 데이빗 위즈도David Wisdo가 지적하듯이, 키르케고르는 자기 이해의 낭만주의적 양식인 회상을 거부했다.

회상은 자아를 이루는 충분요건이 아니다. 자아의 일관성을 확실하게 하려고, 시간을 넘나드는 이야기 같은 사건을 일부러 만들어내려는 사람은 자아를 아예 잃어버릴 수도 있다. 이런 심미적 사건에는 시간의 무게가 느껴지지 않는다. 그래서 자아는 심미적 사건 안에서 오히려 세상과 분리된다. 키르케고르는 심미적 영역을 비판하면서, 내면은 진정성의 기준이 될 수 없다고 지적했다. 위즈도도 분명히 밝혔듯이, 자기를 이해할 수 있을 때 주관성도 비로소 가능하다. 즉, 자아가 신 앞에 설 수 있을 때, 주관성도 가능하다. 신 앞에서 고백하는 사람은 신이 모르는 것을 신에게 말하는 사람이 아니다. 신은 모든 것을 알기 때문이다. 신 앞에서 고백하는 사람은 신이 이미 우리를 알고 있음을 인정한다. 신이 이미 우리를 알기 때문에 우리는 우리 자신을 알 수 있다. 키르케고르도 이렇게 말한다. "자기 자신이 되는 사람은 자기를 알며, 그것도 신 앞에서 자기를 안다. 자기를 알아도 신 앞에서 자기를 알지 못한다면, 그저 인간적 관점에서 말한 것만 남게 된다. 그렇게 되면, 현기증 나게 하는 공허함이 남을 것이다. 신 앞에 설 때에만, 인간은 참으로 진지하게 자기 자신이 될 수 있다."23) 고백하는 자는 신이 우리를 알고 있다고 인정함으로써 회개한다. 신이 우리를 선택했지, 우리는 우리 자신을 선택하지 않는다. 따라서, 키르케고르의 실존주의는 전통적 선행 은총을 주장한다.

키르케고르가 주체성을 통해 자아를 추켜세운 것은 아니다. 진리는 내면에서 나오지 않는다. 우리 바깥에 있는 신에게 우리를 온전히 열어놓을 때, 진리가 도래한다. 키르케고르는 〈철학적 단편〉24)에서 이것을 분명히 서술한다. 이 책에는 가르침에 대한 탁월한 논의가 나온다. 키르케고르는 소크라테스의 배움 이론을 비판한다. 학생이 이미 진리를 알고 있으므로 그것을 떠올리기만 하면 된다는 것이 소크라테스의 이론이다. 교사는 멍석을 깔아놓고 그냥 퇴장하면 된다. 소크라테스다운 교사는 바로 산파이다. 그는 학생이 참된 자아를 낳도록 돕는다. 진리는 보편적이고 늘 있으며, 내면을 향한다. 학생에게 진리를 알 수 있는 기회만 준다면, 학생은 쉽게 진리를 알 수 있다.

키르케고르는 기독교 교육학은 소크라테스의 이론과 다르다고 주장한다. 배우는 자는 진리를 모른다. 교사 역시 아무것도 주지 않는다. 하지만, 교사가 아무것도 주지 않는다고 해서 학생이 스스로 진리를 자기 것으로 만들 수 있는 것도 아니다. 교사가 아무것도 주지 않을 때, 학생은 오히려 불가능성을 대면한다.

교사는 온전한 진리가 여기 있다고 말하지 않고, 오히려 진리가 여기 없다고 인정한다. 키르케고르가 말한 바로는, 종교적 진리는 인격 바깥에 있다. 종교적 진리는 단절하고 변화시키지, 호소하고 긍정하지 않는다. 진리를 이해할 수 있는 조건이 학생에게 필요하다. 학생은 이 조건을 만들어낼 수 없다. 키르케고르는 어떤 교사도 이 조건을 줄 수 없다고 주장한다. 하지만, 진리를 알 수 없는 상태에서 학생을 구원하는 구속자, 신이 이 조건을 줄 수 있다. 진리를 알 수 없는 상태가 바로 죄다.

기독교를 믿는 교사도 이 사실을 명심해야 한다. 학생에게 절대적으로 필요한 것을, 교사는 학생에게 줄 수 없다. 키르케고르는 신이 진리를 준다는 것을 분명하게 못 박는다. 교사로서 일하는 신학자는 구원자가 되려고 애쓰지 말아야 한다. 똑같이, 학생도 제자가 되어서는 안 된다. 제자가 되는 것이 아무리 멋지게 보여도. 학생을 죄에서 구원하려면, 교사는 학생의 지식을 다른 것으로 바꿀 수 있는 권위가 이미 있다고 말해야 한다. 이것은 사기다. 소크라테스다운 교사는 학생이 이미 진리를 안다고 전제하지만, 이것도 사기다. 기독교를 믿는 교사는, 교사의 진리도 아니고 학생의 진리도 아닌, 진리가 머물 수 있는 공간을 마련할 수 있을 뿐이다. 키르케고르는 진리를 향한 탐구를 이렇게 정의한다. "생각으로는 발견할 수 없는 것을 발견하고자 하는 역설적 바람"이 진리를 향한 탐구이다.25) 테오페다고지를 지향하는 교실에서 바로 이런 탐구를 한다. 이 교실에서 우리는 말할 수 없는 것을 말하려 하면서, 들리지 않는 목소리도 들릴 거라고 기대한다. 신학자는 말하지 않은 것을 들어야 하며, 그것이 어떻게 말해지지 않는지 알아야 한다. 또한, 신학자는 할 말을 충분히 했다는 식으로 말하지 말아야 한다.

그래서 참된 고백은 서로 고백을 주고받는 행위로 환원할 수 없다. 그런 행위를 아무리 좋게 기술하더라도 참된 고백은 그런 행위로 축소할 수 없다. 학생이 종교에 대해 가장 개인적으로 응답하더라도 다른 것이 더 있어야 한다. 신 앞에서 다른 사람과 함께 고백할 때, 고백은 진정한 자아를 낳는다. 그렇게 고백하지 않으면, 우리에게는 포스트모던적 허구만 남게 된다. 포스트모던적 허구는 어디서나 시작되지만 어디에도 도착하지 않는다. 기독교를 믿는 교사는 교실에서 신을 위한 공간을 마련해야 한다. 이것이 그가 수행해야 할 가장 중요한 과제이다. 다시 말해, 신은 토의의 대상을 뛰어넘는 존재임을 학생에게 알리고, 학생이 자신의 창조자이자 보존자와 맺는 관계를 반성함으로써, 자기 자신을 돌아보도록 학생을 도와야 한다.

교사는 학생에게 기꺼이 다음과 같은 질문을 던져야 한다. "자네의 의견이나 논증에서 어떤 신 이해를 이끌어 낼 수 있을까? 종교를 믿는 집단에서도 자네처럼 주장할 수 있을까? 자네의 주장을 기도로 풀어낸다면, 자네는 다르게 말할 텐가?" 교사는 자신에게도 질문해야 한다. 나는 어떤 목적으로 가르치나? 종교를 성찰할 수 있는 특권을 가지고 교실로 들어갈 때, 나는 결국 누구에게 말하는 걸까? 교실에서 고백할 때, 궁극적으로 신이 고백을 듣는다고 생각하려면 우리는 무엇을 해야 할까? 이것은 기독교 교육학이 해결하려고 씨름하는 가장 중요한 문제이다. 교사가 이 문제를 풀려고 계속 씨름하지 못할 때, 교사는 자기 이야기를 늘어놓을 것 같다. 솔직히, 모든 교실은 아무리 경건하더라도 결국 신에게 기쁨을 주지 못한다.

Chapter 5_ 포스트모던 대학의 폐허에 둘러싸여

고등교육이 예전 같지 않다. 걱정해야 할지 축하해야 할지 의견이 엇갈린다. 그러나 고등교육을 뒷받침했던 기준과 가치가 수명을 다했다는 데 모두 동의한다. 관습부터 표준적 텍스트까지 교육의 구성요소를 규정하는 규칙이 의심을 받고 있다. 규칙에 대한 의심이 어떤 결과를 낳았는지도 분명하지 않다. 교육적 권위의 원천도 이제 불확실하다. 그만큼 학생도 과거보다 자기 마음대로 행동할 수 있는 기회가 더 많아졌다. 그러나 공교육에서 새로운 목소리가 터져 나온다. 이 목소리에는 나름대로 규칙과 규정이 있다. 합리성의 규범들이 누구에게나 허용될 때, 건전하고 창조적인 다문화주의가 생길 수 있고, 억압하고 규제하는 정치적 올바름이 생길 수도 있다. 교육적 표준과 전통에 도전하려는 자유로운 분위기가 무르익었지만, 사람들은 뒤따라오는 혼돈에 대처하려고 새로운 권위를 찾는다.

포스트모더니즘은 내가 앞장에서 비판했던 객관성의 기준을 원래 의심한다. 포스트모더니즘은 느슨하게 조직된 철학적 운동으로서 코에 걸면 코걸이 귀에 걸면 귀걸이처럼 기능한다.

포스트모더니즘은 교실에서 객관성과 중립성을 지키라는 옛 규범을 공격하면서, 신앙에 기반을 둔 학습을 다시 고려할 수 있는 기회를 만들 수 있을까? 포스트모더니즘은 신앙인에게 자신감을 북돋우면서 종교일반의 르네상스를 가져 올 수 있을까?

　포스트모더니즘은 두 갈래로 해석될 수 있다. 첫째, 포스트모더니즘을 초자유주의superliberalism로 볼 수 있는데, 초자유주의는 메타 내러티브거대담론와 형이상학을 공격하면서 개인의 자유를 최대한 늘리려고 한다. 이때, 포스트모더니즘은 새로운 것을 전혀 가져오지 않는다. 개인주의와 주관성을 강조함으로써 개인의 결정과 개인적 환상의 영역에 종교를 가둘 뿐이다. 둘째, 포스트모더니즘을 새로운 낭만주의로 볼 수 있다. 새로운 낭만주의는 낭만주의가 계몽주의에 반대했듯이 모더니즘에 반대한다. 낭만주의의 한 형태인 포스트모더니즘은 전근대적 전통의 귀환을 허용하지만, 오직 역설적으로 그것을 환영한다. 그러나 포스트모더니즘이 허용하는 전근대적 전통은 현대세계에 온전히 동화될 수 없다. 따라서, 포스트모더니즘이 종교전통에 대해 최선이라고 해도, 포스트모더니즘은 종교전통을 절충적이고 소비적 생활방식을 선택하는 행위로 바꿔버린다. 요약하면, 해체적 차이가 유행하는 곳에서는 주변부가 보상을 받고 특권을 차지한다. 해체적 차이가 유행하면, 윤리적 허무주의에 빠지거나 뉴에이지의 광기어린 종교적 창작력에 빠질 수 있지만, 종교전통을 있는 그대로 수용할 수 없을 것이다.

　일부 신학자는 포스트모던 기획이라는 긴 열차에 은근히 매달리면서, 우왕좌왕하는 사이에 자신들을 기차에 태워주길 바랐다. 어쨌든, 포스트모더니즘은 마르크스주의와 프로이트주의처럼 전체화하는 모더니즘을 거부했다. 전체화하는 모더니즘은 신앙을 무척 비판했다. 오래된 속담처럼 적의 적은 친구이며, 최소한 동맹군이다. 포스트모더니즘 가운데 가장 성공한 철학적 대변자인 해체가 모더니즘을 거부한다면, 패권적 합리성의 맹공격에서 살아남지 못했던 전근대적 전통도 되살릴 수 있을 것 같다. 이렇게 해체와 신학이 이상하게 결합할 때, 신앙생활에 유효한 것이 생겨날까?

신학이 해체를 도입하여 세속교육에서 기독교를 논할 기회를 만들려고 할 때, 신학은 자신이 사용하려 했던 담화에 지배당하고 말 것이다.

그러나 다른 측면이 있다. 포스트모더니티는 고등교육에는 이제 중심이 없음을 인정하도록 학계를 압박한다. 메타 내러티브가 없다면, 교양교육의 핵심도 더는 분명하지 않게 된다. 윤리적 가치와 종교적 가치에 대해서 무엇을 어떻게 가르쳐야 할까? 이런 문제에 대한 오래된 해답도 논쟁에 휘말린다. 해체를 약간만 사용한다면, 신학을 하는 데 유익할 수 있다. 그런데 학문이 해체에 영향을 받자, 교실에서 신학을 할 수 있는 기회가 생긴 것도 사실이다. 해체의 언어로 종교를 이야기하려고 하면, 신앙을 종잡을 수 없는 곳으로 인도할 수 있다. 그러나 오늘날 학문이 포스트모던의 시대로 들어선 것을 일단 깨닫는다면, 미국대학에서 기독교 신학의 역할을 새롭게 규정할 수 있다.

학계는 늘 위기에 처해있다는 소문도 위태로워졌다

북미문화에서는 늘 대학이 위태롭다고 한다. 교육적인 쟁점에 대한 합의도 없다. 그래서 학문적 논쟁이 계속된다. 우리 같은 학자들은 우리가 누구이며 무엇을 해야 하는지 늘 논의하면서 합의가 없는 위태로운 상황을 이용한다. 하지만, 이런 자기중심적 대화가 세상의 주목을 계속 끌 수 있을까? 학자들의 주목이라도 계속 끌 수 있을까? 대학은 엄청난 에너지를 소비한다. 도대체 무엇을 위해? 학자들이 자신을 혹평하는 분위기는 과연 어디로 갈까?

옛 천년의 끝과 새 천년의 시작이 다가오면서 묵시와 종말 이야기가 더욱 유행한다. 그래서 자연스럽게 대학의 종말에 대한 논의도 등장했다. 『대학의 붕괴』는 학계의 문화에 대한 포스트모더니스트의 해석 가운데 가장 탁월하다. 이 책의 저자인 빌 리딩스Bill Readings는, 대학의 위기라는 주제는 이제 습관처럼 등장한다고 지적했다.[1]

대학의 위기라는 말이 왜 습관이 되었을까? 대학에 어울리는 국가적 문화는 이제 없고, 국가적 문화의 수혜자가 될 수 있는 이상적 학생도 없기 때문이다. 대학의 전성기는 지나갔다. 우리는 책과 사상, 논의가 붕괴한 시대에 산다. 이런 붕괴현상도 대학 바깥에서는 이제 주목을 끌지 못하는 것 같다.

종교를 가르치는 사람들은 대학의 붕괴가 익숙한 주제이지만, 종교를 믿는 사람들은 종교전통의 잔재를 보존하는 것이 익숙하다. 종교를 믿는 사람들은 계몽주의라는 세속적 근대성과 충돌한 후에 남겨진 종교전통의 잔재를 보존한다. 대학이 서서히 무너지고 있고, 계몽주의가 흐릿해지며, 고급문화도 소실되고 있다면, 이렇게 우울한 상황에서 종교는 어디쯤 있을까? 배움의 전당인 대학은 여러 단위로 분화하고 쇠퇴하고 있다. 대학은 아주 오래 전에 일어난 붕괴에 대한 기억에 홀려있는 것 같다. 교회와 신학은 서구문화의 중심이었지만, 기독교가 붕괴하면서 대학은 세속적 지식추구의 장소가 되었고, 교회와 신학이 하던 역할을 넘겨받았다. 그러나 이제 대학이 무너지고 있다. 대학을 다시 세울만한 옛 기초가 남아있을까? 아니면 우리에게 잿더미밖에 없는 걸까? 폐허를 정처 없이 헤매는 데 익숙해진 나머지, 우리는 이렇게 떠돌아다니는 짓을 교육이라고 부르는 걸까?

계몽주의 철학자들은 교회를 교실로 대체하자고 과감하게 주장했지만, 그만큼 성공하지는 못했다. 가브리엘 모란Gabriel Moran은 오히려 종교적 권위가 몰락하면서 교육이 위험에 빠졌다고 주장한다. "현대 유럽의 작가들은 기독교를 대적하면서 교육도 회피했다. 18세기와 19세기 작가들은 교육이라는 용어를 없애지 않았다. 하지만, 그들은 교육의 뜻을 좁히면서 종교적 뜻을 빼버리고 합리주의적 핵심을 강조했다. 아동은 교육을 반드시 받아야 한다. 그러나 성인의 억압적 권력을 벗어던질 수 있다면 아동도 교육에서 풀려나야 한다."[2] 교육이 다만 학생의 자유를 극대화하는 것이라면, 교실에 권위가 들어설 자리는 없을 것이다. 종교처럼, 교육은 억압하기보다 해방하는 순종관계를 세운다는 것을 우리 사회가 다시 고려할 때, 비로소 교육은 서구사회에서 중요한 역할을 되찾을 것이다.

1994년에 리딩스는 자신의 책을 마지막으로 교정하고 있었는데, 아메리카 이글 4184가 추락하면서 그만 사망하고 말았다. 리딩스는 교양교육이 쇠퇴한다고 한숨을 쉬는 데 그치지 않았다. 그는 대학이 자신의 문화적 소명에서 멀어진 것을 유물론적으로만 설명하려 했다. 이것이 그의 책에 나타난 약점이기는 하다.

리딩스의 전체 기획은, 민족국가는 이제 자본이 재생산되는 주요한 장소가 아니라는 흔한 논증을 기반으로 삼는다. 다국적 기업은 법적 제재를 받지 않고 국경을 넘나든다. 자본이 가는 곳에 문화가 뒤따른다고 리딩스는 주장한다. 미국은 냉전에서 승리했다. 그래서 대학은 미국의 문화적 이해관계를 선전하면서 미국의 명예를 지키지 않아도 된다. 국가이념이 경제 권력을 구속하지 않는다면, 문화도 국가에 정당성을 부여하고 국가를 방어할 필요가 없다.

자본이 국경을 쉽게 넘나들기에 기업도 지역에 매이지 않는 세상에서 우리는 산다. 이제 누구나 이 사실을 안다. 민족국가는 뚜렷한 국가관을 가진 노동자를 요구했었다. 자본유동성에 대한 제한을 정당화하려면 그런 노동자가 필요했다. 오늘날 국가는 초국적 자본에 봉사하는 관료체제이기에, 시민도 이제 뚜렷한 국가관을 가질 필요가 없다. 물론, 대학은 국가 문화에 영웅적으로 저항하는 인물을 길러냈다. 하지만, 지금은 그런 인물이 필요 없다. 그 인물이 맞서 싸워야 할 이데올로기적 국가문화가 없기 때문이다. 시장논리가 우리를 지배하는 은유이며, 세계시장은 한때 고등교육이 품었던 소명을 반박한다. 이런 맥락에서 보수주의자는 문화전쟁에서 승리했다.

결국, 자본처럼, 문화도 자유롭게 세계로 뻗어나간다. 소비주의와 문화수렴이 나타난 것이다. 탄산음료와 농구, 영화는 국제적 문화교환의 조류이다. 대학도 이제 이념을 가르치거나 전하지 않는다. 오히려 대학은 교환 가능한 기술을 팔며, 학생을 고객처럼 대하고, 학생의 만족도를 끊임없이 평가하라는 압박을 받는다. 대학은 브랜드가 되었다. 대학의 이름은 많지만, 대학은 똑같은 상품을 공급한다. 대학은 스포츠 팀과 유명 교수, 해외 연수프로그램으로 자신이 공급하는 상품을 차별화할 뿐이다. 학생이 졸업하고 나서도 이런 대학에 충실하게 기부할까? 이 질문은 늘 우리를 괴롭힌다.

학생이 성장하는 과정을 더는 일관성 있게 이야기할 수 없다. 그래서 교육은 이제 모험이 아니다. 이것이 우리가 부닥친 진짜 문제이다. 대학은 지금 이곳에 사는 한 사람의 의미를 구현하지 않는다. 다시 말해, 학생들이 더는 자신을 발견하려고 대학에 가지 않는다는 뜻이다. 처음에 아무것도 몰랐다가 조금씩 지식을 얻고, 심지어 교수가 되는 과정을 학생이 과연 상상할 수 있겠는가? 역사 이후의 시기에 문화는 구원하는 힘을 상실한다. 모든 것이 이미 문화이기 때문이다. 고급문화와 하위문화의 구분도 사라진다. 문화연구는 이 현상을 부풀리고 이용한다.

오늘날 대학은 탁월함이라는 공허한 말을 퍼뜨린다. 대학은 거대서사와 문화의 국가적 사명에 그다지 관심이 없다. 고대세계에서는 덕성을 강조하는 서사를 통해 탁월성을 전파했다. 기독교도 이런 방법을 사용했다. 그러나 오늘날 탁월함은 관료적·자율적 제도가 구사하는 용어이다. 이 제도는 생산성을 홍보하지만 가치를 판단할 객관적 기준을 제시하지 않는다. 탁월성은 규범이나 기준을 제시할 능력이 없는 조직이 사용하기에 가장 좋은 용어이다. 강의와 운동경기, 연극, 기숙사 식단, 잘 가꾼 잔디는 모두 탁월할 수 있다. 이런 것들이 어떻게 연결되어 있는지, 이런 것들이 무슨 뜻인지, 불편하게 질문하지 않아도 이런 것들은 충분히 좋을 수 있다. 탁월성은 거의 다음과 같은 의미를 지니게 되었다. "하여간 훌륭하고 좋잖아요. 도대체 어쩌란 말이죠?" 대학에서는 원래 논쟁이 자주 일어난다는 것을 고려할 때, 탁월함이란 용어는 아무런 뜻이 없기 때문에 유용하다. 대학은 자신의 목적을 점점 불신하지만, 대학을 평가하라는 압력은 점점 강해진다. 여기에 어떤 역설도 없다. 학교의 역량을 증명하려고 지나치게 신경 쓰다 보니, 학교행정에 자원이 몰리면서 강의와 연구는 뒷전으로 밀려난다. 리딩스의 책에서 또 다른 효과를 기대할 수 없다면, 우리는 그저 이렇게 기대할 수밖에 없겠다. 대학 관리자가 리딩스의 조언을 듣고, 탁월성을 기준으로 학문적 프로그램을 평가하는 행위가 과연 맞는지 다시 검토라도 한다면 좋겠다.

리딩스는 근대 대학의 기원을 추적하면서 임마누엘 칸트까지 거슬러 올라갔다. 칸트는 하나의 개념을 기반으로 학습을 조직했다. 이성개념을 기초로 삼아 학습을 조직한 것이다. 이성을 감독하는 일은 철학이 담당한다.3)

칸트에게 신학은 진리의 추구와 무관한 실용적 학문이다. 의학과 법학처럼 신학은 특정 직업인을 훈련시켜야 한다. 신학은 대학이 공유하는 근본 질문에 답하는 학문이 아니라는 뜻이다. 의학과 법학, 신학을 전공하는 상인은 인간의 기본 요구를 다룬다. 예를 들어, 죽음 후에도 행복해지는 법과 건강하게 사는 법, 재산을 보호하는 법을 다룬다. 불행하게도, 기본 요구를 만족시키려는 욕구는 진리를 추구하는 지성을 뒷받침하는 충분한 기초는 아니다. 신학과 의학, 법학과 달리, 철학은 개인의 필요에 응하지 않고, 보편적인 이념을 추구한다.

독일 관념론자는 칸트의 좁은 이성개념을 확장하면서 칸트의 이성개념을 문화로 대체했다. 그래서 리딩스는 "이성이 믿음을 대체해야 했고, 국가가 교회를 대체해야 했다"라고 주장한다.4) 대학이 국가문화를 책임진다면, 대학은 종교와 경쟁하면서 국가의 가장 기본적 가치를 설명하고 합법화하려 한다.

미국과 영국의 대학은 철학을 문학으로 대체했다. 여기서 문학은 일반적 문화를 뜻한다. 국가 문학은 무엇보다 국가 정체성을 표현한다고 생각하기 때문이다. 대학은 철학을 문학으로 대체하면서 인종을 성찰과 합리성의 요구와 통합했다. 문학연구는 "교양인을 양산했는데, 교양인이 가진 지식에는 기계적이거나 직접적 효용이 없다."5) 영문학부는 교양교육의 중심이 되었다. 북미에서 고전은 국가 문학의 전통처럼 기능한다. 고전은 자유롭고 집합적인 결정을 대변하기 때문이다. 즉, 고전은 인민의 의지를 표현하기 때문이다. 그러므로 인종적 정체성으로는 하나가 되지 않는 사람들의 특성을 고전이 가장 잘 요약한다. 따라서, 내용이 아니라 약속이 미국문화의 구조를 정한다. 대학에서 이뤄지는, 합리적인 열린 대화는 이 약속을 어떻게 지킬 수 있는지 보여주어야 한다.

중세인은 명상할 만한 가치가 있는 것을 믿었으므로 중세대학은 활동적 삶과 명상적 삶을 생산적으로 구분할 수 있었다. 지금은 명상을 하찮은 여가와 같다고 생각한다. 따라서, 대학도 주목을 받으려면 효율적이고 생산적이어야 한다.

대학이 길러내는 학생은 적응을 잘하지만, 직업적 기술을 방해하는 문화에 매이지 않을 것이다. 정치영역이 더는 경제를 통제하지 못하기 때문에, 국가는 경제 문제에 이데올로기를 덮어씌우지 않고도 자본을 경영한다. 국가에는 교양인이 필요없다. 국가는 특정 전통을 따르지 않는, 능숙한 경영자가 필요하다. 이 경영자는 유연하게 기술을 구사하고 변화에 활짝 열려있다. 대학은 정보를 빨리 처리하여 결정할 수 있는 사람을 길러내야 한다. 그는 자신의 기호에 흔들리지 않으며 지역감정에도 매이지 않는다.

대학은 다양성과 관용을 특별히 소중하게 여긴다. 특정한 종교적·철학적 전통이 이데올로기적 힘을 잃었기 때문이다. 문화의 뜻도 정치영역이 아닌 경제영역에 속한다. 그래서 소비자의 선택이 자유와 창조성을 가장 훌륭하게 드러낸 행위가 돼 버린다. 한편, 우리는 스타일과 패션의 변화를 혁명과 회심과 거의 같은 것으로 여긴다. 당신은 아우구스티누스가 걸어간 길을 상상할 수 있겠는가? 성서를 읽었다는 이유만으로 삶이 완전히 바뀌었다는 것을 상상할 수 있겠는가? 소비자 만족이라는 실용적 기준으로 모든 전통을 평가하는 세상에서는 다양성이 중요해진다. 다양성에는 아무런 뜻이 없기 때문이다. 소비지상주의는 국경을 넘나든다. 소비자는 비용편익분석으로 만족을 추구하기 때문이다. 비용편익분석은 가장 오래된 전통조차 상품화할 수밖에 없다.

소비지상주의는 학습에도 철두철미하게 침투한다. 독서가 소비지상주의로 말미암아 가장 피해를 본 것 같다. 종교철학자인 폴 그리피스는 이렇게 주장한다. 종교전통의 수호자는 경전을 읽음으로써 종교전통을 이어나간다.6) 경전읽기는 권위와 위계질서, 공동체, 전통을 전제한다. 그런데 오늘날 공교육에서 이런 것들은 모두 위기에 빠져있다. 경전읽기를 할 때, 보통 암송하고 기억한다. 경전을 읽고 도덕적으로 행하라고 가르치는 공동체 안에서만 경전읽기가 발전될 수 있다. 반면, 대학에서 교육받은 학자들은 책을 이용하여 주장을 전개하면서 자신이 똑똑하고 세련되었다고 자랑한다. 교수는 책을 창조적 사변과 논문작성을 위한 발판으로 사용한다. 하지만, 논문을 통해 교수는 다른 학자의 저서를 그저 인용하고 주석하면서 자기 생각을 요약할 뿐이다.

반면, 종교를 믿는 독자는 경전을 따른다. 자신이 경전에 답하려고 쓰는 글보다 경전이 더 권위가 있음을 알기 때문이다. 따라서, 주석은 종교를 믿는 사람이 경전을 읽는 가장 흔한 방식이다. 주석은 경전의 말을 주의 깊게 들으려는 시도이다.

종교를 믿는 사람의 경전을 읽는 방식이 오늘날 거의 사라졌다고 그리피스Paul J. Griffiths는 안타까워한다. 종교기관은 이제 종교를 수년간의 훈련을 요구하는 삶의 기술로 여기지 않는다. 그래서 종교인이 경전을 읽는 방식이 대부분 사라졌다. 그래도 그리피스는 자그만 희망을 부여잡는다. 다시 말해, 고대 경전을 갈망하면서 자세히 읽으려면 헌신이 필요한데, 대학이 이런 헌신을 강조한다면, 대학은 한때 거의 모든 문화가 칭송하던 경전읽기를 다시 허용할 수 있을 것이다. 대학은 소비주의를 넘어설 수 있을까? 학생에게 숭고한 가치를 제시함으로써, 매일 자신을 점검하면서 윤리를 따르는 삶의 방식을 제시함으로써, 대학은 소비주의를 넘어설 수 있을까? 우리는 등록금을 내라고 학생에게 요구한다. 그런데 우리는 학생이 주목해야 할 것을 제시하는가?

교육학의 의무

리딩스는 자신이 내놓은 문제에 스스로 해결책을 제시했지만, 리딩스의 해결책은 오히려 위기를 연장한다. 리딩스는 일부 문제에 대답하지 않은 채 그 문제를 계속 붙잡기 때문이다. 리딩스가 말한 바로는, 대학이 절차적 합리성의 규범을 따른다 해도 이상적 공동체가 될 수 없다. 너무 많은 집단이 소통의 주도권을 쥐려고 다투면서 서로 의심하다보니 소통의 기본 규칙에 동의할 수 없기 때문이다. 차라리 사람들이 대학에 함께 모이는 것이 과연 가능한지 질문하는 것이 더 낫겠다.

리딩스는 진리보다 책무가 무엇인지 질문하도록 가르침과 배움을 조직해야 한다고 주장한다.7) 리딩스의 주장 가운데 이것이 가장 중요하다. 리딩스에게 교육은 윤리적 실천이다. 남에게 관심을 가질 때 합의가 불가능함을 깨닫게 된다는 것이 리딩스가 생각하는 윤리적 실천이다. 수업의 목표도 자율적이고 독립적 학생을 길러내는 것이 아니다. 수업의 목표는 복잡한 상황에서 협상하는 능력을 기르는 것이다. 다시 말해, 책무를 다하지 못하고, 빚을 다 갚지 못한 상황에서 협상을 해내는 능력을 기르는 것이 수업의 목표이다. "화자가 말로 표현이 안 되지만 그래도 말하려고 애쓸 때, 사상을 공정하게 다루고 화자에게 귀 기울이는 사람은 그것을 들으려 한다."8)

계몽은 문화를 조성하는 주체를 기르려 했다. 계몽은 주체에게 투명하게 의식되는 문화를 만드는 주체를 창조하려 했다. 하지만, 세계화 때문에 우리는 계몽의 목표를 성취할 수 없다. 그래서 우리가 대면하는 지적 과제도 하나의 이념이나 목적으로 통합되지 않는다. 우리 문화의 목적은 이미 이리저리 흩어져 있다. 사유는 이런 목적들을 하나로 묶을 수 없다. 하지만, 처음부터 단일함을 만들어내려는 욕구를 비판함으로써 사유는 문화적 복잡성을 공정하게 다루려 한다.

리딩스는 타자성이 문화의 보편성을 붕괴시켰다고 말하는 것 같다. 그러나 남과 함께 거주할 때, 보편성의 붕괴를 견디는 데 도움이 되는 사상이 생겨난다. 리딩스가 경고하듯, 우리는 대학의 붕괴를 낭만적으로 만들려는 유혹에 늘 시달린다. 낭만주의자는 폐허를 보면서, 최초의 온전한 공동체를 떠올린다. 그래서 낭만주의자는 잃어버린 공동체를 그리워하며 폐허 가운데 편안히 거주한다. 리딩스가 보기에, 보편성의 붕괴는 아름답지도 않고 복구될 수도 없다. 국가적 문화가 무너지면서 우리는 분열된 전통 가운데 산다. 그래서 우리는 이런 사태를 반성하게 되었다. 우리는 대학에서 바로 이런 고민을 한다. 물론, 고민한다고 해서 무엇이 생기거나 일을 잘 할 수 있는 것은 아니다. 비생산적 활동인 사유는 원래 자본주의가 부과하는 제약을 부수려고 한다. 대학은 사라진 문화적 소명을 다시 고수할 수 없다. 대신에 대학은 사회적 책임을 진다. 자본주의가 제공할 수 없는, 느리고 가치 있는 반성을 꾸준히 실행할 사회적 책임이 있다.

종교가 돌아오다

종교도 시간을 조직하는 방식이다. 그런데 이 방식은 경제성장에 곧바로 도움이 되지 않는다. 대학은 이제 문화와 이성을 구원한다고 주장하지 않는다. 여기서 리딩스는 묻는다. 이런 대학이 종교를 위한 공간을 새롭게 마련할 수 있을까? 이제 대학은 영혼을 구원하려고 종교와 경쟁하지 않는다. 따라서, 종교는 초월적 의미를 표시하는 기본적 기표로 다시 거듭날 수도 있다. 그러나 종교가 어떤 기능을 수행하지 않고 어떤 이익을 제공하지 않아도, 대학에서 존재할 수 있다는 생각은 희망사항일 뿐이다.

대학은 문화를 내세우던 시대를 이미 통과했다. 이런 시대에 종교는 어느 곳에 어울릴까? 리딩스는 대학에서 종교가 하는 역할을 논하지는 않는다. 그래도 그의 연구는 특히 종교 연구에 유용한 것 같다.

서구 바깥의 종교와 과학적, 중립적 교육학을 강조하는 종교학부는 노동자가 자주 직업을 바꾸고, 기업이 변덕스런 소비자의 요구에 맞추려고 재빨리 자신을 혁신하는 세계에 잘 맞는 학생을 만들어낸다. 이런 상황에서 전승된 전통에 충실한 것은 확실히 신기하고 감정적 행동처럼 보인다. 대학은 다국적 자본이 추동하는 사회역학을 지지해야 할까? 아니면, 그런 사회역학에 맞서 싸워야 할까?

　종교학부가 어떤 종교의 역사라도 괜찮다고 하면서 정작 서구역사에서 유일신 신앙의 의미를 지워버린다면, 종교학부는 구속하는 전통에서 벗어난, 유동적이고 파편화된 주체를 양산한다는 비난을 받을 것이다.

　이 주체는 세계적·다국적 소비주의 문화에 가장 잘 어울린다. 종교는 모두 같으므로 개인은 이 종교에서 저 종교로 옮길 수 있다고 가르치는 사람은 세계적 자본주의 정신에 놀아날 뿐이다. 이 자본주의 정신은 지역감정과 애착, 가치, 전통을 두려워한다. 이런 것들은 거래될 수 없고, 소비될 수 없기 때문이다. 종교는 정신이 운용하는 자본에 불과할까? 종교는 이윤을 얻는 수단에 불과할까? 전통이 그어놓은 경계에 반대하려는 소망을 유통시켜 이윤을 얻으려 할 때, 사람들은 종교를 사용할까? 전통에 가장 강하게 반대하는 집단이 이런 소망을 유통시킨다. 리딩스의 주장을 접한 독자가 할 수 있는 일이란, 종교학부가 다문화주의의 복음을 퍼뜨리는 수단으로 작동하지 않았는지 의심하는 것뿐이다.

　하지만, 종교과목을 부활시켜 전통가치와 시민의 덕을 가르치는 것은 대안이 될 수 없다. 종교학부가 서양종교 덕분에 서양역사가 독특해진다고 주장하면서 서양종교를 중요하게 여긴다면, 사람들은 종교학부가 이미 사라진 연관성을 그리워한다고 비난할 것이다. 리딩스의 표현대로 하면, 교육은 국가목표와 이미 결별했는데도 종교학부는 그런 결별을 그리워하면서 슬퍼한다는 것이다. 이제 교회에 좋은 것이 미국에도 좋다고 말할 수 없다. 종교전통을 회복해도 국가의 통일성은 보장되지 않는다. 종교전통을 정말 되살리면, 오히려 국가의 특성이 분열될 수 있다. 똑같이, 그리스도인도 성서계시와 국가이익을 구분할 수 있어야 한다.

　자유주의적 정치사상과 전쟁을 벌이면서 종교를 이용하려는 사람들은, 사라진 문화적 진정성을 다시 세우려는 시도를 위태롭게 할 것이다. 종교를 이렇게 이용하면, 종교적 신념을 올바로 대하기 어려울 것이다. 종교적 신념은 좌파와 우파를 비판하고 넘어서기 때문이다.

종교학부는 다문화주의를 옹호하기도 하고, 종교전통의 부활을 옹호하기도 한다. 이런 상황에서는 어느 것이 더 나은지, 둘 다 똑같이 실망스러운지 알기 어렵다. 우리는 기독교가 미국의 국가종교인 것처럼 말할 수는 없다. 이것은 확실하다. 하지만, 모든 종교를 마치 기업처럼 여기는 다양성 담화가 종교들이 상쟁하는 시장상황에서 영적 필요를 채울 수 있을까?

리딩스는 교육이 다름에 대한 민감성을 키우는 윤리적 행위라고 주장한다. 교양교육이 이데올로기의 핵심사상을 더는 대변할 수 없다면, 내용을 가르치지 않고 기술만 가르치는 것도 대안이 될 수 없다. 우리는 학생이 스스로 지적 정체성을 창조하도록 도와야 한다. 지적 정체성을 개발하여 산산이 조각난 세계에서도 시공간 감각을 되살려보라고 학생에게 용기를 줘야 한다. 이제 대학은 학생이 편안히 지낼 수 있는 곳이 아니다. 대학은 학생들이 거주하는 하나의 세상이 아니다. 그래서 수업할 때, 학생들이 사는 '세상들'에 더욱 주목해야 한다. 오늘날 학생은 그저 교육제도를 거쳐 간다. 우리가 할 수 있는 최선의 일은 학생에게 다음 사실을 확실하게 보여주는 것이다. 즉, 수업은 학생이 보여주고 제시하는 환경과 세상을 절대 외면하지 않는다. 학생이 속한 종교전통을 그저 무거운 짐으로 보고, 교사는 지적 작업으로 그 짐을 가볍게 만든다고 생각하는 것은 정말 안일하다. 우리에게 전통이 없다고 해서 학생들이 계승하는 전통을 망치려 해서는 안 된다.

윤리적 교육학은 학생이 교사를 가르치는 것을 허용한다. 이 교육학 덕분에 학생은 자신이 속한 종교전통의 힘과 풍성함을 그대로 간직하면서 앞으로 나갈 수 있다. 우리 앞에 앉은 학생의 다름을 보지 않은 채 온갖 타자성에 끌리는 것도 안일하다. 가장 도발적이고 위협적 타자는 우리에게 낯선 타자가 아니다. 오히려 우리가 보지 못할 만큼, 우리와 딱 붙은 타자이다. 세계화 시대에 우리는 이 사실을 명심해야 한다.

우리가 다양성을 참으로 북돋우고 싶다면, 종교전통이 근대성에 어떻게 저항하는지 다시 강조함으로써 폐허가 된 대학을 조금이라도 복구할 기회를 학생에게 줘야 한다. 종교전통이 가장 훌륭하게 작동한다면, 종교전통은 향수 없는 기억을 구현할 것이다. 향수 없는 기억에 힘입어 과거는 현재에서도 비판적으로 작동하면서 유토피아를 지향할 수 있다. 오늘날 문화는 잊는 법을 너무나 열심히 가르친다. 이것을 고려할 때, 폐허가 된 대학에서 종교를 연구하는 사람은 잊은 것을 다시 끄집어내는 일을 배움의 으뜸 목표로 삼아야 한다.

종교는 합리성을 편협하게 정의하지 말아야 한다고 주장했고, 문화적 환경을 일차원적으로 만들지 말아야 한다고 강조했다. 따라서, 종교를 연구하면서 우리는 널리 퍼진, 공허한 소비주의를 의심할 수 있다. 물론, 경제와 정치의 힘이 종교의 형태를 지금까지 규정했다. 하지만, 이 사실은 역사이후의 학계에서 종교를 사소하게 만들지 않고 오히려 더 중요하게 만든다. 이성과 종교를 함께 보존하던 전통이 무너졌음을 우리는 안다. 따라서, 다른 문화의 몰락을 이상적으로 만들어서는 안 된다. 마치 몰락은 언제나 다른 곳에서 일어난다는 듯이 생각해서는 안 된다. 오늘날 문화는 무척 빠른 변화를 칭송하면서 옛것을 끊임없이 파괴한다. 이것은 무척 호소력이 있는 문화적 사기다. 또한, 이성과 종교를 함께 보존하던 전통이 무너졌음을 알기에, 우리는 무너진 것을 얼마든지 복구할 수 있다고 자만해서도 안 된다. 기술적 능력을 발휘하여 과거를 되살리고 복구할 수 있으며, 아예 과거로 들어가 살지 않더라도 과거를 얼마든지 관광지로 만들 수 있다고 생각해서도 안 된다. 대학은 붕괴된 종교를 구원할 수 없다. 우리는 이것을 늘 명심해야 한다. 종교 자체가 구원을 받아야 한다는 식으로 생각해선 안 된다. 학생은 생각 없음을 강요하는 현대문화를 검토하고 그것에 저항할 지점을 자신의 전통 안에서 찾을 수 있다. 이런 활동을 돕는 것이 종교 연구의 핵심이다. 특히, 문화와 이성을 혼합하려는 서양의 기획은 유대교와 기독교에 무척 가깝지만 무척 낯설기도 하다. 따라서, 유대교와 기독교는 동질적으로 만드는 소비주의에 어떻게든 제한을 가할 수 있는, 놀라운 모범사례로 작동해야 한다.

게다가, 모든 종교는 궁극적 타자성을 드러내려 한다. 궁극적 타자성은 인간의 기원과 희망의 지평이며, 신성과 구원, 궁극적 존재로 불린다. 간단히 말해, 신이라 불린다. 신이란 주제를 다루지 않고 종교를 생각한다면 신학을 고려하지 않고 종교를 사고한다면, 그것은 종교가 우리에게 질문하지 못하게 막는 짓과 같다.

신학자는 여러 주제를 여러모로 다룬다. 신학자가 주제를 다루는 방식은 일관되지 않다. 따라서, 앞으로 다양성을 어떻게 대면할지 궁리할 때, 신학자는 훌륭한 참고사례가 될 수 있다. 학자는 신학자 덕분에 두 개의 사실을 되새길 수 있다. 첫째, 우리는 모두 특정한 관점에서 말한다. 둘째, 농구화와 일회용 음식, 토크쇼 같은 문화흐름에 휩쓸리지 않으려면, 각자의 관점을 보호하고 고수해야 한다. 신학도 대학의 붕괴가 남긴 잔해다. 신학은 허물어진 벽이며, 잊힌 과거를 추모하는 조형물일 뿐이다. 하지만, 안전한 집을 찾을 수 없어 절박해진 사람에게는 신학처럼 망가진 집도 쉼터가 될 수 있다. 사람들이 하나님을 물을 때, 신학은 끈질기게 이 질문에 답하려 한다. 거의 듣기지 않는 이야기를 귀담아 듣는 것이 무엇을 뜻하는지 신학은 해명하려고 한다. 신학은 이 뜻을 탐구하고자 계속 대화한다. 대학 안에서 신학과 종교는 이미 무너졌다. 그래도 신학과 종교가 여전히 말하고 있을까? 이 질문에 답하려면, 일단 조용히 귀를 기울여야 한다고 종교는 요청한다. 종교가 당신에게 질문할 때, 종교는 이런 요청을 하는 것이다.

정치화된 교육의 종말

통념에서 벗어나라고 시민에게 요청하는 능력이 학문의 핵심이라면, 통념과 다르고, 통념보다 더 나은 것을 이해해야 통념에서 벗어나라고 요구할 수 있다. 학문이, 사고하지 않는 경향을 더 높은 자리에 서서 비판할 수 없다면, 학문은 요구할 권리마저 빼앗길 것이다. 이때, 대학은 다학多學, Multiversity으로 변해버린다. 다학은 개성이 없고 들쑥날쑥한 거대한 주립 교육기관에 적합할지 몰라도, 인문교양대학에는 재난이 될 것이다. 학문이 전문용어와 방법론을 사용하여 학생들에게 전공분야를 소개하는 것에 머물지 않으려면, 초월과 궁극성을 반드시 질문해야 한다.

중세에 유명했던 대학은 신학을 중심으로 결집했고, 근대 초기의 대학은 철학을 중심으로 결집했다. 그리고 근대대학은 자연과학을 중심으로 결집했다. 하지만, 어떤 학문도 포스트모던 대학을 하나로 모을 수 없다. 포스트모던 시대는 오히려 상상력이 막혀버린 시대인지라 '다양성'이란 두루뭉술한 표어를 내세우며 정치학에 주목한다. 포스트모던 시대는 문화적 · 교육적 활동을 포괄하는 전망을 다양성의 정치를 통해 제시하려 한다.

자신의 직업영역을 분명히 하려고 정치적 이데올로기에 의지하려는 교사도 꽤 많다. 리딩스는 교사들이 가진 이런 욕구를 진지하게 고려하지 않는다. 하지만, 소비지상주의 시대에는 어떤 정치적 관점도 학계가 추구하는 통일성을 제시할 수 없다고 리딩스는 올바로 지적했다. 어떤 역사 이해도 공유하지 않으며, 어떤 심층적 가치도 공유하지 않고, 어떤 방법론적 전제도 공유하지 않는다면, 우리는 정치를 통해 하나가 될 수 없다. 오히려 우리는 정치 때문에 분열될 것이다. 오늘날 우리는 지적 논쟁을 모두 정치적 용어로 이해하려고 한다. 이런 상황은 생각하지 않으려는 욕망을, 오직 자기 식으로 생각하려는 자기애적 욕망을 보여준다.

학생들의 욕구를 반박하기보다 관리하려는 관료주의가 대학을 압박하자, 다양성의 정치학은 유해한 상대주의로 재빨리 전락했다. 유해한 상대주의는 진리를 묻기보다 특정 이익집단의 수사적 전략을 우선시한다. 칸트가 말하는 순수이성을 믿는 사람은 없다. 사람들은 그저 실용적 심리학을 믿는다. 실용적 심리학은 사회적·개인적 능력을 기르려는 대학의 의도에 맞는 학문이기 때문이다. 대학은 학생의 자아실현과 만족에 맞는 상품을 공급한다. 그래서 대학의 중심이란 것도 이제 없어졌다. 모든 것이 상품생산에 이용될 수 있다. 계획과 공동의 목표가 없는 상태에서 다양성은 모든 것을 밋밋하게 만들려고 한다. 다양성의 정치가 지배하는 불안정한 시대를 못마땅하게 여기는 학생이 점점 늘어나고 있다. 신학과 철학, 과학이 수백 년간 주름잡던 시대가 있었다. 그러나 오늘날 우리 문화는 변화 그 자체를 일차 목표로 삼는다. 우리는 속도를 통해 시간을 지각한다.

어떤 사람은 이런 흐름에 반대하려고 과거로 돌아간다. 무엇이든 정치적으로 만들려는 세속교육에 반대하면서 그는 잊혔던 패러다임을 되살리려 한다. 이런 시도는 일단 불가능하며 바람직하지도 않은 것 같다. 종교가 문화 안에서 성장하자, 대학은 종교의 성장을 막으려고, 속도가 붙은 세속화의 흐름에 스스로 동참하려 한다. 그래서 종교는 대학 안에서 계속 공격받는다. 세속화가 대학의 규범으로 자리를 잡을수록, 대학의 의미와 중요성을 인정하는 사람은 점점 줄어들 것이다. 오늘날 철학은 모든 문화활동을 뒷받침하는 형이상학적 세계관을 탐구하지 않는다.

분석철학은 이성을 도구로 사용한다. 그래서 철학은 과학에 종속된다. 대륙철학에서 철학은 모든 형이상학적인 체계를 비판하며, 토대를 마련하려는 시도를 완전히 추방시켜 버린다. 여러 과학의 명성은 우리 문화에서 점점 사라지는 것 같다. 과학용어는 고도로 전문화되어 있으므로 지식 탐구를 위한 보편적 토대를 제공할 수 없다. 게다가, 과학은 기술의 영역에서 문화와 폭넓게 접촉한다. 이 영역에서도 모호함과 어려움이 늘어난다.

이런 맥락에서 우리는 정치적 투쟁이 일어나는 장소를 예상할 수 있다. 하지만, 정치영역에서는 더 심각한 분열이 존재한다. 따라서, 정치는 교육을 뒷받침하는 공통기초를 제공할 수 없다. 우리는 다른 대안을 찾아야 한다. 하지만, 미래는 늘 불투명하다. 정치공간이 권력투쟁으로 얼룩져서는 안 된다면, 교수가 학생과 맞서고, 자유주의자가 보수주의자와 맞서며, 종교옹호론자가 세속주의자와 맞서면서 정치공간이 온통 권력투쟁으로 물들어 버려서는 안 된다면, 우리는 정치투쟁의 공간을 넘어설 수 있어야 한다. 하지만, 무엇으로 넘어설까? 여기서 오직 신이 우리를 구원한다는 하이데거의 마지막 외침에 귀 기울일 수도 있겠다. 그러나 신이 우리를 구원한다 해도 신은 이미 너무 많다. 수많은 신이 우리를 압박한다. 누구의 신이 우리를 구원할까? 어떤 신이 우리를 구원할까? 나는 이렇게 제안하고 싶다. 다양성의 정치를 넘어서도 우리는 이런 상황에서 벗어날 수 없다. 오히려 다양성의 정치를 강화하고 더 밀어붙여야 한다. 이것이 우리가 다양성의 정치에서 벗어나는 유일한 길이다. 다시 말해, 무정부상태를 받아들이는 것이다. 궁극적 통일원리arche는 없다는 것을 받아들이는 것이다. 혼란을 기꺼이 받아들일 때, 새로운 사고양식이 나타난다. 즉, 새로운 자유와 새로운 대화가 등장할 것이다. 따라서, 무정부상태는 정치적인 모든 것과 맞서는 개념이다. 무정부상태는 정치적인 것과 같은 개념이 아니다. 인문교양교육은 포괄적이고 애매한 가치들을 요약하지 않으려 한다. 인문교양교육은 학생이 자신의 지적 정체성을 창조하도록 도우려 한다. 이것이 인문교양교육의 목적이다. 대학이 더는 어떻게 답해야 할지 모르는 문제가 있다. 학생이 이 문제를 다루는 방법을 찾는다면, 학생도 폐허가 된 현대교육을 재건하는 일을 시작할 수 있을 것 같다.

Chapter 6_ 교목은 왜 사라졌을까?

워배시 대학의 사례

종교교사가 종교수업을 생각할 때, 그는 자신이 참으로 종교를 믿는지 살펴야 하고, 자신을 둘러싼 제도를 살펴야 한다. 나는 다른 대학에서 가르치는 친구에게 교육에 대해 종종 이야기한다. 우리의 대화는 결국 제도에 대한 이야기로 향한다. 우리가 다니는 대학의 윤리와 꿈, 역사에 대한 이야기를 하여간 하게 된다. 교사를 둘러싼 대학의 배경이 교사가 수업에서 느끼는 것을 상당히 규정한다. 그래서 대학을 하나의 교실로 보는 관점이 필요하다. 물론, 교사가 전체 대학을 대상으로 수업을 하지는 않는다. 하지만, 대학은 교사가 학생에게 하는 말을 엿듣는다. 대학이란 제도는 한 사람의 가르침에 구석구석 영향을 끼친다. 그러나 그것을 감지하기 어려울 때가 많다.

내가 일하는 워배시 대학은 지금까지 토의했던 여러 주제를 검사하는 사례가 될 수 있다. 사립 인문교양대학인 워배시 대학은 아담한 남자 대학이다. 우리는 개척지에 대학을 세우려고 했던 장로교 목사들을 존경한다.

예배당도 가장 잘 보이는 곳에 있다. 예배당에서 대학의 산책로가 보인다. 워배시에서 출판하는 책에도 예배당 사진이 빠짐없이 등장한다.

자랑스럽게도, 우리는 교회와 정부의 간섭을 받지 않는다. 워배시는 처음부터 종교 위에 세워졌지만, 어떤 교파에 공식적으로 속해있지 않다. 웨배시의 과거를 돌아보면, 워배시는 학생의 종교적 요구에 반응하면서도, 특정 교회를 지지하지 않았다. 그 교회의 지지를 받지도 않았다. 따라서, 워배시는 북미고등교육계에서 특이한 존재이다.

교회와 정부의 간섭을 받지 않는 대학이 종교유산을 유지할 수 있을까? 세속적 전제를 가진 법이 국가기관의 규정을 따라야 한다고 워배시를 압박하지는 않는다. 워배시는 교회와 공식적으로 연결되어 있지도 않다. 그래서 워배시의 종교적 배경에 충실하라는 책무를 떠올리기도 어렵다. 그러나 종교를 수용할 뿐만 아니라 그 이상의 활동도 할 수 있는 곳으로 대학을 정의할 자유는 있다. 종교를 장려하지 못한다 해도 다른 활동은 가능하다. 교회와 연결된 대학은 종교적 뿌리를 점점 벗어나고 있지만, 세속대학은 캠퍼스에서 종교적 관점에 더 많은 기회를 주고자 애쓴다. 반면, 워배시는, 종교를 믿는 교수와 학생이 스스럼없이 자신을 드러내면서도 신학적 신념을 학문적 성과와 통합할 수 있음을 보여주는 좋은 사례가 될 수 있다.

독립을 유지하면서도 종교를 존중하는 일은 워배시에게 여전히 까다로운 과제로 남아있다. 신앙의 힘을 인정하면서도 종교논쟁에 쓸데없이 휘말리지 않는 방법이 있을까? 어떤 신앙을 다른 신앙보다 선호하지 않으면서 신앙의 힘을 인정하는 방법이 있을까? 워배시에서 종교가 걸어온 길은 단순히 세속화의 길은 아니다. 물론, 워배시도 상당히 세속화되긴 했다. 워배시에서는 신앙이, 교회와 고등교육을 점차 분리하라는 국가의 압력에 대응하면서 제도의 형태를 바꾸었다. 그리고 워배시의 종교학부는 종교적 삶의 뜻을 해명하는 일에 집중했다.

종교적 역사라고?

북미에 있는 칼리지와 대학교의 과거를 추적해보라. 당신은 종교적 뿌리를 발견할 것이다. 그렇다고 교회와 문화가 상당히 통합되었던, 19세기 초를 그리워할 필요는 없다. 오늘날 종교가 왜 고등교육을 강력하게 규정하지 못하는지 궁금하긴 하지만, 대학 안에서 종교는 대부분 고등교육의 진보적 흐름에 발맞추려고 자신의 모양새를 바꾸었다. 심지어 교회와 연결된 칼리지마저도 그런 흐름에 동참했다. 종교에 얽힌 가장 흔한 이야기는 이렇다. 종교인의 확신 때문에 대학은 온갖 부류의 학생에게 다가가기 어렵고, 학문 발전의 전제조건인 생각의 자유도 억압된다는 것이다. 이것은 정말 당연한 말처럼 들리지만, 이 문제는 실제로 훨씬 복잡하고 모호하다. 세속주의가 종교를 이겼다는 역사가 교육계에서 통용되지만, 이런 역사를 기술한 사람은 바로 세속주의자이다. 역사에는 우발적 사건이 무수히 많다. 사건이 다르게 전개될 수 있었다는 뜻이다. 그래서 교육의 세속화도 불가피한, 필연적 힘이 낳은 결과는 아니었다. 똑같이, 종교가 교실로 돌아오는 것도 불가능한, 유토피아적 목표가 아니다. 하지만, 교육에서 종교가 맡은 역할을 되살리려는 사람은 많은 장애물을 넘어야 한다. 워배시 칼리지는 이 장애물이 얼마나 높을 수 있는지 보여주는 훌륭한 사례이다.[1]

워배시 출신들이 자주 말하는 멋진 이야기가 있다. 대부분 장로교 목사였던 워배시 설립자들은 눈이 내리는 인디애나 황무지에서 무릎을 꿇고 기도했다고 한다. 이 황무지는 대학이 세워질 곳이다. 이것은 신앙에서 우러나온 행위였다. 설립자들은 개척자를 교육할 목사와 교사를 양성하기로 결심했다. 그래서 그런 기도가 가능했던 것이다. 나도 워배시의 졸업생이

자 교직원으로서 이 이야기를 여러 번 들었다. 하지만, 설립자들이 무슨 목적으로 눈이 날리는 황무지에서 기도했는지 한 번도 듣지 못했다. 설립자들은 대학을 존경하는 마음으로 무릎을 꿇고 기도했다고 흔히 말하지만, 대학은 1832년이 돼서야 생겨난 개념이었다. 충실한 칼빈주의자인 설립자들은 제도를 존경하는 마음으로 무릎을 꿇지 않았다. 오히려 이들은 "기독교 대학을 성부와 성자, 성령의 기초위에" 놓으려 했다.[2]

워배시 역사자료집에서 이 이야기를 처음 찾아냈을 때, 이 사건을 설명하는 첫 단락에서 삼위일체에 대한 단어들이 나오는 것을 보고 깜짝 놀랐다. 삼위일체가 워배시 설립의 주요 동기라는 사실은 이 사건에 대해 내가 듣거나 읽은 이야기에는 전혀 나오지 않았다. 오늘날 교회는 삼위일체를 어떻게 설명할지 거의 모른다. 그래서 나는 자연스럽게 그 이유를 추론할 수 있었다. 즉, 워배시같이 독립된 대학은 설립 이야기를 개작하여 당황스런 신학 교리를 비켜가려 할 것이다. 하지만, 대학을 낳고 기른 역사적 힘을 대학이 계속 망각하려 할 때, 대학은 중요한 것을 잃는다.

워배시가 고수하는 독립성은 계획의 결과가 아니라 역사적 우연에 가까웠다. 워배시 설립자들은 워배시가 장로교 헌장을 가지기 원했지만, 지역 주민들은 장로교인이 크로포드빌에서 이미 너무 많은 권력을 가졌다고 생각했다. 지역 주민들은 장로교를 믿는 학생만 입학할 거라고 걱정했다. 그래서 워배시는 어느 교단에도 속하지 않게 되었다. 하지만, 당시에는 교단에 속하지 않는 것은 교파에 대한 중립성을 뜻했지 종교에 대한 중립성을 뜻하지는 않았다. 이것을 기억해야 한다. 그래서 워배시는 입학정책에서 장로교를 믿는 학생을 선호하지 않았을 것이다. 하지만, 워배시는 워배시의 기초인 기독교 신앙을 확실하게 촉진했다. 뉴잉글랜드에 있는 교회들의 기부 덕분에 워배시는 초기의 어려운 때에도 계속 운영할 수 있었다.[3]

1834년에서 1840년까지 워배시 초대 총장을 역임했던 엘리후 볼드윈

목사의 취임연설은 워배시가 독립을 유지하면서도 종교를 추구할 수 있었던 방법을 잘 보여준다. 당시 대부분의 교육자처럼, 볼드윈은 교육을 종교적 양육과 도덕적 확신과 분리된 일로 볼 수 없었다. "마음을 최고로 기르려면, 정신철학과 도덕철학, 기독교의 체계를 반드시 연구해야 한다. 거룩한 예언에도 그런 연구가 나온다."4) 성경과 기독교를 모른다면, 교양교육이 허술해지고, 좋은 성품을 기르는 일도 막혀버릴 것이다. 교육의 일차 목표는 좋은 성품을 기르는 일이다. 볼드윈은 여기서 한 걸음 더 나갔다. 볼드윈은 역사를 가르치는 수업은 그리스와 로마의 작품을 꼭 다뤄야 한다고 주장했다. 고전은 학생의 마음에 이교적 생각을 주입할 뿐이라고 걱정하는 사람들을 볼드윈은 반박했다.

학생은 이방 종교를 기독교와 비교하면서 기독교의 역사적 기원을 배울 수 있다. 학생은 기독교가 나타나기 전의 삶을 스스로 추측해볼 수 있어야 한다. 볼드윈은 스스로 생각하는 학생의 능력을 무척 신뢰했다. 그러나 그는 세계사를 내러티브로 이해하면서 기독교의 계시에서 세계사가 정점에 도달했다고 생각했다.

워배시의 첫 번째 교수였던 갈렙 밀즈 역시 하나님의 사랑에 감동되었다. 밀즈는 장로교 목사였고 인디애나에 학교를 세운 사람이었다. 이 사실은 밀즈의 지성과 완전하게 일치했다. 워배시는 열린 대학이었지만, 그것은 한계도 없이 무차별적으로 열려있다는 뜻은 아니었다. 워배시는 어떤 학생도, 어떤 사상도 받아들였다. 이런 수용성은 밀즈의 확신에서 나온 것이다. 즉, 하나님은 역사 속에서 일하시고, 미국을 넓히라는 특별한 약속을 하셨다고 밀즈는 믿었다. 밀즈는 교육과정을 개발할 때 특정 교단에 얽매이지 않았다. 또한, 밀즈는 모든 젊은이의 교육받을 권리를 옹호할 수 있었다. 밀즈는 학문과 도덕, 경건이 서로 연결되어 교육이란 퍼즐을 이룬다고 생각했기 때문이다. 밀즈는 워배시의 첫 번째 졸업생이 교사와 설교자가 되기를 바랐다. 하지만, 그런 소망을 이루는 가장 좋은 길은 학생을 되도록 다양하고 폭넓게 가르치는 것이라고 밀즈는 믿었다. 워배시의 설립자들은 교육을 교회 선교사업으로 여겼기 때문에 그들은 워배시 같은 독립적 대학을 세울 수 있었다. 워배시는 특정 교단에 치우치지 않는 대학이었지만, 도덕적 목적과 교육 계획을 하나로 통합하려는 정신을 지녔다. 오랫동안 학과장과 총장을 역임한 바이런 K. 트리펫은 1953년에 채플설교에서 이렇게 물었다. "갈렙 밀즈의 하나님을 향한 사랑은 우리 모두가 수용할 수 있는 동기입니다. 밀즈의 하나님 사랑을 대체할 만한 것이 우리에게 있습니까?"5) 오늘날 대학은 여러 당파들이 이데올로기를 내세우며 경쟁하는 다학multiversity이 돼버렸다. 이런 상황에서는 트리펫의 질문에 대답할 수 없을 것 같다.

워배시는 소명을 품은 독립적 교육기관으로 자리매김하면서, 고학년과 저학년을 위한 종교과목을 필수로 정하고 고전과 과학을 핵심과목으로 지정했다. 또한, 워배시의 구성원들은 교육이 추구하는 더 높은 목적을 함께 묵상했다. 워배시가 설립된 해에 입학한 학생들은 아침과 저녁 기도회에 참석하고, 일요일 아침에는 성경 암송을 하며, 일요일 저녁에는 총장의 종교 강의에 참석하는 것이 의무였다.

당시에 학생들은 부모가 선택한 교회에 다녀야 했지만, 일요일 아침 예배는 32년 동안 계속되었다. 그러나 일요일 오후 설교에서 총장은 워배시가 교육의 영적 목표에 헌신해야 한다고 강조했다. 1868년부터 저녁 기도회는 없어졌지만, 아침 예배는 계속 되었다. 워배시는 아침 예배에 함께 참여하면서 하루 일과를 시작했다.

19세기 말부터 기독교의 증거라는 과목은 대학 요람에서 사라졌다. 합리주의 변증론이 인기를 잃으면서 이런 일이 벌어졌다. 미국 식민지 시대에는 모든 지식의 통일성이 이미 전제되었고, 교육도 근본적으로 종교적

과정으로 간주되었다. 그래서 교육과정에도 신학이 있었다. 그런데 19세기 후반이 되자, 도덕철학과목이 종교 교육의 이상을 점점 받아들였다. 총장이 도덕철학과목을 자주 가르쳤는데, 총장이 목사일 때가 많았다. 도덕철학과목은 학생 교육에서 가장 중요한 수업이었다. 총장도 워배시에서 핵심 인물이었다. 총장은 교육이 추구하는 더 높은 목적을 포괄적으로 설명할 수 있기 때문이다.[6] 당시 워배시는 교육계의 큰 흐름을 따르고 있었다. 총장이 도덕적 가르침을 학생에게 제시해야 하며, 총장의 가르침은 종교전통에 대한 연구를 기초로 삼아야 한다는 것이 교육계의 흐름이었다. 1926년이 돼서야, 안수 받은 장로교 목사가 아닌 사람이 워배시의 총장이 되었다. 물론, 그는 장로교인이었다.

20세기의 처음 10년간, 워배시는 워배시의 뿌리인 기독교를 여전히 강조했다. 그러나 그런 일은 수업이 아니라 수업 외 활동시간에 이뤄졌다. 총장이 하는 종교수업은 실제로 종교수업을 애매하게 만들었다. 총장이 종교수업을 함으로써 종교 연구에 힘이 실리긴 했지만, 종교수업은 외부 강사가 하는 교과 외 활동이란 인상을 주고 말았다. 워배시는 종교를 가르치는 일보다 종교적 분위기를 강조하게 되었다. 이렇게 되자 워배시를 운영하는 관리자들도 근대주의자와 근본주의자가 맹렬히 참여하는 지적 논쟁을 피할 수 있었다.

워배시는 세속적 과목을 중심에 두고 도덕적 동기부여와 종교적 기대를 둘레에 배치한 것이다. 워배시는 이런 배치를 통해, 경건한 도덕 가치는 가장 엄격한 연구를 자연스럽게 보충한다고 가정할 수 있었다. 그래서 워배시는 독립적이면서도 교회의 목표에 충실할 수 있었다. 1889년 워배시 요람을 보면, 이런 말이 나온다. "워배시는 특정 교단 소속은 아니지만 분명히 기독교적입니다." 워배시는 종교적 분위기를 북돋우려고, YMCAthe Young Men's Christian Association 지부를 공식적으로 지원했다.

종교적 분위기를 유지하는 일은 주로 필수 채플이 맡았다. 그러나 1920년대가 되자 채플 참석의무는 일주일에 두 번으로 바뀌었다. 예배의 분위기도 점점 종교에서 벗어났다. 워배시가 고수한 채플 의무참석을 의심하는 사람들도 나타났다. 전국적으로 채플 참석은 선택사항으로 바뀌고 있었고, 예배의 분위기도 세속적으로 변하고 있었다. 워배시도 이런 흐름을 탔다. 시카고 대학의 채플 학과장인 찰스 E. 길키는 필수 채플에 대한 의견을 밝혀달라는 질문을 받았을 때, 1934년 편지에 있는, 프린스턴 교수단의 노래 한 소절을 인용했다.

여기에 계신 모든 이사님,

학생에게서 포드 자동차를 빼앗은 분들.

이 분들은 채플을 세웠지만, 우리는 거기서 기침을 하네.

이 분들은 우리를 기도하게 만들어 놓고, 자기들은 골프를 치네.

제2차 세계대전 후 채플 집회는 줄었다. 두 번은 의무로 일반집회를 하고, 종교집회는 선택으로 한 번만 했다. 일반 채플은 워배시의 정신을 표현하는 유사 종교적 상징으로서 수십 년간 지속되었다. 필수 채플을 하려는 소명의식이 사라지자, 학생과 교수도 필수 채플을 해야 하는 근거를 찾을 수 없었다. 1971년에 교수회의는 채플 참석의무 규정을 없애버렸다.

워배시에서 종교는 몇 개의 단계를 거쳤다. 첫 60년 동안 종교과목은 필수였다. 채플 참석도 의무였고, 일요일 아침에 교회 참석도 의무였다. 하지만, 19세기 말이 되자 종교는 필수과목에서 제외되었다. 그래도 워배시의 총장은 워배시의 소명에 종교적 근거를 제시하는 일을 계속 수행했다.

학생도 채플에 계속 참석했다. 1920년부터 워배시의 총장은 종교과목을 강의하지 않았고, 채플 예배도 종교에서 벗어나 더욱 다양해졌다. 결국, 1920년부터 수십 년간 워배시가 실행한 종교사업은 주로 종교수업이었다. 처음에 학장이 종교수업을 맡았다가 나중에는 종교학과가 맡게 되었다. 워배시에서 종교가 걸어간 길은 무척 흥미롭다. 비현실적 희망과 불안한 타협, 풀리지 않은 질문이 이 길을 가득 메운다. 그런데 한 남자의 고집이 이 모든 것을 보여준다. 그는 바로 에드가 H. 에반스이다.

에반스 논쟁

워배시에서 종교 연구는 아주 천천히 분과학문으로 인정받았다. 이 과정에서 논쟁도 뜨거웠고, 출발점을 잘못 정할 때도 많았다.[7] 워배시는 설립될 때부터 성경과 기독교 신학을 가르쳤다. 하지만, 1903년이 돼서야 성서학과가 생겼다. 조지 루이스 매킨토시도 그때 임명되었다. 워배시의 졸업생인 그는 워배시의 이사이자 인디애나폴리스의 장로교 목사였다. 매킨토시는 일주일에 두세 번 학교에 와서 성경 영어 번역본을 가르쳤다. 헬라어 성경은 고전학과에서 가르쳤다. 1905년에 매킨토시는 성서학과 철학 교수로 임명되었다. 이때부터 종교학부가 공식적으로 분리되기 시작했다. 그러나 목사와 총장이 종교를 가르치는 전통은 계속 이어졌다. 매킨토시가 맡은 과목은 졸업을 위해 반드시 이수해야 할 과목은 아니었다. 매킨토시는 1906년에 총장 대행이었고, 1907년에 총장이 되었다. 그러나 매킨토시는 도덕철학을 고학년들에게 계속 가르쳤다. 그것도 총장 사무실과 붙은 교실에서. 매킨토시는 채플 예배당을 건축할 계획을 세웠다. 개신교가 모든 교양교육의 기초라는 상식을 상징하려고 매킨토시는 채플 예배당을 건축하려 했다. 1929년에 채플 예배당이 완공되었다. 역설적으로, 이 시기는 종교 채플을 고수하고, 종교는 교육의 기초라는 전제를 방어하기가 무척 어려운 때였다.

워배시는 종교를 다시 중심에 세우고자 매킨토시를 영입했다. 그러나 매킨토시는 총장으로 승진했고, 대학기금을 모으는 일에 성공했다. 즉, 매킨토시는 너무 바빠 성경을 가르칠 시간이 없었다. 그래서 매킨토시가 학장으로 일할 때, 행정력과 종교적 지도력이 분리되기 시작했다. 처음에는 그 지역 목사인 C. W. 와튼이 매킨토시가 하던 수업을 이어받았다. 결국, 1922년에는 종교수업에 처음으로 학자를 임명했다. 랄프 케이스가 성서학 교수로 임명되었다. 케이스는 안수 받은 목사는 아니었다. 하지만, 성서학 교수는 종교를 가르칠 의무도 있다고 사람들은 이해하고 있었다. 이것은 1929년 오벳 존슨이 교목으로 오면서 더욱 분명해졌다. 존슨은 종교교육학과 학장도 역임했다. 그는 1944년까지 학장직을 수행했다. 당시 중국에 가본 사람은 워배시에서 존슨밖에 없었다. 존슨은 중국의 연금술을 다룬 논문으로 박사학위를 받았다. 존슨은 중국역사와 중국어를 가르칠 수 있었다. 존슨 덕분에 종교학과는 오랫동안 중국연구를 강조하게 되었다.

'교목' 의 의무는 '종교학과 교수' 의 의무와 어떻게 분리되었을까? 이 문제에 얽힌 사연은 흥미롭다. 이런 변화가 계획적으로 일어난 것은 아니었다. 오히려 우연히 일어났다고 봐야 한다. 1930년대는 루이스 B. 홉킨스가 재직하고 있었다. 홉킨스는 매킨토시의 후임이었다. 에드가 H. 에반스는 워배시의 졸업생으로서 종교학부의 교수직을 위해 10만 달러를 기부했다. 에반스는 조건을 하나 내걸었다. 워배시의 모든 학생이 기독교와 성서 과목을 반드시 수강해야 한다는 것이다. 교수들은 강하게 반발했다. 이 조건을 받아들이면, 교수와 학생이 누리던 자유가 심각하게 침해될 거라고 교수들은 생각했다. 프랭크 H. 스파크가 총장이 되자 워배시는 에반스의 제안을 받아들였다. 하지만, 워배시도 제한조건을 만들었다. 필수 종교수업은 10년 동안만 유지하고, 유대교를 믿는 학생과 가톨릭을 믿는 학생은 이 수업을 듣지 않을 수 있다. 그래서 종교학과에 에반스 석좌교수라는 직책이 생겨났다. 에반스 석좌교수에 대한 초기 기록을 보면, 에반스 석좌교수는 교목의 의무를 분명히 수행하고 있었다. 교목이란 공식 명칭은 사라졌지만. 에반스 석좌교수가 수행한 종교적 의무는 비공식적이었다. 그만큼 워배시의 종교유산은 모호했고, 워배시의 종교유산인 종교학과의 역할도 복잡했다.

에드가 에반스에 대한 이야기를 들어보면, 에반스는 엄격하고 청교도다운 사람이라고 한다. 돈을 이용하여 대학을 통제하고 편협한 종교관을 주입하려는 사람이라는 것이다. 에반스는 분명 대학에 영향력을 행사하려 했다. 하지만, 에반스는 편협한 열심당원은 아니었다. 바이론 K. 트리펫은 교수들이 에반스에 대해 편견이 있었다고 인정했다. 트리펫은 에반스를 조금 다르게 묘사했다. "에드가 에반스는 전형적 청교도였다. 청교도적 인생관의 장점과 단점이 그에게서 모두 드러난다. 에반스는 온화하고 부드럽고, 친절했다. 그러나 신념은 견고했다. 놀랄 만큼 집요하고 단호했다. 근면과 정직, 자기관리, 절약정신, 육신의 매우 사소한 악을 피함, 하나님의 뜻에 대한 믿음, 기도, 회개. 이 모든 미덕은 에반스에게 생명만큼 소중했다. 에반스가 보기에, 이런 미덕은 미국사회의 뼈대를 이루어야 한다. 그래서 이런 미덕이 사람들의 마음에 다시 자리를 잡도록 도와야 한다는 책무감이 에반스에게 있었다. 에반스는 결국 교육을 선택했다. 교육은 이 목적을 성취하는 가장 좋은 수단이기 때문이다."8) 따라서, 에반스는 교육과 종교를 분리할 수 없다고 전제하면서, 워배시 설립자들의 발자취를 따라갔다. 그러나 설립자들은 누구나 종교의 가치를 인정하는 분위기에 기댈 수 있었지만, 에반스는 이미 다른 시대에 살고 있었다. 에반스는 자기 관점을 밀어붙여야 했다. 에반스도 결국 불만에 휩싸여 완고해졌다.

에반스에게는 고등교육의 팽창에 대한 탁월한 선견지명이 있었다. 1920년대에 고등교육은 상류층을 넘어 성장하는 중산층으로 뻗어나갔다.

그래서 칼리지와 대학교가 미국문화의 중심에 섰다.9) 에반스는 이런 결론에 도달했다. 기독교가 고등교육에서도 진지하게 수용돼야 한다면, 종교를 가르칠 때도 종교를 죽은 대상이 아니라 살아있는 신앙으로 간주해야 한다. 교수들은 처음에 에반스의 조치에 반대했다. 하지만, 에반스는 자기 생각을 관철시켰다. 그런데 현실은 달랐다. 실제로 워배시에서 종교생활은 점점 희박해졌다. 이것은 지금도 워배시를 괴롭히는 당황스런 결과이자, 에반스가 평생 동안 추구한 과업이 낳은 역설이기도 하다.

1929년에 에반스는 400명의 학생 가운데 성경과목을 수강신청한 학생은 3명뿐임을 알게 되었다. 에반스는 이때부터 십자군으로 돌변했다. 에반스는 원래 19세기 사람이었다. 에반스는 이 절망적 상황을 이해할 수도 받아들일 수도 없었다. 에반스가 발견한 이 사실은 전체 교육계의 흐름을 반영하고 있었다. 20세기 초에 만들어진 '과학적' 종교 연구 프로그램이 1930년대에는 심각하게 쇠퇴했기 때문이다. 신정통주의 신학과 대공황, 자연과학의 부상이 과학적 종교 연구 프로그램의 쇠퇴에 한몫했다.10) 2차 세계대전이 끝나고 나서야 종교 연구는 인문학부에서 학문분야로 인정받았다. 그러나 에반스는 완전히 독립된 종교학과를 1930년 초반부터 만들려고 덤벼들었다.

에반스가 대학교 상급생이었을 때 '기독교의 증거'라는 과목을 듣고 감명을 받았다. 이 과목을 가르친 사람은 조셉 터틀 총장이었다. 이 과목은 종교의 합리성을 강하게 옹호했다. 에반스가 이 수업을 들을 때조차 이런 옹호는 구식이었다. 근대세계에서 종교는 공격을 받는다는 것을 에반스도 알았다. 하지만, 에반스는 종교인이 본질적으로 이런 흐름에 응답해야 한다고 믿었다. 에반스는 워배시에 다니면서, 남자 대학의 교육과 종교 활동은 일관된 세계관과 결합할 수 있음을 배웠다. 종교는 강력하고, 공세적이고, 남성답고, 확고해야 한다. 에반스의 삶에서 이것은 통했고, 덕분에 에반스는 시민의 지도자이자 성공한 사업가가 될 수 있었다. 그렇다면, 이것이 왜 다른 사람에게는 통하지 않겠는가? 종교가 성품을 기르는 일을 한다면, 심지어 고집이 센 사람의 성품도 다듬는 일을 한다면, 학생이 종교를 필수과목으로 공부하는 것은 아무런 문제가 없어야 한다. 에반스는 이렇게 주장했다. 당신이 종교를 좋아하든 싫어하든, 종교는 당신에게 좋다. 특히, 당신이 종교를 싫어한다면, 종교는 당신에게 도움이 될 것이다. 당신이 종교를 싫어한다는 사실은 당신에게 종교가 얼마나 필요한지 증명할 뿐이다.

워배시에서 종교 연구를 필수과목으로 만드는 것은 에반스의 평생과업이 되었다. 정말 에반스는 이 일에 매달렸다. 에반스는 교육계의 지도자들과 많은 편지를 주고받았다. 안내책자를 직접 쓰기도 했다. 그리고 이 주제로 회의와 모임이 수백 번이나 열렸는데, 에반스는 모임을 주재했다. 1936년에 에반스는 인디애나 고등교육 종교자문위원회를 세웠다.

종교자문위원회는 종교와 교육을 전국적으로 조사했고, 연례학회를 지원했다. 이 전국 조사는 최초의 조사였다.

이런 논문들을 학회에서 발표하였다. "고등교육에서의 교회와 국가", "민주주의와 종교", "미국인의 삶에서 교회와 대학", "대학졸업자는 종교에 대해 무엇을 알아야 하는가." 1930년대에 종교와 교육에 관한 가장 눈에 띄는 논쟁들 가운데 일부는 인디애나에서 벌어졌다. 에반스가 종교과목을 워배시에서 졸업 필수과목으로 만들려는 노력이 이런 결과를 낳았다.

에반스는 여러 대학과 칼리지의 총장과 지도자에게 필수 종교과목에 대한 의견을 물었다. 이들은 에반스에게 부정적으로 답했다. 컬럼비아 대학의 총장인 존 J. 코스의 답변은 당시 총장과 지도자의 생각을 대변한다. 코스는 에반스에게 이렇게 답했다. 첫째, 종교는 일단 개인적 태도이므로 종교과목을 필수로 지정하면 종교가 더는 발전하지 못할 것이다. 둘째, 교육 기관은 학과목이 아니라 전체 분위기로 학생에게 접근할 때, 종교를 가장 북돋울 수 있다. 셋째, 성경과목을 선택하여 들을 때, 종교를 가장 잘 섬길 수 있다. 아마 성경과목을 영문학과에서 가르친다면, 가장 좋을 것이다. 교수 협의회도 이런 지적에 동의했고, 1936년에 에반스의 계획을 거부했다. 1942년에는 전체 교직원이 에반스의 계획에 대해 찬반투표를 했다. 반대 20표, 찬성 2표, 기권 4표가 나왔다. 그래서 워배시는 에반스의 기부금을 받지 않기로 했다.

교직원이 에반스의 제안을 거부한 이유는 이런 것도 있었을 것이다. 워배시는 비공식적으로는 이미 종교적이었다. 따라서, 종교를 공개적으로 북돋운다면, 워배시가 고수한 독립성이 훼손될 수 있다. 하지만, 교직원이 엄격한 도덕규범을 지켜야 하는 시대는 이미 지나가 버렸다. 물론, 도덕규범을 잘 지켜야 했던 시절도 있긴 있었다. 예를 들어, 워배시에서 가장 걸출한 교수였던 에즈라 파운드는 1908년에 직위를 박탈당했다. 파운드는 풍자극에 출연한 젊은 여자에게 방을 제공했다. 여자는 눈보라가 심하여 집으로 돌아갈 수 없었기 때문이다. 여자는 파운드의 방에서 자고, 파운드는 연구실에서 잤다. 여자가 아침에 침대를 정리하는데, 그만 파운드의 손님이 찾아오고 말았다. 당시 중서부의 작은 읍에서는 이런 상황이 수용될 수 없었다. 여자는 총장에게 이 사실을 알렸다. 나머지 일은 여전히 소문으로 남아있다.

워배시는 2차 세계대전 이전에는 기독교 대학이었다. 이것은 특정한 도덕적·종교적 기준과 별로 상관이 없다. 오히려 주류 개신교를 둘러싼 사회적 분위기와 상관이 있다. 1920년대와 1930년대 워배시의 교수진은 교육계 전체의 흐름을 반영하고 있었다. 이들은 종교적 권위를 의심하는, 상당히 자유주의적 집단으로 주목을 받았다. 미국의 교육은 점점 세속종교로 변하고 있었다. 교육기관은 교회를 대체하면서 사회변화에 늘 헌신하 겠다고 스스로 주장했다. 하지만, 유명한 교육기관의 교수들은 순수학문 에 충실해야 했다. 그러나 워배시의 교수들은 옛 교수들처럼 지혜와 성품 을 강조했다. 워배시의 교수들은 전인교육만이 세상을 개선할 수 있다고 믿었다. 기독교 유산을 물려받은 워배시는 전문화와 직업화를 추구하는 흐름에 맞설 수 있었다. 그런데 전문화와 직업화가 진행되면서 명문학교 와 비명문학교가 구분되기 시작했다.

조지 마스던George Marsden은 『미국 대학의 정신』에서 종교와 교육을 폭 넓게 논했다. 마스던은 20년대와 30년대가 종교 교육에서 무척 중요한 시 기였다고 말한다. 이 시기에 해외에서는 전체주의가 많은 나라를 위협하 고 있었다. 그래서 미국에서도 학문적 자유를 더욱 강조하게 되었다. 국내 적으로 근본주의자의 위협이 거세지던 때가 바로 20년대와 30년대였다. 당시 교수들은 자신들이 인지한 종교적 편협함에 맞서 학문적 자유가 무 엇인지 정의하기 시작했다. 대중의 인기에 영합하는 근본주의는 자유주의 개신교와 회의주의를 하나의 집단으로 분류하려 했다. 그래서 그들은 비 종교적 교육의 시야에서는 자유주의적 기독교교육의 특징이 보이지 않게 만들려 했다. 바깥의 권위에 순종하라고 가르치고, 도덕적 성품을 개발하 려는 의지를 단련하는 것이 근본주의자가 생각하는 교육이다. 근본주의자 는 이런 교육을 옹호했다. 반면, 근대주의자는 인간본성의 힘을 믿으면서, 과학적 방법을 모든 학문영역으로 넓히는 것이 교육이라고 생각했다. 자 유주의 개신교인은 자신의 사촌인 근본주의자와 싸우면서, 점점 근대주의 자에게 동맹을 요청했다. 근대주의자는 자유주의 개신교인에게 동맹의 대 가를 요구했다. 근대주의자는 종교 연구를 사회과학의 방법론에 넘겨주라 고 요구했다.

1930년대가 되자, 종교를 기반으로 세워진 칼리지는 종교적 사명을 분명하게 드러내는 것을 꺼리기 시작했다. 여기서 마스던은 이런 현상의 이유에 주목한다. 이것은 경제 계급과 로마 가톨릭의 성장과 상관이 있다. 사회가 급격하게 변하고, 인종집단이 부상하면서 지배계급은 지배집단의 단결을 도모하고, 고등교육에 대한 통제권을 유지하려 했다. 지배계급은 신학논쟁으로 사람들을 분열시킬 만큼 여유가 없었다. 인종집단은 독특한 종교관습을 통해 자신을 드러냈다. 반면, 자유주의 개신교인은 기독교를 미국의 시민종교와 결합하려 했다. 북미의 계몽주의는 종교의 모습으로 나타났다. 개신교가 자신의 존재를 사회에 각인하는 데 성공했기 때문이다. 즉, 개신교가 있어야 진보와 자유, 평등을 실현할 수 있음을 개신교는 훌륭하게 논증해냈다. 그래서 자유주의 개신교의 교육계 지도자들은 기독교 신앙의 특수성을 강조하지 않으려 했다. 권력집단이 자신을 변두리 집단으로 여기는 것이 두려웠다. 개신교가 신학을 지나치게 강조하지 않으면서 기독교의 긍정적이고 감성적 측면을 가르치는 한, 개신교는 고등교육을 지배할 수 있었다.[11] 그래서 시민적 종교담화가 생겨났다. 이것은 역사적으로 전승된 기독교와 별로 상관이 없었다. 윌리엄 F. 버클리 주니어는 1951년에 『예일에서의 하나님과 인간』을 출판했다. 버클리는 위기에 빠진 칼리지의 종교에 초점을 맞췄다. 그러나 에드가 에반스는 20년 전에 이 문제를 예상하고 대응했다.

1920년대에 복음주의 개신교는 명문 칼리지에서 영향력을 잃고 말았다. 복음주의 개신교인은 수많은 중등학교를 세우는 일에 앞장섰지만, 1930년대가 되자 자유주의 개신교인이 실제로 주도권을 쥐게 되었다. 보수적 교회는 고등교육계의 새로운 합의에 동참하지 않고 자신의 교회에 맞는 학교를 새로 세웠다. 반면, 자유주의적 교회는 세속화 흐름을 지지했다. 개신교 안에서 일어난 이런 갈등은 고등교육에 큰 영향을 줬다. 워배시를 이끌던 장로교인 같은 자유주의 개신교인은 교육의 소명을 더 보편적으로 이해했다.

자유주의 개신교인은 자신의 학교가 온갖 학생과 사상에 열려있기를 바랐다. "자유주의 개신교인은 새로운 대학의 설립을 문명진보의 증거이자 다가오는 하나님 나라의 증거로 봤다. 그리고 볼 수 있었다."[12] 교육의 목표와 에큐메니컬 개신교 신학은 한 몸이 되었다. 주류 개신교인은 과학적 객관성이란 이념을 근본주의를 이기는 방편으로 내세웠기 때문이다. 성품교육은 그렇게 중요하지 않은 기준이 돼버렸다. 그래서 자유주의 개신교인은 가치중립적 교육학을 지원하면서 낙관론을 펼쳤다. 성찰적, 민주적 원리가 사회를 바꾸고 미국을 약속의 땅으로 만들 수 있다는 것이다.

일부 자유주의 개신교인은 교육이 원래 종교적 활동이라고 여전히 믿었다. 워배시를 이끌던 개신교인도 마찬가지였다. 하지만, 그들은 특정한 종교전통이란 토양에서 교육을 기르고 싶지 않았다. 그들은 종교를 무척 폭넓게 정의했다. 그래서 그들이 정의한 종교는 미국의 대학에서 벌어지는 모든 일을 포괄할 수 있었다. 결국, 종교는 미국교육의 확장을 지지하는 마음을 길러냈다. 그러나 이런 종교는 까다롭지도 않고, 특정한 정체성을 가지지도 않는다. 마스던은 이 종교를 "개신교 없는 자유주의 개신교"라고 불렀다. 개신교 없는 자유주의 개신교는 실제로 무엇을 뜻했을까? 이것은 개신교인이 고등교육기관을 실제로 통제할 수 있는 능력을 갖췄음을 뜻했다. 누구나 자유주의 개신교의 요구를 들어줄 수 있었기 때문이다. 특정 학문분야 연구를 경계하면서 영성과 성품 개발을 강조하는 기독교 대학에게 이런 흐름은 무척 해롭다는 것을 누구도 예측할 수 없었다. 더구나 자유주의 개신교의 암묵적 주도권이 서서히 무너지자, 무엇이 도덕교육의 기초를 제공하는지 모호해졌다. 도덕교육은 학생의 전 인격을 다루지 학생의 직업목표만 다루지 않는다.

세속주의의 흐름을 막아보려는 괜찮은 시도가 있었다. 대학과 칼리지 안에 종교학교를 만드는 것이다. 1922년에 이것을 정책으로 만들려고 종교와 고등교육 국가자문회의가 설립되었다. 이 자문회의는 에반스가 기획한 인디애나 자문회의의 모체였다.

1930년대에도 많은 대학이 종교과목을 개설했다. 이 과목은 마스던이 말한 혼합영역이 되었다. "이 영역은 기본적으로 기독교적 모양새를 갖추고 있으며 은밀히 기독교적 방향을 추구한다. 하지만, 여기서는 특정한 기독교적 목적을 세우는 것이 억제된다."13) 당시 대학교는 대부분 사립 칼리지였다. 그리고 거의 모든 사립 칼리지는 교회와 연결되어 있었다. 심지어, 1940년대까지 종교학과가 있는 주립대학이 많았다. 이런 상황에서 워배시는 종교 연구과정에 반대했다. 이것은 분명 이상하게 보였을 것이다. 하지만, 워배시는 중서부의 작은 읍에 있었다. 이곳에 다니는 학생은 대부분 그리스도인이며, 교회가 워배시보다 지역에 대한 영향력이 더 강했다. 따라서, 워배시는 종교적 유산을 계승하는 학교였지만, 워배시에서 종교에 다시 활력을 불어넣는 일은 더 어려웠다. 이것은 역설적이다. 워배시가 확고한 인문교양기관이 되고 싶었다면, 워배시는 스스로 종교적이라고 지나치게 내세울 수 없었을 것이다. 그렇게 종교를 내세웠더라면, 엘리트 교육계에서는 변두리 학교로 낙인찍혔을 것이다.

1940년대와 1950년대에 대학의 종교 연구는 전문화되었다. 이런 경향은 전국으로 퍼져나갔다. 워배시는 자신이 물려받은 종교유산과 복잡한 관계를 맺고 있었는데, 전문화는 이 관계에 대해 여러모로 해답이 되었다. 종교 연구를 전문적으로 수행하는 것은 자유주의 개신교인에게 무척 편했다. 학문적 전문화는 학문에 종교적 특권을 부여하면서, 당대에 벌어지는 열정적이고 분열적 논쟁에서 학문을 건져냈다. 에반스가 교수직을 기부하기 전에는, 워배시에서도 종교는 교과 외 활동이었다. 물론, 모든 학생이 참여해야 하는 활동이었다. 채플 프로그램은 종교를 가장 강력하게 전했다. 학문연구자가 보기에, 종교 연구는 다른 학문 프로그램과 동등하지 않았다. 1930년대에 워배시에는 종교학과가 있었다. 교수는 한 명이었고, 지역에 있는 장로교 목사가 교수를 보조했다. 종교학과에는 6개의 선택과목이 개설돼 있었다. 하지만, 이 과목들은 이수학점으로 계산하지 않았기에 수강인원은 무척 적었다. 두 학기 동안 진행되는 성경과목은 영문학과에서 개설하였다. 하지만, 워배시에서 종교는 매일 열리는 채플에서 가장 흥했다. 더구나 30년대는, 일요일에 예배에 참석해야 한다고 여전히 권하던 시절이었다. 물론, 그때에도 의무는 아니었다.

에반스의 반대자는 이렇게 주장했다. 종교를 의무로 만들면 학생이 종교를 지루하게 여길 것이다. 그러나 이렇게 말하는 사람도 수학과 과학, 영어를 필수과목으로 가르치지 말자고 주장할 것 같지 않다고 에반스는 지적했다. 사람들은 대부분 종교가 사적인 일이라고 생각했다. 그래서 종교를 의무로 가르치면, 종교를 주입할 수밖에 없다고 주장했다. 에반스는 이런 반론에 맞섰다. 에반스가 말한 바로는, 성경은 서구역사의 바탕이므로 성경을 선택과목처럼 다룰 수 없다. 당시 과학과 영어, 역사는 졸업 필수과목이었다. 이 사실에는, 지성계에서 종교가 차지하는 가치와 중요성이 문화 전반에서 낮아지는 현상이 반영돼 있다. 사람들은 성경이나 교회사를 잘 몰라도 스스로 교양 있다고 믿을 수 있다는 주장을 듣고 에반스는 화가 났다. 그런데 에반스는 종교는 먼저 성격형성에 기여한다고 믿었다. 에반스는 종교 연구와 도덕적 성품형성을 분리할 수 없었다. 그래서 워배시에서 필수종교과목을 정해야 한다고 강하게 밀어붙였다. 하지만, 세분화와 전문화를 추구하는 학계의 정신에 종교학과와 종교과목이 점차 통합되는 상황에서, 필수종교과목과 종교학과가 어떻게 함께 발전할 수 있는지 에반스는 충분히 알지 못했다.

에반스는 끈질긴 활동가였다. 프랭크 H. 스파크가 1941년에 총장으로 임명되면서 에반스는 협력자를 얻게 된다. 스파크는 성공한 사업가로 일하다가 대학으로 돌아와 박사과정에 입학했다. 그는 대학의 총장이 되려는 목표를 세웠다. 스파크는 워배시를 위한 원대한 계획을 세웠고 에반스가 제공한 자금이 필요했다. 스파크 역시 종교 교육이 중요하다고 진심으로 믿었다. 스파크는 기부자와 교수를 중재하는 역할을 맡았다. 스파크는 에반스 석좌교수직의 장점을 강조하면서, 필수 종교과목을 잠시 신설하는 것은 그렇게 심각한 일이 아니라고 지적했다. 에반스도 종교 석좌교수직을 만들되, 종교 필수과목을 일정기간만 운영한다는 타협안을 일단 받아들였다. 석좌교수직은 워배시에 가장 오랫동안 영향을 줄 거라고 에반스는 믿었기 때문이다. 워배시는 종교과목을 다른 과목과 나란히 가르치고 있었으므로, 종교를 특별히 강조하고 싶은 세력을 달래야 했다. 종교학과 교수들은 석좌교수직을 좋게 봤다. 석좌교수직 덕분에, 종교학과 교수의 지위는 비상근 목사와 채플 담당목사에서, 학문적 책무를 지는 학자로 상승했기 때문이다. 그리고 대학에 기부금을 많이 내려는 마음에 대해서는 모든 대학 구성원이 좋아했다.

에반스 석좌교수직 덕분에 종교학과는 다른 학과와 나란히 학문영역이 되었다. 종교학과도 최고의 학문적 수준을 갖추어야 했다. 종교학과도 대학에 있을 만하다는 것을 증명하려면, 다른 학과보다 더 높은 학문적 수준을 유지해야 한다. 교수들은 종교학과가 온전한 학과로 발전해야 한다고 생각했다. 다시 말해, 학생을 위한 비공식 종교 프로그램을 줄이거나 없앨 수 있다는 뜻이다. 따라서, 에반스는 종교가 성품형성보다 학문분과가 되는 일에 주력하도록 도와준 것이다. 물론, 이것은 의도하지 않은 결과였다.

스파크는 D. 엘튼 트루블러드를 교수로 채용했다. 트루블러드는 무척 존경받는 퀘이커 신학자이자 교회 지도자였다. 그는 워배시에서 종교 교

육과정을 기획하는 일을 맡았다. 워배시가 개설한 종교 필수과목은 고등
교육에서 종교가 어떤 자리를 차지할 수 있는지 실험해 보는 중요한 시도
라고 트루블러드는 확신했다. 트루블러드는 에반스와 스파크와 함께 워배
시가 전국에 있는 다른 대학을 위한 개척자이자 모범이 돼야 한다고 믿었
다. 트루블러드는 그런 과업을 거의 스스로 떠맡았다. 처음에 그는 스탠포
드 대학을 떠나 인디애나 리치몬드에 있는 얼햄 칼리지로 가기로 결심했
다. 그러나 트루블러드는 새로운 교육과정을 지도할 만한 사람을 찾는 데
힘을 쏟았다. 트루블러드는 프레드 웨스트를 찾아냈다. 웨스트는 그리스
도의 제자 교회에서 안수 받은 학자로서 텍사스 기독교대학에서 종교 교
육과정을 담당하고 있었다.

　종교 필수과목을 신설하는 일은 정말 어려웠다. 스파크는 이 일을 맡아
달라고 웨스트에게 부탁했다. 스파크는 웨스트에게 보낸 편지에서 이렇게
썼다. "총장에 취임하고 나서 이렇게 신경 쓰이는 편지를 처음 씁니다." 종
교 필수과목을 신설하려는 에반스와 스파크의 열정은 이상적이고 심지어
유토피아적이다. 종교 필수과목을 통해 학생은 개종하거나 강요당하지 않
고도 종교에 관심을 가질 수 있다고 에반스와 스파크는 생각했다. 처음에,
학생은 종교 필수과목이 분파적이고 교리적일 거라고 예상했다. 그러나
이 과목을 맡은 웨스트는 그리스도의 제자교회 출신이었다. 이 교파에는
특정한 신조가 없다. 이런 측면에서 웨스트는 종교 필수과목에 딱 맞는 인
물이었다. 웨스트의 신념은 이랬다. 교단에 치우지지 않고 그리스도인에
초점을 맞춘다면, 종교 필수과목도 워배시 같은 독립적 칼리지에서 발전
할 수 있을 것이다. 웨스트는 에큐메니컬 교육과정을 원했다. 심지어 웨스
트는 무신론자가 자기 수업을 듣고 좀 더 박식한 무신론자가 되었으면 좋
겠다고 말했다. 무신론자가 굳이 그리스도인으로 회심할 필요는 없다는
말이다.

학생은 종교 필수과목을 싫어했고, 웨스트도 그것을 알고 있었다. 하지만, 웨스트는 신념의 자유가, 몰라도 되는 자유를 뜻하지 않는다고 말했다.

웨스트의 공적 책무는 수업에 국한하지 않았다. 학생을 지역사회에 있는 교회와 연결하는 것이 웨스트가 맡은 가장 중요한 책무이기도 했다. 이일은 그렇게 어렵지 않았다. 학생정보조사를 하면서 교파에 대한 신입생의 선호를 이미 파악했기 때문이다. 웨스트는 일요일 저녁기도회와 종교생활 프로그램과 함께 종교주간을 기획해야 했다. 교수회도 종교주간을 허용했을 것이다. 종교주간에는 필수회의가 아닌 회의는 모두 취소하였다. 로마 가톨릭과 유대교인, 개신교 목사 모두 채플설교를 할 수 있다.

종교 필수과목이 개설된 후에 수년 동안, 1학기에는 성경을 가르쳤고, 2학기에는 신학적 인류학을 가르쳤다. 당시에 신학적 인류학은 널리 알려진 주제였다. 2년차부터 학생은 성경 대신 비교종교학을 선택할 수 있다. 성공회 교구목사가 잠시 고용되어 종교필수과정을 보조했다. 한 사람이 수강신청을 모두 처리할 수 없기 때문이다.

석좌교수직에는 처음부터 불협화음이 있었다. 종교학과 교수는 워배시의 비공식 채플목사로 활동해야 했기 때문이다. 1950년대에는 한스 프라이가 프레드 웨스트 후임으로 들어왔다. 프라이의 직책은 조교수와 종교활동 책임자였다. 나중에 신 죽음의 신학자로 유명해진 토마스 J.J. 알티저가 프라이의 후임이었다. 그리고 알티저 다음에 에릭 딘이 왔다. 에릭딘은 수십 년간 종교학과를 이끌었고, 나의 모범이기도 했다. 종교 활동 책임자란 이름은 점점 사라졌지만, 종교학과 사람들은 여전히 종교문제 상담가로 활동했다. 졸업예배를 계획하는 것은 종교학과의 일이었다. 종교학과는 매년 성탄절 행사의 일부를 인도하고, 학생을 위한 정기예배를 진행했다.

종교학과도 교목업무를 수행한다는 공적 규정은 없었다. 그래서 종교학과의 역할을 둘러싸고 오해와 갈등이 빚어질 수 있었다. 하지만, 비공식 교목직은 워배시의 종교유산을 보존하고 학생의 종교적 필요에 부응하는 가장 좋은 방법이었던 것 같다. 그래도 워배시는 전국에서 최고의, 그래서 가장 세속적 교육기관이 되려고 애쓰고 있었다.

비공식 교목직

워배시에서 종교의 역사는 무척 혼란스럽다. 그래서 워배시가 독립적이라고 말하는 사람은, 아무리 좋게 보더라도 사태를 단순하게 만든다. 최악으로 그는 사람들을 오해로 몰아넣는다. '독립적'은 애매한 말이다. 독립적이 되는 것은 관계를 맺는 첫 걸음일 뿐이다. 교회에서 독립돼 있다는 것은 종교에 대한 태도를 자유롭게 정할 수 있음을 뜻한다. 그렇다면, 종교에 대한 태도란 무엇일까? 워배시는 자신을 기술할 때, 종종 에둘러 복잡하게 말해야 한다고 느낀다. 예를 들어, "장로교의 뿌리에서 자라난, 독립적 인문교양대학." 워배시는 자신의 과거를 복잡하게 활용했고, 이것을 이해할 만한 공식은 없다. 과거를 살펴보면, 워배시는 미국과 비슷하게, 독립적이지만 세속적이지 않은 좁은 길을 걸어왔음을 알 수 있다. 워배시는 특정 종교전통을 내세우지 않으면서, 신앙을 마음껏 드러내도록 허용했다. 그러나 워배시가 전국우수대학 기준에 맞추려고 노력하면서, 이 미묘한 균형이 깨져버렸다. 하지만, 워배시가 자신의 종교유산을 상실하자, 역설적으로 종교수업이 더 중요해졌다. 학생이 자신의 믿음을 긍정할 수 있는, 유일한 장소는 바로 종교수업이었다.

조지 마스던은 미국의 칼리지와 대학에서 진행된 세속화에 대해 중요한 지적을 했다. 마스던의 지적은 널리 알려졌다. 마스던은 이 지적을 더욱 발전시켰다. 마스던이 제시한 이야기를 따르면, 급진적 세속주의자가 사악한 계획을 세워 고등교육계에서 종교를 약하게 만든 것은 아니다. 오히려 자유주의적 개신교인이 비난받아야 한다. 자유주의적 개신교인은 관용 같은 보편적 가치를 전파하고, 연구와 전문화를 평가할 통일된 기준을 세우려 했다. 그러나 이런 노력은 오히려 자유주의적 개신교가 무의미하게 하는 기회를 만들고 말았다. 나는 마스던의 이론 모형을 이용하여 워배시의 종교관련 사건을 설명했다. 그러나 마스던의 주장은 워배시의 종교학과를 설명하지 못하는 것 같다.

최근 출간된 책에서 마스던은 소망을 표현한다. 마스던은 다시 신앙을 바탕으로 학문적 연구를 할 수 있는 날이 오기를 바란다. 이것은, 학문적으로 훈련된 신학자가 자신을 성찰하면서 하는 말은 아니다.14) 자유주의자가 우리를 혼란에 빠뜨렸다면, 복음주의자와 보수주의자만이 우리를 혼란에서 건져낼 것이다. 전통적 기독교 관점에서 제대로 연구된 합리적 성과를 모든 학문이 받아들일 수 있기를 마스던은 바란다. 자기 신앙이 연구와 가르침을 구성하는 한, 그리스도인은 신앙을 드러내고 방어할 수 있어야 한다.

마스던은 여러 학문영역에서 기독교가 한 역할을 논한다. 마스던의 논의는 적절하고 설득력이 있다. 그러나 마스던은 학문분과의 전문화가 가하는 강한 압력을 가볍게 여긴다. 이것은 상당히 아쉬운 대목이다. 전문화 때문에 교수는 신앙을 고도로 세련된 방법론과 통합하지 못한다. 더구나 마스던은 다음 사실을 고려하지 않는다. 고등교육에서 종교의 자리를 마련하는 싸움은 앞으로 종교 연구 분야에서 벌어질 것이다. 세속적 대학에 다니는 학생도 종교를 갈망한다. 마스던은 종교수업이 그런 학생의 요구를 채워줄 수 있을지 조금은 의심한다. 마스던은 기독교적 관점이 종교학과 통합하기보다 다른 학문과 통합하기를 바란다. 오늘날 공교육에서 종교 교육과정의 상황을 고려할 때, 마스던의 소망은 소망으로 보기 어렵다.

마스던은 그냥 현실에 맞게 말한 것이다. 그러나 종교학과는 마스던이 지키려고 했던 종교적 신념이나 학문적 책임에 반드시 필요한 학문적 기준을 포기하지 않으면서, 종교학과를 하나의 학문분과로 규정할 수 있다. 우리는 워배시의 역사에서 바로 이것을 알 수 있다.

에반스가 만들어놓은 석좌교수직 덕분에 종교학과는 다른 학문분과와 어깨를 나란히 할 수 있었다. 그러나 종교학과는 석좌교수직 때문에 채플을 담당해야 한다는 요구도 받았다. 이 요구는 상당히 모호했다. 하여간 석좌교수직은 여러모로 워배시의 종교학과에 유익했다. 채플을 담당하는 교목이 있는 칼리지에서 종교학과는 때때로 비서구권 종교를 가르치면서 종교적으로 객관적이고 중립적 태도를 취해보라고 말한다. 종교학과는 채플과 자신을 구별하려고 그렇게 말한다. 비슷하게, 교목이 어떤 학과에 속해있지 않으면, 교목은 그저 예배만 인도한다. 이 예배는 믿음을 지성적으로 반성하는 신학적 작업과 한 몸이 되지 않는다.

종교에 마음이 열린 학생을 끌어들이려고 종교학과와 교목실이 경쟁하자 극단적 태도가 자주 나타났다. 교목실은 반지성적이고 종교학과는 반종교적이라고 말하는 사람도 있다.

워배시의 종교학과는 채플이 하는 여러 기능을 맡으면서 오히려 성공했다. 종교학과는 채플로 학생과 계속 접촉하면서, 학생에게 살아있는 전통을 보여줬다. 종교는 죽은 시체가 아니라 살아있는 전통임을 알린 것이다. 워배시의 종교학과는 주간예배와 성탄절 예배를 인도하며 매년 졸업식예배도 주관한다. 종교학과 교수는 학생을 상담하며, 목회사역을 생각하는 학생을 돕고, 학생이 인도하는 종교 프로그램을 지원한다. 이렇게 종교유산을 계승하는 종교학과는, 신앙을 드러내면서도 학문을 최고수준으로 유지할 수 있다는 것을 보여준다. 안타깝게도 이런 풍경은 종교 연구영역에서 무척 드물다.

물론, 교수들은 종교학과가 종교로 너무 기울어질까 봐 걱정한다. 이렇게 걱정하는 교수들은 칼리지의 대외 이미지를 생각하면서, 기독교가 은근히 주도권을 잡으면서 관용이 사라지는 분위기가 생길까 봐 근심하는 것 같다. 사람들은 기독교의 주도권을 끊임없이 걱정하는 것 같다. 일부 칼리지는 아예 두려워한다. 종교인의 목소리를 허용하면 종교가 통제권을 쥘 수 있는 기회가 활짝 열린다는 것이다. 그러나 이런 두려움은 지나치게 부풀려지므로, 진지하게 고려하기도 어렵다. 이미 사라진 문화적 통일성을 그리워하면서 기독교의 무오류성과 우월성을 주장하는 그리스도인도 있다. 이 문제를 다루는 가장 좋은 방법은 종교가 어떻게 대학에 영향을 주는지 공개적으로 질문한다. 종교의 힘을 그냥 무시한다고 해서 이 문제가 해소되는 것은 아니다. 수업에서도 신학을 진지하게 탐구한다면, 학생은 기독교와 타종교의 관계를 이야기할 수 있을 것이다. 예를 들어, 기독교를 믿는 학생은 유대교에서 기독교가 나왔음을 알아야 한다. 또한, 하나님이 이스라엘 백성과 맺은 영원한 언약을 정통 신학이 어떻게 이해하는지 알아야 한다.

워배시에서는, 기독교신자가 아닌 학생이 종교과목을 듣고, 심지어 신학을 가장 많이 가르치는 과목도 듣는다. 사람들은 이런 학생이 정말 많다는 사실을 알고 깜짝 놀란다.

기독교를 믿지 않는 학생이 듣는 종교수업에서는 일단 모든 종교의 신앙을 존중하면서 궁극적 질문을 억누르지 않고 토의주제로 삼는다. 이런 요인 때문에 많은 학생이 종교수업을 듣는 것 같다. 학생이 자신의 종교적 신념을 분명히 밝히고 그것을 공적 토의의 주제로 삼는 것은 고등교육과 영적 성장에 꼭 필요하다. 종교인의 목소리를 듣고, 종교를 믿는 학생을 지지하는 것은 인문교양교육이란 큰 퍼즐을 이루는 조각이 되어야 한다. 선입견에 사로잡혀 근거 없이 두려워하는 사람만이 이런 주장에 반대할 것 같다.

워배시에서 종교학과가 종교적 활동을 한다고 염려하는 사람들이 있다. 하지만, 이들은 워배시가 더는 기독교 대학이 아니라는 사실을 간과한다. 학생은 종교적 지도를 거의 받지 않는다. 삼사십 년 전에는 채플이 필수였다. 이때에는 기독교를 믿지 않는 학생이 캠퍼스가 너무 종교적이라고 걱정하는 것이 정당했을 것이다. 하지만, 지금은 이런 걱정이 거의 근거가 없는 것 같다. 워배시의 역사를 보면, 종교적 목표를 분명하게 규정하지 않았을 때 교육기관은 종교적 중립성을 유지하려는 태도를 최대한 추구하게 된다는 것을 알 수 있다. 교파에서 독립하려는 전통은 세속성을 추구하는 마음으로 바뀌었다. 그래서 종교를 믿는 학생은 다른 학생집단이 자연스럽게 누리는 관심과 지원을 오히려 받지 못했다.

워배시가 대체로 종교에 중립적이라 해도, 이런 중립성이 진실하다면, 종교를 공감하는 태도를 배제하지 말아야 한다. 종교를 공감하는 분위기에 힘입어 워배시의 일부 교수들은 학생의 영적 성숙을 도울 수 있을 것이다. 대학은 학생의 종교생활을 혼란하게 만들 수 있다. 예를 들어, 학문분야는 대부분 세상을 세속적 관점으로 바라보며 종교적 성찰을 허용하지 않는다. 그래서 종교를 믿는 학생의 발언은 방어적이고 공격적으로 들릴 수밖에 없다. 특히, 학생들이 가장 기본이 되는 신념을 드러내려 할 때 그렇다. 종교학과가 신앙생활에 근거를 제시하고 이것을 지지하지 않는다면, 어떤 교육과정도, 신앙과 이성을 통합할 자신감을 학생에게 심어주지 않을 것이다. 종교를 믿는 학생들이 신앙생활의 빈자리를 메우려고 동아리와 캠퍼스 사역으로 눈을 돌린다면 학생의 학문 활동도 사소한 일이 돼버릴 것이다. 종교학과는 교회와 학교를 매개하는 흥미로운 역할을 맡을 수 있다.

그래서 종교학과는 학생이 수업시간에 자신을 온전히 드러낼 기회를 마련한다. 하지만, 실제로 이런 사례는 드물다. 즉, 칼리지와 대학은 중립적이지 않고 오히려 학생의 종교생활을 비판하는 태도를 취한다.

역사가인 마틴 E. 마티Martin E. Marty는 다원주의가 자유주의 개신교를 대체하는 과정을 처음으로 관찰했다. 자유주의 개신교는 한때 미국문화의 중심을 장악한 힘이었지만, 다원주의가 자유주의 개신교를 대체해버렸다. 개신교는 미국문화가 공유하는 가치와 신념을 지키고 표현하면서 힘을 얻었다. 그래서 주류 개신교가 생각하는 복음전도는 미국인이 이미 받아들인 원리와 도덕대로 살아야 한다고 미국인을 설득하는 것이었다. 자유주의 개신교인은 최고의 서구문화를 옹호했고, 개신교 원리는 민주주의에 꼭 필요했다. 이것에 동의하지 않는 사람은 거의 없었다.

『미국 개신교에게 주어진 두 번째 기회』란 책에서 마티는 공적 논쟁을 위한 기본 규칙이 변하면서 자유주의적 복음전도도 끝났다고 지적했다.15) 1950년대와 1960년대에 진정한 다원주의적 문화가 떠올랐다. 개신교는 미국에 좋은 것이 교회에도 좋다고 더는 생각할 수 없었다. 개신교가 생활 구석구석으로 침투하여 영향을 준다고 미리 가정할 수도 없었다. 개신교의 존재를 일단 인정하더라도 그렇다. 개신교 지도자들도 처음에는 다원주의를 의심하고 경계했다. 하지만, 그들은 개신교의 능력을 낙관하면서 다원주의를 받아들였다. 개신교는 문화를 통일하고 창조하는 능력이 있다. 이런 능력이 없으면 문화는 혼란에 빠질 것이다. 보수주의자가 사라져버린 기독교적 미국을 그리워하는 것은 순진하고 근거가 없다. 마찬가지로, 개신교의 능력에 대한 이런 낙관론도 순진하고 근거가 없는 것 같다.

마티가 기술한 다원주의의 시대는 개신교 지도자에 의해 더욱 견고해졌다. 이 시기에 워배시에서도 종교학과가 등장했다. 워배시의 종교학과는 원래 학문분과지만, 교목사역도 모호하게 떠맡고 있었다. 오늘날 학계의 상황은 다시 완전히 바뀌었다. 고등교육은 점점 분열되고 정치화되고, 오랫동안 변두리에 있었던 집단들이 목소리를 내기 시작했다. 이들이 등장하면서, 모든 사람이 참여할 수 있는, 일반화된 종교 교육의 꿈은 깨졌다. 이것은 자유주의 개신교의 꿈이기도 하다.

포스트모더니즘이 다원주의를 대체하면서 세속주의마저 하나의 목소리로 인지되었다. 세속주의는 엘리트가 자연스럽게 취할 수밖에 없는 철학이 아니라는 뜻이다. 세속주의 역시 특정 시대에 나타난 믿음이다. 세속주의는 처음부터 검사를 받은 믿음도 아니다. 미국문화를 둘러싼 논쟁에서 세속주의를 진지하게 수용하려면, 세속주의를 고수할 만한 근거를 제시해야 한다. 포스트모더니즘이 종교적 신념을 의심한다면, 포스트모더니즘은 온갖 세계관적 내러티브도 해체할 것이다. 이렇게 되면, 대학은 신성한 목적과 일관된 의제를 더는 가질 수 없을 것이다. 자유주의 개신교는 복음주의적 교육관을 몰아내고, 교육의 초월적 목표를 내세웠다. 초월적 목표는 다소 모호하게 종교적 분위기를 풍겼다. 그러나 이 목표마저, 더 분명한 종교적 목표만큼이나 규제적이고 이데올로기적이라는 평가를 받는다. 종교가 아예 교육을 뒷받침할 수 없다면, 고등교육이 말하는 '고등'도 문제가 있다고 봐야 한다. 고등교육의 열망도 더는 분명하지 않기 때문이다. 예를 들어, 고등교육이 기술교육과 도대체 무엇이 다를까?

이런 혼란을 고려할 때, 교수는 고등교육에서 종교의 역할을 다시 평가해야 한다. 종교도 여러 목소리 가운데 하나이다. 그러나 서구문화에 여러모로 기여한 목소리이다. 이런 역사적 중요성을 고려할 때, 우리는 종교를 대화 상대자로 삼아야 한다. 그런데 신앙은 근대세계와 우주론, 인류학을 다르게 설명한다. 오늘날 포스트모더니즘이 온갖 세계관을 침식하는 마당에, 엄격한 인식론적 잣대를 들이대며, 신앙이 제시하는 대안적 설명을 배제할 수는 없을 것이다. 학계가 차려놓은 식탁에는 신앙의 자리도 있어야 한다. 학문은 삶의 지성적 측면만 다루어서, 신앙은 종교학과를 구성하는 역할을 해야 한다. 워배시의 종교학과는 학문적 요소와 교목적 요소를 겸비하므로 새 천년에 걸맞은 종교학과의 모범이 될 수 있다.

젊은 한스 프라이를 회상하며

종교를 북돋우는 종교학과가 학계에서도 살아남아야 한다면, 종교학과는 자신이 구사하는 교육학을 뒷받침할 이론적·실천적 근거를 개발해야 한다. 한스 프라이Hans Frei는 젊을 때 워배시에 있었는데, 바로 그가 이 일을 했다. 예일대의 종교학과에서 일할 때 한스 프라이는 전국적으로 유명한 신학자가 되었다.

프라이는 워배시에서 처음으로 교수직을 수행했다. 여기서 프라이는 종교를 가르친다는 것이 과연 무엇인지 생각했다. 1953년에 학장은 프라이에게 교육개혁에 대해 글을 써보라고 요구했다. 당시 종교학과는 신학보다 비교종교학에 더 집중하라는 압력을 받고 있었다. 프라이는 이 압력에 대해 의견을 밝혔다. 학생의 영적 삶에 민감한 종교학과는 온전한 학문분과가 될 수 없는 걸까? 종교학과 교수들마저 이런 생각을 했다. 물론, 전공 분야가 있는 교수들은 방법론을 전수하면서 학생을 고등교육의 세계로 인도했다. 이런 상황에서 프라이는 하나의 관점을 개발했다. 프라이가 개발한 종교 교육관은 지금 보아도 훌륭하며 요긴하다.16)

프라이는 종교 연구에서 이론과 실천을, 신앙과 추론을 분리하지 말자고 주장했다. 이것이 일단 프라이의 요점이다. 이런 분리는 종교에 어울리지 않는다. 종교라는 대상 자체가 그런 분리를 허용하지 않기 때문이다. 하나님의 본성이 종교라는 연구 분야를 규정한다. 종교라는 문화 활동이 종교라는 연구 분야를 규정하는 것은 아니다. 살아있는, 초월적 하나님은 진리와 아름다움, 도덕을 통일한다. 하지만, 인간은 대체로 개인의 감정과 윤리적 거리낌, 궁극적 질문을 분류하고 구별함으로써 사태를 분석할 수 있다. 하나님에게 접근하려면, 인간본성을 모두 다루어야 한다.

프라이가 인간본성은 처음부터 통일되어 있다고 주장하지는 않았다. 인간본성은 오히려 흩어지고 나누어져 있다. 하나님에게 다가갈 때만, 인간이 하나님의 형상을 반사하며 근본적 통일성을 표현한다는 것을 발견할 수 있다. 프라이는 이렇게 썼다. "하나님은 의지와 감정, 지성을 결합하신다. 의지와 감정, 지성은 인간 안에서 하나가 된다. 종교 연구는 바로 이 사실을 철저히 탐구해야 한다."17) 인간에게는 인간이 문제이며, 인간이 찾는 통일성은 더 높은 힘 안에서만 발견될 수 있음을 이해할 때, 인간은 하나님에 대한 탐구를 시작할 수 있다.

따라서, 종교 연구에서는 중립성과 무관심을 추구할 수 없다. 종교 연구가 탐구해야 할 대상은 바로 신학이다. 여기서 신학은 전공학문을 뜻하지 않는다. 프라이에게 신학은 지혜를 구하는 활동이며, 인간본성의 온갖 측면을 밝히려는 지적 탐구이다.

프라이는 이런 견해가 교리적이고 편협하게 들린다는 것을 인정했다. 종교교사는 학생이 싫어하는 생각을 받아들이라고 학생을 윽박지르기도 한다. 이것은 위험하다. 모든 것의 근거에서 초월적 통일성을 찾으려 할 때, 우리는 인간의 자유를 완전하게 드러낼 수 있다. 우리에게는 이것이 희망이다.

프라이의 글을 보면, 교수들이 프라이를 압박하고 있었다는 것을 알 수 있다. 교수들은 기독교신학보다 비교종교학을 가르치라고 프라이를 압박했다. 프라이는 이렇게 응답했다. 비교종교학적 접근은 일부 종교전통에 해로우며, 종교의 참된 대상을 없애고 사회학적 대상을 탐구하려 한다. 그리고 교수들은 워배시에서 종교 필수과목을 유지할지 논쟁했다. 이 문제에 대해 프라이는 이렇게 답했다. 필수과목을 유지할 만한 이유는 충분하지만, 종교과목을 선택으로 지정할 때 종교를 더 효과적으로 가르칠 수 있다. 학문적 종교 연구 외에 다른 종교적 프로그램이 필요할까? 이 문제를 둘러싼 논쟁도 있었다. 프라이는 단호했다. "다른 영역은 안 되겠지만, 종교학과에서는 학문연구와 캠퍼스의 공동생활이 유기적으로 공존한다. 사람들이 종교를 믿거나 종교에 반대하지 않는다면, 학문적 종교 연구를 제대로, 효과적으로 가르칠 수 없을 것이다."[18] 종교적으로 살지 않으면서 종교를 연구하는 것은 전시 공간 없이 예술을 공부하겠다는 것과 같다. 그것은, 예술을 감상하고 아름다움을 갈망하지 않고도 예술을 공부할 수 있다는 말과 같다.

마지막으로, 프라이는 이렇게 주장했다. 영성이 깊어져야만 지적 평범함을 벗어날 수 있다. 전문화는 종교적 상상력을 제대로 발휘하지 못한 결과이지, 경제적 생산성 원리를 학문에 불가피하게 적용하는 과정이 아니다. 궁극적 통합을 추구하지 않는 지적 활동에는 지혜와 깊이가 없다. 궁극적 통합을 추구하는 행위는 결국 종교적이다.

오늘날 워배시의 교수들이 프라이의 글에 얼마나 공감할 수 있을까? 어떤 학교의 교수든, 오늘날 교수들이 프라이의 글에 얼마나 공감할까? 공감할 수도 있고, 공감하지 않을 수도 있다. 프라이가 쓴 언어는 바뀌어야겠지만, 프라이가 제시한 논점은 상당부분 유효하다. 프라이의 주장에 대한 응답은 기록되지 않았다. 프라이는 그 글을 쓴 학기를 끝으로 워배시를 떠났다.

프라이도 이 싸움이 무척 힘들다는 것을 안 것 같다. 독립을 고수하는 학교에서 종교를 가르치는 것은 전투와 같다. 프라이는 이 전투에 뛰어들고 싶지 않았다. 그래서 프라이는 성공회 신학교로 갔고, 그 후에 예일대학으로 옮겼다. 예일신학교는 예일대학교 바로 옆에 있다. 그렇지만, 프라이의 글에서 우리는 종교 교육이 추구해야 할 온전함이 무엇인지 볼 수 있다. 온전함을 향한 비전 덕분에 종교를 하나의 학문으로 규정할 수 있다.

이 학문이 번성하려면, 고백을 이론과 분리하고, 인격을 지성과 분리해서는 안 된다. 종교를 객관적으로 가르치는 것이 아니라 종교를 종교에 맞게 가르쳐야만, 신앙이란 고유한 대상을 제대로 연구할 수 있다.

Chapter 7_믿을 수 있는 자유를 가르치기

윌리엄 C. 플레처와 대담

윌리엄 C. 플레처 교수님은 내가 워배시의 학생일 때 내 스승이었다. 플레처 교수님은 신앙을 굳건히 지키면서 종교를 연구하는 방법을 가르쳐주셨다. 플레처 교수님은 지적으로 열정적이며, 학문적 성과를 많이 내시고, 학생이 스스로 길을 찾을 수 있다고 완전히 믿어주셨다. 플레처 교수님의 이런 덕성에 힘입어 나는 지적으로 성장하면서도 신학자로서 지적 확신을 가질 수 있다고 믿게 되었다. 플레처 교수님은 늘 참된 신앙인이었고, 내 신앙도 늘 인정해주셨다. 그러나 내가 신앙에 대해 교수님과 대화를 나눈 적은 없다. 교수님은 나의 신앙에 영향을 주셨지만, 그것은 간접적이었다. 교수님은 나에게 다음 사실을 알려주셨다. 난처한 질문을 받고 당황할 때, 오히려 적절한 질문을 던진다면, 그런 상황에서 벗어날 수 있다. 워배시 대학으로 돌아와 학생을 가르칠 때도 플레처 교수님은 나의 조언자였다. 학생 때 나에게 자유를 주셨듯이 이제 같은 동료로서 똑같은 자유를 주셨다.

교실에서 종교적 이야기를 하는 법을 개발하려고 애쓰면서 나는 플레처 교수님과 인문교양학부에서 기독교 신학자가 겪는 시련과 고난에 대해 이런저런 이야기를 나눴다.

나와 플레처 교수님은 멋과 개성에서만 달랐다. 하지만, 우리가 나눈 대화에는 신학적이고 교육학적 논란거리도 있었다. 내가 이 책에서 개발하려고 하는 교육학인 테오 페다고지에 도전하면서, 테오 페다고지를 대체하는 교육학을 제시하신 분이 바로 플레처 교수님이다. 장로교 신학자로서 플레처 교수님은 기독교의 중요성을 분명히 아신다. 그러나 플레처 교수님은 교실에서 자기를 드러낼 기회를 주는 것의 중요성을 충분히 알고 있다. 플레처 교수님은 학생이 자신의 말로 종교를 자유롭게 탐구하도록 허용하셨다. 교실에서 교수님은 나보다 훨씬 자제하신다. 종교를 가르치는 행위에 수반되는 권력을 이용하여 학생을 조작하고 싶지 않기 때문이다. 그러나 교수님과 나는 교육의 목적에서 뜻을 같이 한다. 플레처 교수님은 자유를 위해 자유에 헌신하지 않으신다. 그분이 학생에게 자유를 주는 이유는 학생이 자유롭게 믿기를, 자유롭게 믿지 않기를 바라기 때문이다. 그런 자유를 증진하면서도 신앙의 삶을 존경하는 전략에서 교수님과 나는 갈라진다. 교수님은 나에게 맞선다기보다 나를 상대하신다고 볼 수 있겠다. 교육에 대한 글을 한 줄 한 줄 쓸 때마다, 주저하시며 같은 말을 조금씩 다르게, 때때로 상당히 다르게 하시는 교수님의 음성이 들린다. 그분의 관점은 나에게 너무나 소중하여 이 책에서 그것을 다루지 않고 넘어간다는 건 상상하기도 어렵다. 그래서 플레처 교수님의 생각을 간단하게 요약하고 싶지 않다. 종교를 가르치는 사람은 대화하기 마련이다. 종교적 문제를 탐구하는 올바른 길이 하나만 있는 것은 아니다. 1999년 가을에 나는 플레처 교수님에게 이메일로 대화해보지 않겠느냐고 말씀드렸다. 우리가 어디에서 다른지 확실히 밝히고, 공유할 근거가 있는지 알아보자고 제안했다. 여기에 교수님과 나의 대화를 옮겨 놓았다.

웹 : 우리 학생들은 다양합니다. 종교학과는 모든 사람을 위한 학과가 되어야 한다는 요구도 있습니다. 여러 종교전통을 다뤄야 한다는 요구이 지요. 때때로 저는 종교를 종교인답게 가르칠 수 있는지 의심하기도 합니 다. 종교를 믿는 종교교사는 두 개의 선택지 사이에서 고민하는 것 같습니 다. 먼저, 교실에서 종교에 더 관심을 가질 수 있습니다. 그러나 이렇게 하 면 그리스도인은 특히 곤란해집니다. 학계는 기독교 제국주의와 주도권을 늘 경계하기 때문이지요.

그래서 저는 교실에서도 영성을 추구하지만, 교실을 그리스도인을 위한 공간으로 굳이 만들지 않으려고 애쓰고 있습니다. 교실에서 종교를 추구 하자는 선택지는 아무래도 실현되기 힘든 것 같습니다. 그래서 우리는 거 꾸로 객관성을 더욱 추구할 수 있습니다. 지금까지 우리가 그렇게 해왔지 요. "나는 단지 사실을 가르친다." 이렇게 접근하면, 종교적 열정과 개인 확신을 의심하면서 모든 것을 그저 단순하게 놔두게 되겠지요. 그러나 교 실에서 객관성을 추구하는 사람이 정말 있는지 모르겠습니다. 더구나, 종 교열정은 그저 사적 문제라는 우리 문화의 견해를 부추기고 싶지 않습니 다. 첫 번째와 두 번째 선택지를 선택할 수 없다면, 이제 다른 길이 남은 것 같습니다. 제3의 길은 어디에 있습니까?

플레처 : 내가 제안하는 '제3의 길' third way은 이렇다네. 교사와 학생이 지금 그대로 신앙이 있든 없든 교실로 들어오는 것이지. 나도 자네에게 동 의하네. 사실을 그저 보고하는 데 그치지 않고, 정말 중요하게 여기는 감 정과 믿음을 나눌 공간을 만드는 것이 가장 훌륭한 가르침이지. 하지만, '영성의 공간' 이 된 교실을 생각하면 나는 불안해지네. 물론, 매우 일반적 으로 말해, 문학수업이나 물리학수업도 '영성의 공간' 이 될 수 있지. 서로

수업에 참여함으로써 인간성을 함양하는 공간이 될 수 있겠지. 나는 이런 일반적 뜻도 무시하지 않는다네. 그러나 내가 보기에 자네는 일반적 뜻에서 한 발 더 나가려 하지. 여기서 나는 다소 긴장한다네.

자네와 나의 차이점은 이런 거라네. 나는 자네보다 복음주의에서 멀리 떨어져 있고 고교회high-church에 속해 있다네. 그래서 '교회'나, 심지어 '영성의 공간'을 예전의 뜻으로 이해하는 경향이 강하지. 내가 생각하는 영적 공간은 교회라네. 대학은 교회가 아니지. 대학이 교회가 되려고 한다면, 대학은 실패하고 말걸세. 우리는 교실에서 기도생활을 논할 수 있겠지. 하지만, 기도하거나 성찬식을 하거나 세례를 하면서 수업을 시작할 수 없다네. 자네도 동의할 거라 믿네. 이전에 대화하면서 자네는 내가 정치적 올바름에 사로잡혀 있지 않은지 의심했지. 대학의 다원주의를 보호하려는 정치적 올바름에 내가 사로잡혀 있다는 거지. 나는 온전한 신앙에 관심이 있다네. 온전한 신앙이 일반적 종교성으로 희석되지 않도록 지키고 싶다네.

웹 : 맞습니다. 저는 저교회에서 자랐습니다. 우리는 어디에나 교회가 세워질 수 있다고 믿습니다. 다시 말해, 우리가 말하는 '교회'는 교실에서도 일어날 수 있습니다!

우리가 속한 교회 전통이 우리의 가르침에 어떤 영향을 줬는지 잠시 이야기해보면 어떨까요? 그러니까 교수님은 확고히 정립된 주류 교단에 속해 있습니다. 장로교단이지요. 장로교인은 이 나라에서 여러 세대를 거쳐 고등교육에 다소 과하게 영향을 끼쳤습니다. 장로교단은 미국의 기득권층에 속하죠. 장로교단에서 자란 교사들이 교실에서 어떻게 그리스도인이 될 수 있는지 걱정할까요? 그런 교사들은 교육과정을 이미 장악하고 있다고 스스로 믿습니다. 나는 복음주의권에서 자랐습니다. 하지만, 그리스도의 제자 교회Disciples of Christ가 소유한 합리론과 에큐메니즘이 복음주의적 성향을 조금은 누그러뜨렸지요. 제가 자라난 전통에는 복음주의적 에큐메니즘을 지향하는 다소 편리한 구석이 있습니다. 그래서 저는 교실에서 양 측면을 모두 사용했습니다. 저는 그리스도의 제자 교회에서 자랐는데, 이 교회는 특히 편리합니다. 일단, 저는 이 부분을 이용하여 학생에게 제가 어떤 사람인지 말할 수 있습니다. 동시에 저는 학생이 믿는 종교진리를 인정해주면서 그들에게 특정한 형태의 기독교를 강요하지 않습니다. 사도교회는 스스로 특정한 신학전통에 속한다고 말하지 않고, 그냥 '그리스도인'이라고 말하기 때문입니다. 그렇지만, 저의 복음주의적 성향은 신앙으로 사는 삶이 가치 있다고 학생을 설득하려 합니다. 더구나 저는 학계에서 변두리에 있다고 생각합니다. 그래서 저의 목소리를 낼 공간을 마련하려고 더 열심히 노력하게 되었습니다.

플레처 : 우리가 속한 교단의 차이를 자네가 잘 짚었다고 생각하네. 자네가 성장한 전통에서는 교인들이 교회에서 종교경험을 함께 나누지. 자네도 교실에서 그런 활동을 하고 싶어 해. 하지만, 나는 교회에서 그런 활동을 한 번도 하지 않았지. 그리스도의 교회와 비교할 때, 내가 속한 전통에서는 특정한 전통에 속했다는 것을 더욱 의식하게 만들지. 그래서, 전통을 주입하거나 미리 전제하지 않으려 한다네. 자네도 이해하겠지만, 자네가 '단지 그리스도인'일 뿐이라고 나는 믿지 않는다네. 그리스도의 제자 교회에서 인정하는 성인세례와 성만찬의 떡과 포도주에 그리스도가 실제로 임한다고 믿지 않음 등. 그리스도의 제자 교회에서 주장하는 이런 가르침은 그것을 반대하는 교파의 가르침만큼이나 특수하게 보인다네. 따라서, 나는 이렇게 말하고 싶다네. 그런 문제가 나를 고민하게 만든 만큼, 자네를 고민하게 해야겠지!

웹 : 여기에는 수업에서 다뤄야 할 문제도 있습니다. 다시 말해, 종교전통을 물려받았지만, 미국 주류문화의 변두리에 있는 학생은 자기 전통을

입증하고 자존감을 세우려고 종교체험에 자주 의존합니다.

　변두리 전통들이 있습니다. 침례교와 근본주의, 제칠일안식일예수재림교, 회복주의 등. 아무튼, 이런 전통은 종교를 열정적 체험과 같다고 판단하는 경향이 강합니다. 이런 전통에서 자란 학생은 종종 자신이 대학에서도 외부인이라고 느낍니다. 학문적 관습과 규범은 체험 위주의 예배에 기회를 주지 않습니다. 저는 이 학생들이 걱정됩니다. 우리는 이런 학생에게 말합니다. 종교 연구는 체험을 나누는 행위가 아니라 특정하게 행동하거나 합리적 담화를 통달하는 행위라고. 우리가 이렇게 말하면서 이런 학생에게 무슨 말을 하는 걸까요? 물론, 이 학생은 아마 처음부터 종교 연구 같은 수업을 피하겠지요. 그러나 반드시 그럴 필요는 없습니다.

　플레처 : 근본주의자가 제기하는 주제는 많은 질문을 제기한다네. 탐구할 만한 질문이기도 하지. 자네가 가려는 방향으로 얼마나 많이 갈 수 있을지 나는 그것이 더 궁금하네. 우리가 가르치는 성경 수업의 숨은 뜻은 무엇일까? 일부 학생이 자라면서 특정한 주제를 생각하지 말라는 말을 들었다면, 우리는 그 학생에게 이렇게 말해야 할까? "자네는 자네가 원하는 방향으로 갈 수 있다네. 자네가 여러 선택지를 봤으면 좋겠네." 그런데 학생이 이렇게 말한다면, 우리는 뭐라고 대답할까? "여러 선택지를 진지하게 검토하는 짓은 신앙을 굳건히 지켜야 한다는 저의 신념과 어긋납니다…" 뉴먼도 자기 신앙에 대해 비슷하게 말했네. 나는 이런 생각을 어리석다고 생각하진 않네.

　웹 : 신앙을 굳건히 지키려는 학생을 저는 존중합니다. 지금 교수님과 저는 교회와 연관된 대학에서 가르치지 않습니다. 지성의 삶이 신앙의 삶에 왜 맞서야 하는지 모르겠습니다. 너무나 많은 교사가 강한 신념을 편협한 신념과 같다고 생각합니다. 열정적 신념을 버리고 열린 마음으로 관용하도록 학생을 바꾸는 것이 교사의 일이라고 믿지요. 물론, 이런 견해는

틀렸습니다. 교사들은 지적 발달을 오해합니다. 관용하는 사람도 얼마든지 강한 신념을 가질 수 있으며, 깊이 헌신하는 사람이 다른 사람을 넉넉하게 품을 수 있기 때문입니다. 제가 볼 때, 종교심이 강한 학생은 공교육에서 그만큼 칭찬을 받지 못합니다. 그렇다면, 종교수업이 아니라면, 그런 학생들이 어디서 진지하게 관심을 받겠습니까? 자기 학교의 종교적 배경을 더는 내세우지 않는 학교가 많습니다. 그리스도인 학생조차 워배시 대학이 설립될 때 교회가 어떤 역할을 했는지 모릅니다. 그래서 저는 워배시에서 보냈던 내 종교적 삶을 되돌아보며, 워배시의 종교적 뿌리를 되찾으려고 노력합니다. 그렇게 해야 종교적으로 더 보수적 학생도 자기가 다니는 대학의 유산을 자랑스러워하겠지요. 자기들처럼 보수적 종교인이 워배시 대학을 세웠다는 것을 알면, 보수적 학생도 스스로 고등교육의 변두리인이라고 느끼지 않을 겁니다.

플레처: 워배시라는 특수한 삶의 배경을 고려하면, 자네나 다른 사람이 워배시의 기독교 전통을 이야기할 때 나는 조금은 화가 나네. 나는 이렇게 말하고 싶네. 사실 워배시의 기독교 전통은 장로교 전통이었지. '워배시의 전통을 보존' 하고자 하는 학생들은 다음 사실을 기억해야 하네. 과거에 워배시의 장로교인들은 그리스도인이 아닌 학생이나 심지어 로마 가톨릭 학생도 입학시키지 않으려 했지.

웹: 그러나 워배시의 장로교 유산은 늘 복잡하게 혼합돼 있었습니다. 워배시는 종교적 전통을 원하기도 했고, 원하지 않기도 했습니다. 여기서 교수님이 앞에서 지적한 문제로 돌아갑니다. 교실에서 종교를 두루뭉술하게 표현하는 문제 말입니다. 교수님은 분명히 올바로 지적하셨습니다. 종교적 관점이 보편성이나 포괄성을 추구하더라도, 종교적 관점은 모두 특수하며 나름대로 신학을 추구합니다. 저는 아예 이렇게 말하고 싶습니다. 교수님은 비종교적 수업이 무엇인지 설명하셨는데, 이런 설명조차 특정한

신학적 전통에서 나온 것이죠. 교수님이 생각하시는 비종교적 수업을 정죄하거나 판단하지 않으면서, 인간이 공유하는 경험을 나누는 것입니다. 교수님은 주류 개신교의 관점으로 종교의 뜻을 풀이하시면서 공적으로 종교를 말한다는 것이 무엇인지 설명하셨습니다. 교사가 교실에서 영적 분위기를 만들면서, 일반적·보편적 영적 분위기를 만들려고 한다면, 특정한 신앙고백은 모두 배제될 것입니다. 여기에 위험이 도사리고 있습니다. 그러나 다양한 학생이 함께 토의하는 자리가 교실이라면, 어떻게 학생의 신앙을 온전히 유지하면서 종교수업을 할 수 있을까요? 일반적·보편적·영적 분위기를 만들지 않고 어떻게 종교수업을 할 수 있을까요? 저는 이렇게 말하고 싶습니다. 종교수업은 교회가 아니며, 교회에 반대하지도 않습니다. 종교수업은 평행교회입니다. 교회에서 일어나는 변화와 비슷한 변화가 일어나는 곳이 바로 종교수업입니다. 나의 종교심을 솔직하게 대면하고, 학생에게도 자기 종교심과 대면해보라고 권해야만 나는 종교를 가르치는 방법을 알 수 있습니다. 종교수업을 하면서 막연한 영성을 권하고 싶지 않습니다. 같은 것이 조금씩 다르게 나타난다고 교사와 학생이 믿는 듯이 말하고 싶지 않습니다. 그리고 학생이 품은 종교적 열정을 희석하려고 객관성을 사용하고 싶지도 않고요.

플레처: 평행교회? 하지만, 난 이미 교회에 속해 있다네. 나는 또 다른 교회에 속하고 싶지 않네. 성령이 교회에서 말씀과 성찬식을 통해 역사하신다는 약속이 우리에게 있다고 생각하네. 이 약속 덕분에 우리는 죄악에도 불구하고, 교회에서 어떤 역사가 일어날 거라고 소망하게 되지. 하지만, 대학에 그런 약속과 평행하는 약속이 있지는 않아. 그래서 대학에서 교회를 찾고 싶은 사람은 누구나 결국 실망하게 될 걸세.

나는 '종교다운 수업'이 과연 있는지 의심스럽네. 우리가 교실에 들어갈 때, 우리의 모든 것을 가지고 교실에 들어간다는 것이 요점이라면, 영문학이나 철학을 가르칠 때도 똑같지 않을까? 내가 예술사를 가르치고, 우리가 이름과 날짜보다 더 많은 것을 안다고 해보세. 내가 믿는 개신교를 이야기하지 않는다면, 내가 왜 루벤스보다 렘브란트를 더 선호하는지 제대로 설명하지 못하겠지. 가톨릭을 믿는 학생들은 루벤스가 자신들에게 어떻게 호소하는지 말할 수 있겠지. 이렇게 우리는 서로에게 배울 수 있다네. 그러나 이렇게 서로 배운다고 해서 우리가 종교체험을 나눈다거나 종교공동체로서 기능한다고 말할 수 있을까? 그렇지는 않지.

웹 : 종교학이 아닌 다른 과목을 가르치는 그리스도인 교사는 신앙을 자기가 가르치는 과목과 연결하는 방법을 찾아야 합니다. 여기서 저도 교수님에게 동의합니다. 하지만, 종교를 가르치는 일에는 유일하지 않지만, 독특한 구석이 있습니다. 종교를 가르치려면 종교적 관점이 있어야 합니다. 교수님은 그저 종교를 가끔 이야기하면서도 예술사를 가르칠 수 있습니다. 예술과 역사의 차원에서 토의를 하면 되니까요. 하지만, 종교를 가르치면서, 교사와 학생의 종교체험을 괄호에 넣어버릴 수 있을까요? 그렇게 할 수 없겠죠. 교수님이 종교인답지 않게 종교를 논한다면, 역사와 사회, 지성의 차원에서 무척 흥미로운 내용을 언급할 수 있습니다. 하지만, 교수님은 주제의 요점을 정작 놓칠 것입니다. 종교는-더 정확히 말하자면, 하나님은-우리가 올바른 정신으로 적절하게 질문하라고 요구하기 때문입니다.

교수님은 종교체험이 교실에서 어떤 역할을 해도 되는지 주저하고 계십니다. 하지만, 교수님이 종교를 교실에서 몰아내자는 생각으로 그렇게 주저하는 것은 아니라고 생각합니다. 오히려 교수님은 학생이 종교를 최대한 자유롭게 탐구하길 원하십니다. 그래서 교수님은 충분히 숙고하지 않은 종교의 뜻을 강제하지 않으려고 하십니다. 맞습니까?

플레처 : 내가 교실에서 종교체험을 나누는 것을 꺼린다고 말하고 싶진

않네. 그건 좋은 일이지. 나도 동의하네. 자네나 나나 종교체험을 나누도록 강요할 수 없다고 생각하지. 자네가 지적했듯이 조금은 사회학적 이유 때문에 그렇지. 오순절 교회에서 자란 학생도 편안하게 오순절 신앙을 말하는 교실을 만들려고 하지. 그러나 대학 환경은 보통 오순절 신앙 같은 믿음에 적대적이네. 그 학생이 겁나서 자기 신앙을 드러내지 못해도, 우리는 그것을 이해해야 하네. 나는 동성애 학생에게도 똑같이 말하고 싶네. 동성애 학생이 수업시간에 편안하게 동성애를 말한다면, 훌륭한 일이겠지. 그러나 그가 그렇게 하지 않는다 해도 우리는 그를 이해해야 하네.

우리가 이 문제에 대해 의견이 다르다고 생각하지는 않네. 그러나 자네는 종교체험을 나누는 행동을 아예 종교적 활동이라고 말하고자 하네. 그렇지 않나? 나는 자네의 이런 생각이 다소 불편하네. 종교체험을 나누는 행위는 왜 단순한 인간 활동이 될 수 없는가? 이것은 우리가 심리학 수업에서 아버지를 이야기하는 것과 비슷하다고 생각하네.

여기서 다시 나의 바르트주의가 드러나는군. 아무튼, (1) 참된 인간 공동체는 모두 종교를 지향한다는 것이 드러날까? 나는 그렇게 생각하지 않네. (2) 그리스도인과 이슬람교도, 힌두교도는 적어도 모두 다른 종교 공동체에 속하지. 그래서 '종교수업'이라는 공동의 종교 공동체에 그들을 불러 모으는 것은 뭔가 적절하지 않은 행동이라네. 지금까지 내가 맞게 말했나?

웹 : 저는 이슬람교도에게어떤 종교인에게도 자기 신앙을 포기하라고 요구하지 않을 겁니다. 단지 체험을 공유하고 여러 형태의 신앙과, 하나님이 우리를 가르치는 여러 방법을 철저히 숙고함으로써 자기 신앙으로 더 깊이 들어가라고 요구할 뿐이죠. 종교를 말할 때 공동체가 세워질 수 있습니다. 종교체험을 나누는 사람은 종교체험과 비슷한 체험을 할 수 있습니다.

교수님이 칼 바르트를 언급하시니 반갑네요. 우리 모두 바르트에게 상당한 영향을 받았답니다. 그러나 고등교육에서 바르트가 종교 교육에 미친 영향을 생각해보면, 저는 여전히 당황스럽습니다. 다시 말해, 사람들은 대부분 바르트를 지적 거장으로서 신학의 전통적 주제를 되살렸다고 알고 있습니다. 그리고 바르트는 신학자가 복음을 당당하게 선포하길 원했습니다. 사람들은 대부분 바르트를 그렇게 알고 있습니다. 그러나 바르트는 종교를 일반적으로 정의할 수 있는지 상당히 의심했습니다. 실천을 일반적으로 정의할 수 있는지도 대단히 의심했죠. 어떤 사람이 일반적 종교체험을 해도 그는 그리스도인이 아닙니다. 그리스도의 부름을 받았을 때 그는 그리스도인이 됩니다.

종교체험을 이렇게 의심하면 학교교실 같은 공공영역에서 종교는 무심하거나 중립적 태도를 취하기 쉽습니다. 이것이 문제입니다. 교육기관에서 종교를 가르칠 때 종교의 차원을 지적할 수 없다면, 학생이 온전히 종교에 개입해야만 종교를 이해할 수 있다면, 교회나 이슬람사원, 유대교회당에서만 종교를 이해하고 행동하고 가르칠 수 있습니다. 그렇다면, 우리는 종교수업에서 무슨 짓을 하는 걸까요? 바르트의 유산 때문에 교회 밖에서 종교를 종교인답게 가르칠 수 없게 된 것 같습니다. 물론, 저도 교수님에게 동의합니다. 우리는 교실에서 종교체험을 만들어내려고 애쓰지 말아야 합니다. 또한, 모든 학생의 생각과 양립할 종교적 관점을 발명하려고 노력해서도 안 됩니다. 예를 들어, 우리 모두가 공유하는 최소공통분모를 만들어내지 말아야 합니다. 우리에게는 그렇게 할 권한도 없고 지혜도 없습니다. 하지만, 하나님의 은총이 교실에도 나타날 수 있지 않을까요? 저도 그리스도인으로서 학생 앞에 설 수 있지 않을까요? 학생도 어떤 종교를 추구하든 종교인으로서 앞에 설 수 있고, 다른 학생 앞에 설 수 있습니다.

플레처 : 자네가 말한 바르트의 영향력은 대체로 옳다고 생각하네. 적어도 바르트가 나 같은 사람들에게 영향을 줬지. 내 견해를 방어할 수 있을

지 모르겠네. "낯선 하나님의 은총"이 온갖 방식으로 작동할 수 있다고 나도 인정하려고 하네. 바르트는 하나님의 은총을 뭐라고 말하나? 꽃이 피는 관목, 플루트 협주곡, 러시아 공산주의, 죽은 개에서도 하나님의 은총이 작동할 수 있다는 거지. 종교 연구수업에서도 똑같다네. 나에게도 이런 은총이 임했다네. 내가 학부생일 때 경험했지. 그러나 나는 직감적으로 이런 은총을 임시방편으로 간주하지. 이것에 체계를 부여하고, 이것을 제도로 만들고, 이것을 위해 계획을 세우지 않아. 교실에서 일어나는 일이 학생에게 종교적으로 뜻깊었다면, 나는 매우 감사한다네. 하지만, 내가 계획을 세운다면, 나는 그런 일이 일어나길 기대하겠지. 학생도 그것을 느낄 테고. 그렇게 되면, 학생들에게 기대를 주입하게 되겠지. 그런 기대를 주입할 권한이 나에게 없는데 말이지. 이 문제에 대해 우리 같은 교수가 하는 행동도 별반 차이가 없는 것 같네.

웹 : 여기서 우리는 '주입한다' 는 단어에 주목해야 합니다. 종교관련 주제를 꺼내기만 하면, 사람들은 그것이 다른 사람에게 주입될 거라고 곧바로 걱정합니다. 주입하지 않고는 종교를 논할 수 없다는 듯이 말합니다. 왜 이렇게 반응할까요?

종교를 주입하지 않는 방식으로 종교를 논하려면, 우리는 오히려 교실에서 더욱 종교적이어야 합니다. 교수님은 지금 학생에게 종교를 주입하자는 이야기를 하신 것은 아닙니다. 학생의 자율권을 보호하려고 종교를 객관적이고 중립적으로 다루는 수업을 하자고 말씀하신 것도 아닙니다. 제가 보기에 교수님은 학생에게 자유를 주고자 하십니다. 어떤 방법이든 자신이 원하는 방식대로 종교에 입문하도록 허용하려면, 학생에게 자유를 줘야 한다는 것이지요. 하지만, 교수님도 학생에게 덩그러니 자유만 주지는 않습니다. 교수님께서도 암시하셨듯이, 여기서 저와 교수님이 매우 가까워집니다. 교수님이 수업내용을 제시하는 방식과 교수님이 선택한 교재, 교수님이 한 질문을 통해 학생은 하나님을 찾게 됩니다. 적어도 저는 교수님의 수업을 들으며 그렇게 느꼈습니다. 그래서 저와 교수님의 생각이 그렇게 다른 것 같지 않습니다. 수업이 종교에 이르는 프로그램이 되도록 대놓고 기획하거나 조정할 수 없다고 생각합니다. 그런데 저는 교실에서도 온전한 신앙을 유지하고 싶습니다. 학생들도 교실에서 자기 신앙을 온전히 유지했으면 좋겠습니다. 그렇게 된다면, 학생들도 내가 원래 종교적 뿌리를 지닌 사람임을 알게 되겠지요. 그리고 학생이 비판적이든 창의적이든 학생이 저와 함께 종교적 공간을 공유하길 원한다는 것을 알게 되겠지요. 저는 학생이 신앙으로 들어오길 바랍니다. 하이데거가 말한 질문의 경건함을 통해 학생이 신앙의 세계로 입문했으면 좋겠습니다. 저는 학생이 신앙을 진지하게 대하고, 신앙이 어떻게 작동하는지 알며, 신앙의 맛을 느끼길 바랍니다.

그러나 방금 저의 말을 듣고 교수님은 다소 긴장하셨을 겁니다. 학생의 자유를 강조하다보면, 오히려 ‘나는 교사로서 어떤 의제도 세우지 않을 것’이라고 말할 수 있습니다. 즉, 학생에게 영향을 줄지 모르니까 ‘나를 드러내지 말아야지. 나는 학생을 특정한 방향으로 몰아가지 않을 거야’라고 생각할 수 있습니다. 그런데 우리는 이미 압니다. 교사에게는 모두 의제가 있습니다. 교사는 모두 교실에서 자신을 드러냅니다. 교사는 모두 학생을 특정한 방향으로 밀어붙입니다. 교사가 아무리 정중하고 조심하더라도 그렇습니다. 일부 교사는 학생의 자유를 보장해야 한다고 목소리를 높이면서, 느슨하게 초점 없는 수업을 해야 한다고 떠듭니다. 그런데 그런 분들은 60년대에 20대를 보낸 분들이며, 학계에서도 가장 눈에 띄는 구체적 의제가 있습니다. 그분들은 소위 ‘열린’ 교실을 주장하면서, 개인주의와 상대주의, 정치적 해방에 대한 매우 좁은 해석을 관철하려고 합니다.

의제를 모조리 피하지 말고 의제를 분명하게 표현하는 것이 중요합니다. 그렇게 할 때, 우리는 반대의견도 허용하면서 여러 방식으로 우리가 창조하려는 공간에 들어갈 수 있습니다.

플레처 : 자네와 내가 정말 다르지 않다는 말은 맞네. 학생은 내가 누군지 알아야 하네. 물론, 어느 날 내가 교육학적 목적을 위해 다른 견해를 취할 수 없는 것은 아니지. 학생이 프로이트의 종교비판을 진지하게 고려하지 않는다면, 나는 수업을 시작하면서 50분 동안 프로이트를 옹호해야겠지.

"신앙으로, 믿음으로 들어간다"라는 표현에 나는 정말 긴장한다네. 우리가 바가바드기타^{힌두교 경전-편집자 주}를 가르치는데, 바가바드기타가 학생에게 그냥 어리석게 보인다면, 우리는 실패한 것이지. 나도 그렇게 생각하네. 바가바드기타가 힌두교인에게 어떤 뜻이 있는지 학생이 인지하도록 가르쳐야 한다네. 그러나 힌두교인이 바가바드기타를 이해하듯 학생도 똑같이 이해한다고 생각해선 안 되겠지. 학생이 그리스도인이 아니라면, 역시 그가 그리스도인처럼 기독교경전을 이해하진 못할 걸세. 단지 우리는 기대할 수 있다네. 학생도 요하네스 클리마쿠스 같은 태도를 취할 수 있을 거야. 클리마쿠스는 아브라함을 이해할 수 없었지만, 아브라함이 위대하다고 인정했지.

종종 학생들은 종교적 변화를 겪지. 학생은 아직 준비가 되지 않았는데, 자기가 누구인지 분명히 정의해보라고 학생을 윽박질러선 안 되지. 일부 학생은 성장하면서 믿은 종교를 여전히 믿는다고 편안하게 밝히지 못하며, 지금 자신이 믿는 새로운 것이 무엇인지 분명히 표현하지도 못하지. 이런 학생에게는 그냥 교재내용을 말하게 하고 질문에 대답만 하도록 놔둬야 하네. 한동안 그렇게 놔둬야 해. 자네도 내 말에 동의할 것 같네.

웹 : 맞습니다. 제가 말하는 종교수업은 종교에 마음을 여는 수업을 뜻합니다. 이렇게 종교를 말하도록 너그럽게 허락하면, 학생은 종교에 귀 기

울일 수 있습니다. 다시 말해, 우리는 종교를 말하도록 허용해야 합니다. 종교경전을 말하고, 나와 다른 사람의 종교체험을 말하도록 허용해야 합니다. 그러나 학생은 자신이 궁극적으로 무엇을 믿는지 말하지 않고도 종교에 귀 기울일 수 있습니다. 지금까지 저와 교수님이 토의한 내용을 고려할 때, 이렇게 말할 수 있겠습니다. 종교수업은 학생을 신앙의 문턱까지 인도하고, 나머지는 하나님께 맡겨야 합니다. 저와 교수님 모두 종교만큼은 학생에게 어떤 것도 강요하지 않으려 합니다. 하지만, 우리는 다음 사실을 밝힐 수밖에 없습니다. 우리는 중간에 서 있는 학자가 아닙니다. 종교를 가르칠 때, 잃거나 얻는 것이 전혀 없는 그런 학자가 아니라는 것이죠.

훌륭한 교사는 알겠지요. 학생 한 사람이 무엇을 감당할 수 있는지, 사상이나 텍스트를 진지하게 숙고하려면 학생을 얼마나 자극해야 할지, 잠시 생각과 말을 줄이고 질문을 더 많이 하도록 언제 주의를 줘야 할지 훌륭한 교사는 압니다. 무엇보다 중요한 것이 있습니다. 훌륭한 교사는 언제 자신이 물러서야 할지 압니다. 훌륭한 교사는 적절한 때에 한 발 물러나 학생이 결론에 스스로 이르도록 돕습니다.

교수님과 대화하면서 제가 지적하고 싶은 점이 하나 있습니다. 종교교사는 종종 이렇게 말합니다. 불교를 가르칠 때, 불교인이 되고, 힌두교를 가르칠 때 힌두교인이 된다…. 이런 방법에도 조금은 장점이 있지만, 이것은 다소 위험합니다. 종교교사는 스스로 어떤 종교나 사상을 정말 믿지 않으면서도 그것을 옹호하는 역할을 맡습니다. 이때 학생은 그것을 알죠. 종교교사가 이런 역할을 맡는다고 해서 잘못한 것은 없습니다. 이런 연기를 보면서 학생은 배움이 어떻게 이뤄지는지 배우게 됩니다. 즉, 종교교사는 사상을 매우 개인적으로 취하여, 사상을 시험하고, 사상이 적절한지 살펴보라고 학생을 부추깁니다. 하지만, 그렇게 행동하는 종교교사는 어떤 역할을 맡고 있음을 우리는 명심해야 합니다. 학생을 위해 종교의 한 측면을 연기하더라도 종교교사가 그 종교의 핵심을 통달한 것은 아닙니다. 다른 종교인이 된 것처럼 행동하지 않는 것이 궁극적으로 그 종교를 존중하는 길이라고 생각합니다. 다른 종교의 일원이 된 것처럼 행동하는 것은 그 종교를 올바로 다루는 행동이 아니며, 내 신앙을 올바로 다루는 행동도 아닙니다. 불교도가 기독교를 가르치거나, 그리스도인이 힌두교를 가르칠 때, 공감이 필요하지만, 거리감도 필요합니다. 종교교사가 다른 종교의 신앙을 얼마나 진지하게 대하는지 학생에게 보여줘야 하기 때문입니다. 또한, 다른 종교의 신앙으로 들어가는 것이 얼마나 위험하고 당황스러운지 학생에게 보여줘야 하기 때문입니다.

플레처 : 자네가 말한 것에서 대화를 시작했다면, 우리의 대화가 얼마나 지루했겠나. 나도 자네의 지적에 완전히 동의한다네. 자네가 "신앙을 입는다", "신앙에 들어간다"고 말할 때 나는 긴장한다고 했지. 자네가 방금 지적한 것에 정확히 동의하기 때문이지.

웹 : 일단, 저는 계속 이렇게 말하고 싶습니다. 종교를 진지하게 다루고, 종교를 질문하고, 종교를 사고하는 행위는 하나님께 마음을 열고, 변화와 회심까지 무릅쓰는 능력에서 궁극적으로 나온다고 생각합니다. 그래서 종교수업은 종교다운 자리가 될 수 있지요. 우리는 학생에게 종교경전과 종교운동, 종교사상을 숙고해보라고 초대합니다. 이때 우리는 세속도 종교도 아닌 공간으로 들어갑니다. 엄밀한 뜻에서 세속에도, 종교에도 속하지 않는다는 뜻입니다. 이 공간은 경계공간으로서 무엇이나 가능한 곳이죠. 하나님의 은총까지 받을 수 있는 공간입니다.

우리가 어떤 사람인지 고려할 때, 훨씬 강하게 말할 수 있겠습니다. 우리는 학생을 하나님의 신비로 인도합니다. 그래서 우리가 무엇을 하며, 어디로 가는지 잘 알고 있어야 합니다. 우리 종교교사는 종교를 논하고, 공개하는 모범전략을 학생에게 늘 보여줍니다. 이런 모범들은 신학 전통에 뿌리를 내리고 있습니다. 자유주의 개신교나 복음주의 개신교에 뿌리를 내리고 있지요.

저와 교수님은 교실에서 은총이 작동하는 방식을 다르게 이해하는 것 같습니다. 저와 교수님의 공통점과 차이점도 바로 여기서 시작되는 것 같네요. 우리는 모두 하나님의 은총에 민감하려고 애씁니다. 종교 연구를 통해 학생은 종교의 길로 들어서거나 종교에서 멀어질 수 있습니다. 우리는 모두 이런 가능성을 인정합니다. 교수님에 비해 저는 하나님의 은총과 함께 일한다는 생각을 더 많이 합니다. 저는 가르치면서 다음과 같은 생각을 분명하게 드러냅니다. 종교 연구는 하나님의 신비에 다가가는 길입니다. 그래서 종교를 믿는 학생과 교사는 하나님이 교실에서 어떻게 역사하는지 신경을 곤두세워야 합니다. 교수님이 옹호하시는 칼빈주의 때문에 교수님은 조작할 분위기를 조성하지 않을까 무척 신경 쓰십니다. 하나님이 원하는원하지 않는 체험을 만들어내려고 분위기를 조작하는 상황에 빠지지 않도록 교수님은 무척 조심하십니다. 따라서, 교수님은 결국 이렇게 생각하십니다. 수업이 아무리 흥미롭고 감동적이고 유익해도, 학생은 교실을 교회와 회교사원이나 회당으로 오인하면 안 된다는 것이죠. 이런 곳들은 하나님이 직접 거하시는 곳이죠. 제가 가르치는 학생들이 종교 연구와 예배의 연관성을 깨달았으면 좋겠습니다. 학생들이 그것을 깨닫는다면, 학문적 종교 연구를 할 때보다, 교실에서 교회로 가는 길을 더 쉽게 상상할 수 있을 겁니다. 이것은 워배시가 나에게 준 선물이기도 합니다. 즉, 워배시 덕분에 저는 교회와 학교에 함께 거할 수 있습니다. 그리고 교회와 학교를 모두 고려하면서도 학교와 교회의 차이를 압니다. 하지만, 저는 교회와 학교가 함께 삶을 구성한다고 상상할 수 있습니다.

플레처 : 교실이 경계공간이라는 아이디어가 참 마음에 드네. 반면, 자네

가 상상하듯 하나님과 함께 일한다니 내 칼빈주의 정신이 부르르 떠는군.

자네 말이 맞네. 여기서 우리는 신학적으로 분명히 다르지. 내가 보기에 차이점이 하나 더 있네. 자네는 나보다 '종교'를 훨씬 편안하게 사고한다네. 그래서 자네는 수업을 하면서 학생이 더 깊이 헌신하도록 인도할 수 있다고 기대하네. 학생이 종교수업 덕분에 회교사원과 회당, 교회에 더 깊이 헌신할 수 있다는 거지. 나는 종교를 일반 범주로 생각하지 않는다네. 그래서 나는 학생을 그런 방향으로 이끌려는 시도를 걱정하고 있네. 내가 학생을 기독교로 인도하려고 한다면 자네도 동의하겠지만, 워배시에 있는 이슬람 학생에게는 그런 방법이 적절하지 않겠지. 종교를 믿지 않는 학생보다 인간의 온갖 종교성을 더욱 진지하게 대하도록 학생을 가르치는 법을 나는 알아. 하지만, 일반적으로 학생을 '더욱 종교적으로' 만든다는 것이 무슨 뜻인지 잘 모르겠네. 힌두교도 학생이 칼빈을 읽으면서, 인간의 마음은 복음과 상관없는 우상을 만드는 공장이라는 주장을 알았다고 해보세. 그 학생이 힌두교를 신실하게 믿는다면, 그것을 강하게 거부하겠지. 거꾸로 그리스도인 학생이 바가바드기타를 읽어도 마찬가지라네.

웹: 저는 교수님보다 종교를 더 유연하게 규정합니다. 훌륭한 종교수업은 종교가 무엇인지 어느 정도 규정하려합니다. 저와 교수님도 이 주장에 동의하리라 생각합니다. 우리가 '종교'라고 부르는 것은 존재하지 않듯이, 종교를 가르치는 올바른 방법도 없습니다! 아마 교수님도 이 주장에 동의하시겠지요. 진지하게 말해, 복잡한 문제를 확실하게 풀어줄 교육학적 모형은 있을 수 없다는 뜻입니다. 종교가 내놓은 주제가 아무리 복잡하고 규정하기 어려워도, 종교적 주제는 종교에 어울리는 응답과 시도를 요구합니다. 모든 주제는 주제에 맞는 교육학을 규정합니다. 그래서 종교 연구는 조금은 종교를 추구하는 행위입니다. 종교 연구는 종교의 본질과 완전히 분리돼 있지 않습니다. 종교가 무엇이든 간에!

저나 교수님이나 막연한 영성으로 구성된 종교다운 공간을 만들지 않으려 합니다. 막연한 영성은 모든 사람이 받아들일 어떤 것이 있다는 식으로 말합니다. 하지만, 사실 그런 것을 믿는 사람은 아무도 없지요. 오히려 우리는 학생이 다음과 같은 길을 걷도록 인도하려고 노력합니다. 학생은 나름대로 영적 길을 걸으며, 자신이 예전에 상상하지 못했던 종교적 삶의 방식을 접하고 놀랄 수 있습니다. 우리는 종교수업이 신앙과 상관이 없는 중립적 장소인 것처럼 말하지 않습니다.

우리는 교실의 사제가 아닙니다. 교회는 우리에게 안수하지 않았고, 우리도 강의와 수업계획이란 성례로 학생을 하나님께 드리지 않습니다! 하지만, 우리는 신앙인으로서 교실로 들어오고, 하나님이 우리를 통해 역사하시길 원합니다. 우리는 학생에게 던진 질문을 모두 해결하려고 애쓰지 않습니다. 오히려 우리는 학생이 자신을 위해 답을 찾기 원합니다.

요점은 이렇습니다. 종교사상과 종교논증, 종교사건을 생각해보라고 학생에게 요구할 때, 우리는 세계의 궁극적 신비를 접해보라고 학생에게 권합니다. 여기서 학생들은 이름과 날짜, 장소만을 외우지 않습니다. 학생은 또 다른 활동을 하고 있죠. 세계의 궁극적 신비와 접촉하는 것을 뭐라고 불러야 할까요? 적절한 이름을 붙이기는 어렵습니다. 이것은 예배도 아니고 교회도 아니니까요. 하지만, 이런 접촉은 궁극적 사건을 경건하게 명상하는 행동입니다. 궁극적 사건은 예상치 못한 곳으로 우리를 데려갈 수 있습니다. 또한, 이렇게 경건하게 명상을 하다보면, 종교를 가르치는 일이 위험하면서도 흥미로워집니다.

그렇다면, 종교수업은 도대체 어디서 종교다워질까요? 하나님만이 아시겠죠. 사람마다 종교수업을 다르게 체험한다는 것을 명심해야 합니다. 그러나 종교수업은 객관성과 중립성, 수동성이란 학문의 규범을 뛰어넘을 수 있습니다. 종교수업에 내재한 이런 가능성은 신비이기도 합니다. 즉,

종교수업은 학생에게 관여하고 학생을 바꿀 수 있습니다. 하지만, 우리는 그런 일이 벌어지는 이유를 밝힐 수 없습니다. 우리가 종교수업에서 일어나는 이런 신비를 늘 규정할 수 없다면, 다음과 같이 소망해도 될 것 같습니다. 우리가 연구하는 종교전통에서 바로 이 신비가 더욱 분명하게 드러날 것입니다.

Chapter 8_ 신학과 종교 연구

이제 종교교사는 모두 신학자다

공교육에서 종교를 진지하게 다뤄야 한다면, 종교학과에서도 종교를 진지하게 다뤄야 한다. 물론, 어떤 수업에서도 종교를 가르칠 수 있다. 그러나 종교를 폭넓게 가르치는 곳은 종교 연구과정뿐이다. 따라서, 공교육에서 종교를 어떻게 연구하고 평가할지 논쟁이 일어나는데, 이런 논쟁이 정말 일어나는 곳은 바로 종교학과이다. 종교학과는 종교를 학문적 탐구대상으로 다룬다. 여러 이론과 방법론으로 종교를 분석한다. 그러나 종교학과는 종교와 교육을 다시 통합하라는 사회의 요구를 만족시킬까? 종교 연구에서 무엇이 종교다운가?

왜 이렇게 난리냐고 묻는 사람도 있겠다. 솔직히 종교는 학생의 삶을 장악하는 권위를 종종 행사한다. 종교가 행사하는 권위는 교육기관보다 더 강력하고, 더 포괄적이다. 종교는 이 세상에서도 생생하게 살아있다. 그렇다면, 종교에 힘을 실어주라고 학교를 압박해야 할까?

더구나 공립학교가 지적으로 우왕좌왕하는 바람에 학생은 대부분 제대로 된 교육철학을 체험하지 못한다. 즉, 가슴 깊이 간직한 믿음을 일관성 있게 비판하는 교육철학을 학생은 아직 경험하지 못했다.

그러나 학생은 학교가 전달하는 세속의 가치에 쉽게 흔들린다. 솔직히 교회와 유대교회당, 이슬람사원도 고등학교와 대학교처럼 교육기관으로 기능한다. 이런 예배 장소에는 학생들이 어릴 때부터 드나든다. 그래서 이곳은 도덕과 영성의 발달을 위한 기초를 제공할 수 있다. 반면, 어린 시절의 믿음을 의심하면서, 삶의 방향을 정하는 시기에 학생은 고등학교와 대학교에 들어간다. 예배장소와 고등교육기관은 이렇게 다르다. 일단, 이런 차이점만 본다면, 오늘날 문화에서 교회보다 학교가 도덕적으로 더 중요한 장소라고 말할 수 있다. 오늘날 교회는 감정을 위로하는 역할을 맡고, 대학은 철저하게 진리를 추구하는 역할을 맡는다. 교회와 대학의 기능이 이렇게 구분되다 보니 두 기관의 불균형이 더 심해진다. 『신앙의 눈으로 본 대학』을 쓴 사회학자인 로버트 우스나우는 이렇게 말한다. "고등교육 기관은 성스러운 공간을 상징한다. 이곳은 세계의 배꼽이다. 진리가 더 가까이 있고, 사업과 가족의 일상적 일도 시야에서 사라지며, 운동기량과 신체의 아름다움도 가장 돋보이고, 나이든 교수와 졸업생도 안전하게 젊음을 유지할 장소이다."[1] 아이에게 향수를 불러일으키는, 안전한 장소로 교회를 정의한다면, 대학을 모험과 발견이 일어나는 곳으로 정의할 수 있다. 자기가 누구인지 질문하고 자기를 다시 규정하려고 할 때, 대학은 그렇게 할 기회를 학생에게 준다.

교회와 대학의 이런 분업이 종교에 늘 유해한 것은 아니다. 학계가 양성하는 종교적 논증은 교회에서 상당한 논란을 일으킬 수 있다. 종교에서 여자의 역할이나, 성 정체성의 도덕성은 교회에서 대단한 논쟁을 일으킬 수 있다. 대학이 가장 탁월한 학문적 기준을 가지고 역사적, 비판적 연구를 하는 독점적 권한이 있다고 교회는 인정했다. 그래서 여러 종교적 문제에 대해 지적 진보를 이룰 유일한 곳은 기본적으로 학계이다. 그렇지만, 교회의 최대 관심사가 학문적 토의에 은밀하게 묻어나는 때도 있다.

학문은 조작하고 지배하려 한다. 그래서 학문은 더 정교한 기술과 분석을 개발하여 인간의 자유와 힘을 늘리려고 한다. 학문은 인간의 통제력을 강조한다. 인간이 자연과 경전, 사상을 통제한다. 이런 경향은 신학적 종교 연구와 갈등을 빚을 수밖에 없다. 종교도 조금은 인간의 감정과 필요를 조종하려고 한다. 그러나 종교는 인간의 자존심과 힘을 거스르는 초월을 지적한다. 교회는 지식을 이런 저런 순종 아래 둔다. 학계는 교회의 제약을 절대 그대로 허용할 수 없을 것이다.

물론, 대학이 어떤 관심도 뿌리치고 독립적으로 진리를 추구하는 것은 아니다. 일본과 경제적 경쟁이 심해지자 미 의회는 1980년에 바이돌 법안을 통과시켰다. 그때부터 대학은 연방정부가 지원한 연구결과에 대해 특허를 얻었다. 상아탑도 시장을 통한 착취를 뒷받침하는 또 다른 부동산으로 변했다. 사기업이 돈을 써서 학문연구의 신성한 공간으로 들어온 것이다. 학문연구에 대한 기업의 자금지원은 1980년대부터 놀랄 만큼 늘었다. 그래서 기업은 학문연구가 수행되는 조건과 기간을 정하는 권한을 갖게 된다. 기업이 제공하는 연구비에 의존하는 과학자도 점점 늘어난다. 자기를 지원하는 회사의 지분을 소유한 학자도 꽤 있다. 결국, 교수와 대학은 사상과 방법을 더는 자유롭게 교환하지 않는다. 연구에서 이익을 뽑아내겠다는 요구가 인문학부를 재난에 빠뜨렸다. 교육은 되도록 싸고 효율적으로 생산해야 하는 상품으로 바뀐다. 몇 년이 더 지나면 인문학부 교수들도 단지 생존하려고 단결할 것 같다. 기업과 대학이 점점 합작하는 마당에 종교교사가 교육기관 바깥에 있는 종교제도에 충실해도 되는지 염려하는 것은 사소하게 보인다.

가장 훌륭한 종교교사는 종교제도를 제대로 이해하려고 종교제도가 내세우는 의무를 주로 연구한다. 그는 연구 활동에서 이익을 뽑아내지 않으려 한다. 아마도 이런 이유 때문에 현상학적 종교 연구방법이 인기가 있는 것 같다. 현상학적 종교 연구방법을 취하면, 종교교사는 종교의 실존적 차원을 존중하면서도, 신앙의 관점을 자세히 설명하거나 신앙을 강하게 비판하지 않아도 된다.

종교를 지나치게 비판하거나 지나치게 방어하는 종교교사는 교육학적 역할을 제대로 수행하지 못한다는 평가를 받는다. 그만큼 전략과 감각이 충분하지 못하다는 뜻이다. 종교를 지나치게 비판하는 종교교사는 환원주의자로 불리고, 지나치게 방어하는 교사는 신학자로 불린다. 무신론자와 신학자는 종교 연구에서 완전히 배척당하지 않는다. 하지만, 종종 이들은 개인의 믿음과 공적 진리를 불편하게 의심한다. 이들은 예의를 무시한다. 종교 연구를 단단히 엮어주는, 보이지 않는 접착제처럼 기능하는 예의가 있는데, 무신론자와 신학자는 이 예의를 뒤집어버린다.

다문화주의와 정체성 정치, 문화연구, 문화전쟁은 종교 연구에서 통용되던 예의를 의심한다. 그래서 교사도 서구의 이성주의와 방법론적 회의주의라는 가면을 쓸 수 없다. 인종과 성별, 성욕, 종교를 다룰 때, 교사는 이제 이런 가면을 쓸 수 없다. 학교도 종교 연구를 위한 새로운 규범을 요구한다. 그러나 새롭게 나타나는 규범은 옛 규범만큼 엄격하고 단단하지 않을 것이다. 옛 종교 연구는 개인의 신앙고백과 신학적 변증론, 종교적 열정을 금지했다. 이것이 옛 규범이었다. 옛 규범이 모두 효력 정지될 때, 새로운 규범이 등장할 것이다. 새 규범은 우리가 만들려는 공동체를 겨냥한다. 우리는 종교수업에서 무엇이 허용되고 무엇이 허용되지 않는지 판단하는 기준을 이제 만들지 않을 것이다. 사람들도 진리와 거짓에 대한 형이상학의 정의에 따라 대학을 조직하지 않는다. 오히려 실용적 관심에 맞게 대학을 조직한다. 지적 대화를 새롭고 희망찬 방향으로 이끌 사람이라면, 대화가 어디로 가든지 상관없이 그는 보상을 받는다. 무엇이든 좋다는 것이 우리에게 남아있는 유일한 규범인 것 같다. 즉, 재미있고 성과가 있는 한, 무엇이든 좋다. 종교 연구의 맥락에서는 이 규칙을 다음과 같이 풀이해야 한다. 종교의 신비와 복잡성, 힘으로 학생을 이끌 수만 있다면, 우리는 종교수업에서 어떤 목소리라도 격려할 수 있다. 종교의 신비와 복잡성과 힘은 순전한 헌신을 요구한다.

종교 연구의 진화

신학연구의 사회적 위치가 변하면서 신학연구의 근거도 조금씩 진화했다.

시카고 대학의 신학부 전 학장인 클락 길핀은 다음 사실을 지적했다. 18세기에는 신학연구가 필수 과목이었다. 교회와 국가, 학교가 목적과 기능에서 통합됐기 때문이다. 그러나 식민지 시대 이후에 신학은 교회에서 학교로 자리를 옮겼다. 목사도 목사 후보생을 훈련시키는 일에 더는 개입하지 않았다. 신학을 전공한 교수가 신학교육을 접수했고, 학문 기관이 직업 조직을 대체했다. 이렇게 변했다고 해서 종교 연구의 중요성이 사라진 것은 아니다. 오히려 옛 교육제도에서도 종교는 성장했다. 종교는 진리의 통일성과 지식의 도덕성을 강조했기 때문이다. 과격한 다원주의와, 경쟁적으로 성장하는 전문화가 판치는 환경에서 종교가 공교육으로 다시 돌아올 수 있을까?

19세기에는 교회와 국가가 서서히 분리하였다. 국교가 폐지되면서, 미국 신학자는 널리 공유되는 종교유산에 더는 호소할 수 없었다. 길핀은 이렇게 설명한다. "다원주의 환경에서는 특정한 전통에 대한 믿음과 실천을 설명해도, 미국 종교 환경을 공적으로 설득력 있게 해석할 수 없다. 신학은 현실 전체를 해석하려고 하고, 사회는 공적 화합을 추구한다. 이런 맥락에서 종교사상가는 의견의 순수한 다원성을 불평했다."2) 공유할 종교

전통이 없으므로 공동의 종교체험이란 범주가 빈자리를 메웠다. 에큐메니컬 개신교 신학자는 종교적 심성을 조명하고 설명하는 것을 신학자의 과제로 삼았다. 이 신학자들이 말한 바로는, 종교적 심성은 종교의 핵심으로서 지적 논증과 교리, 믿음보다 더 중요하고, 더 보편적이다. 종교적 심성을 설명할 때, 이들은 율법과 복음의 차이를 과장함으로써 기독교를 유대교에서 멀리 떼어놓았다. 그래서 미국교육제도에서 종교 연구는 세속화되었다기보다 분과학문의 테두리에서 벗어났다.

개신교 교육제도의 지도자도 분명히 주변 환경과 상관없이 행동하지 않았다. 사회적 역학 때문에 개신교 교육제도의 지도자는 종교를 되도록 보편적 관점으로 연구하려 했다. 제2차 세계대전 후에 종교학과는 증가했는데, 이 현상은 당시 미국대학이 품고 있던 확신과 잘 맞아 떨어진다.

즉, 미국대학은 스스로 과거를 떠나 교회제도의 통제에서 벗어나려고 했다. 종교학과는 대부분 처음부터 제도적 도움을 받았으며, 분명하게 종교적 목적을 추구했다. 종교 연구과정의 목적은 학생이 목회를 준비하도록 돕는 것이기 때문에, 이런 과정은 신학교 교육을 종종 모형으로 삼았다. 대학은 늘어났고, 대학은 연구기관이 제시하는 규범을 따라가야 했다. 이런 상황에서 종교학과는 객관성과 전문화를 개발하기 시작했다. 다른 학과도 마찬가지였다. 역사학자인 콘라드 체리가 말한 바로는, 개신교 지도자는 처음에 종교를 하나의 분과학문으로 다루는 것을 반겼다. 종교를 이렇게 연구함으로써 성직자의 특권을 부각시키고, 근본주의와 싸우며, 미국문화에서 개신교의 영향을 키울 수 있다고 개신교 지도자는 믿었다.[3] 그러나 개신교 지도자가 수용한 방법론적 세속주의는 곧 이데올로기가 돼버렸다. 규칙이 새로 세워졌다. 즉, 종교가 모든 사람이 접근할 수 있는 기초 가치를 긍정하고, 특수한 역사전통에 국한된 고백교리를 멀리 할 때만, 종교를 가르칠 수 있다는 것이다.

그래서 종교학과는 종교에 내재한 차이보다 종교의 공통점을 강조하는 이론과 방법론을 개발하라는 압력을 받았다. 종교학 교수는 고백을 추구하는 신학을 연역적 학문이라고 깔보기 시작했다. 고백적 신학은 권위 있는 전통을 근거로 삼는다. 반면, 종교학 교수는 종교 연구를 귀납적 학문으로 발전시켜야 했다. 귀납적 학문은 관찰하고 비판함으로써 이론을 수정한다. 고백주의는 어떻게 헌신하는지 보여준다. 고백주의에서는 따름과 순종이 있어야 지식이 가능해진다. 그러나 종교 연구는 지성을 구현한다. 지성은 통제와 통달을 목표로 삼는다.

하지만, 종교 연구와 고백주의를 이렇게 비교하면, 우리는 쉽게 오해한다. 에릭 J. 샤프Erik J. Sharpe는 이렇게 주장한다. 종교 연구 분야는 신학이란 태반에서 자라났다. "종교고백주의의 권위주의적 방법론은 연역적인데, 학계가 이런 방법론에서 벗어나고자 애쓰던 때가 분명히 있었다. 이때, 학계는 정통종교의 죽은 손을 뿌리치고 역사과학을 옹호했다. 그런데 같은 시기에 자유주의적 종교도 정확히 똑같이 행동했다."4) 샤프는 자유주의를 이렇게 정의한다. "자유주의는 인간이 보편적으로 공유하는 것을 추구하는 끈질긴 도덕주의로서, 인류는 교육받고 무한히 개선될 수 있다고 믿는다."5)

자유주의에 대한 이런 정의를 고려할 때, 확실히 종교 연구는 기독교 신학을 반대하는 적수를 만든 것이 아니라 또 다른 신학을 만들었다. 실존적·현상학적 방법으로 작업하는 종교사학자는 자유주의 신학의 전통을 계속 유지한다. 다양한 구체적 종교전통을 뒷받침하는 종교적 핵심을 발견하려는 것이 자유주의 신학의 전통이다. 이 전통에서 종교의 핵심은 원래 도덕을 지향한다.

"비교종교학은 사람들이 종교에 비교적 관심을 가지게 만드는 훌륭한 방법이다."6) 이 주장에는 미늘 같은 속임수가 숨어있다. 종교 연구는 상당부분 에큐메니컬 개신교 신학을 하는 또 다른 방법이지만, 자신을 신학이라고 분명하게 명명하지 않는다. 샤프는 일반적 종교사를 쓰면서 비교종교학은 동기가 필요하다고 지적한다. 즉, "물려받은 종교전통에 불만을 터뜨리려는 마음이 필요하다."[7] 또한, 샤프는 비교종교학이 "주류 종교전통에서 조금은 떨어져있는 태도와 타자의 종교 신앙을 찾아내려는 노력을 보통 전제한다"라고 지적한다.[8] 비교종교학을 불러일으킨 동기들은 서로 얽혀있는데, 이런 동기들은 최근 서구역사에 나타난 종교적 · 세속적 요인에서 나왔다고 말할 수 있다. 비교 종교학을 불러일으킨 동기는 다음과 같다. 종교적 교리에 대한 환멸과, 기독교 전통이 신빙성을 잃었다는 느낌, 보편적 종교구조가 있다는 믿음, 자국의 종교보다 다른 종교가 이런 구조를 더 순수하고 강력하게 간직하고 있다는 낭만적 생각. 물론, 개신교가 개신교의 신학 유산을 진지하게 여기지 않은 것이 비교종교학을 불러일으킨 주요 요인이다.

자유주의 개신교가 낳은 종교관을 따르는 사람은 유대교처럼 하나님을 율법수여자로 이해하지 않으려 한다. 종교사학을 설립한 창시자들이 이런 종교관을 가장 분명하게 드러냈다. 미르치아 엘리아데와 앙리 코르방처럼, 칼 융의 영향을 받은 학자들은 종교에서 법과 의례, 교리의 중요성을 가볍게 여기고, 오히려 신화와 신비주의를 강조했다. 스티븐 M. 바써스트롬Steven M. Wasserstrom의 말을 빌리자면, 이런 학자들은 '윤리를 뺀 유일신론'을 개발했다.[9] 이들은, 종교는 믿음이 아니라 상징을 향한다고 주장한다. 이들을 따르면, 종교는 영지주의처럼 맞선 것들의 일치를 기본적으로 인정한다. 서로 맞선 것들을 통일하는 신성이 있다는 뜻이다. 따라서, 종교는, 특정한 전통에서 벗어나 어느 전통에나 참여할 수 있도록 신자를 자유롭게 풀어준다.

이런 자유주의 신학은 몇 세대 동안 종교사의 기초를 제공했다. 이 신학은 최근에 공격을 받았다. 종교 연구사 분야의 활력은 상당히 시들해졌고, 그 활력은 뉴에이지운동으로 흘러들어갔다. 뉴에이지운동에 스민 유사 신학적 요소를 반박하는 사람들도 있다. 그렇지만, 과학과 유물론으로 종교를 탐구하자고 주장하면서 엘리아데학파의 지나친 종교성을 교정하려는 사람들도 어떤 문제를 또 다른 문제로 대체하고 있을 뿐이다. 문제 있는 방법론과 방법론에 숨어있는 의제를, 다른 방법론과 의제로 바꿔놓았을 뿐이다.

환원주의가 다시 돌아오다

종교 연구가 자신을 낳은 종교제도에서 잘려나가자 종교 연구의 목적과 지위에 대한 불안이 종교 연구를 덮쳤다. 비교종교학적 접근법은 여전히 자유주의 개신교의 이상을 반영하지만, 일부 학자는 버젓이 종교비판적 연구를 했다. 도널드 위브만큼 종교비판적 연구를 열심히 한 학자도 없을 것이다. 『종교 연구의 정치학』에서 위브Donald Wiebe는, 19세기에 나타난 과학적 종교 연구는 경험과학을 깊이 추종했으나 20세기에는 이런 종교 연구가 사라졌다고 불평한다. 위브는 종교 연구의 초기 개척자가 순수하게 과학적 열정을 품었다고 과장하면서, 과학을 매우 협소하게 정의한다. 오늘날 이런 정의를 받아들이는 사람은 없을 것이다. 위브가 말한 바로는, 과학은 "종교 활동에 개입하지 않고, 종교 활동을 오직 이해하고 설명하려고 한다."10) 위브는 "문화적 · 정치적 · 인종적 · 민족적 · 비인지적 기준을" 종교 연구에 도입하지 않으려 했다. 그러나 위브를 정말 걱정하게 만든 것은 바로 종교적 관심이었다. 오늘날 모든 학문분과를 갈라놓은 힘을 고려하면서 위브는 신학이 종교 연구를 정치적으로 만든다고 비난한다. 위브는 이렇게 상상한다. 종교 연구가 신학에서 벗어나면, 정치적 싸움판에서 방랑하는 종교 연구도 순수 연구라는 낙원으로 돌아갈 것이다.

위브는 종교학자의 용기 부족 때문에 종교 연구가 순수과학에서 벗어나게 되었다고 지적한다. 특히 미국에서, 제2차 세계대전 후에 종교 연구가 빠르게 성장한 미국에서, 이런 일이 일어난 것이다.

위브는 이 주장의 증거를 제시했다. 위브는 지난 30년간 미국종교학회 회장의 취임사를 분석했다. 미국종교학회 회장들은 학자라는 직업을 이야기하면서 신앙생활에서 학자가 어떤 뜻이 있는지 지적했다. 위브는 이것을 알고 경악했다. 그러나 종교 연구에 헌신한 사람에게 종교적 관심이 없었다면, 이것이 오히려 이상하다. 학회 회장 취임사는 자기가 어떻게 이런 직업을 갖게 되었는지 요약하는 좋은 자리다. 미국종교학회 회장들은 종교의 현실과 종교의 진리, 종교의 가치를 논했는데, 위브에게는 이것이 심각한 죄였다. 이 죄는 순수한 과학연구를 망친다.

학문을 종교 동기로 오염시키라고 부추긴 배후 인물이 한 명 있다. 위브를 따르면, 그는 바로 미르치아 엘리아데이다. 엘리아데는 위브가 지목한 주범이다. 엘리아데는 종교의 자율성을 옹호하고, 인문학적 종교 연구 패러다임을 지지했기 때문이다. 위브를 따르면 엘리아데는 종교 연구학을 배신했다. 엘리아데는 순수한 과학이란 가면을 둘러쓰고 신학적 의제를 부추겼기 때문이다. 다시 말해, 엘리아데는 종교학자가 공적 지식인이 되길 바랐다. 종교학자가 현대 종교문제를 말하면서 점점 세속화되는 시대에 종교부흥을 위한 모범을 제시하길 원했던 것이다. 위브는 이런 행위를 당파심으로 규정하면서, 이것은 신학과 같다고 지적한다.

위브는 실제로 신학을 정의할 때도 진짜 문제는 고백주의라고 분명하게 꼬집는다. "고백을 지향하는 신학은 현세를 초월한 실제가 있다고 가정한다. 하지만, 고백을 지향하지 않는 신학은 '신들'의 문화적 현실만 인지한다. 문화적 현실은 어떤 뜻에서 선험적 현실이다. 이 신학은 궁극이 있다고 전제하지 않으면서, 신들의 문화적 현실을 합리적으로 설명하려한다."[12]

고백을 지향하는 신학을 언급할 때, 위브가 반드시 특정한 교리와 신조에 뿌리박은 신학을 생각한 것은 아니다. 위브가 생각하는 고백적 신학은 종교적 주장이 참되다고 믿는 신학을 뜻한다. 위브는 종교 연구에 비판신학을 도입하려 한다. 비판신학은 정확히 "궁극에 문제가 있다고 알고 있기 때문이다. 다시 말해, 비판신학 덕분에 궁극을 환원주의로 설명할 수 있다."13) 그래서 위브는 고백적 신학의 뜻을 넓혀서 구성적 종교사상까지 고백적 신학의 범주에 넣어버린다.

종교의 신비와 깊이, 실재, 뜻을 주목하는 사람은 고백주의로 돌아간다. 종교 연구교사는 완전히 종교 바깥에서 종교를 관찰해야 하며, 종교인의 주석과 가정에 휘둘려선 안 된다.

그래서 위브는 신학이 갈림길에 서 있다고 생각한다. 신학은 고백을 지향하거나, 환원주의를 지향한다. 신학이 신의 존재를 인정하면, 신학은 고백적이다. 그런데 신학이 환원주의를 지향하면, 그런 신학이 어떻게 신학이 될 수 있는지 이해하기 어렵다. 신학이 과학과 같은 학문이 되려면, 신학은 "지적 정직성의 요구를 받아들여 절대적, 궁극적 헌신을 포기하고 자신을 완전히 바꿀 수 있어야 한다."14) 그러나 과학을 이렇게 정의할 때, 우리는 다음 사실을 전제한다. 정직함은 불가지론과 같고, 과학자는 궁극적 헌신이나 경험적으로 틀린 진술에 절대 이끌려선 안 된다. 그러나 과학자의 자서전을 보면, 과학자도 열정적이고 혼란스런 동기에 사로잡혔다. 위브는 과학을 비현실적으로 설명하다가 편집증에 사로잡힌다. 그래서 위브는 이렇게 주장한다. 고백적 신학은 "학문적 종교 연구를 보완할 수 없으며, 학문적 종교 연구를 '감염' 시킬 수 있을 뿐이다."15) 위브는 질병 유비를 사용하지만, 환원주의적 종교해설도 종교를 제대로 설명하지 못했다고 인정한다.16) 위브는 학계가 교회에 종속될까봐 대단히 걱정한다. 하지만, 자신들이 자라온 교회유산을 조금이라도 언급하는 학교가 몇 개나 될까?

대단히 적다. 그래도 위브는 종교 연구가 제대로 되려면 신학이란 질병이 박멸돼야 한다고 믿는다. 위브가 순결함과 구원 같은 종교 은유를 감염과 예방이란 의학 용어와 뒤섞는 바람에 기이한 담화가 생겨난다. 이 담화는 철저하게 신학적이다. 이 담화는 종교 연구가 순수하게 과학적으로 수행되던 신화 같은 시기를 그리워한다.

위브는 종교 연구의 학문성에 실망하지만, 대니얼 L. 펠스Daniel L. Pals가 말한 종교 연구에 나타난 '인문학적 술책'보다 신학을 더 싫어하지는 않는다.17) 이것은 다소 역설적이다. 종교학자는 대부분 종교학을 사회과학보다 문학과 철학, 역사학에 더 가깝다고 생각한다. 종교학자는 종교는 인간의 사상과 감정, 상상력이 빗어낸 작품이므로 종교를 경험적으로 엄격하게 검사할 수 없다고 본다. 위브는 여기서 의혹을 제기한다. 종교와 인문학을 이렇게 배열하는 것에는 나쁜 동기가 숨어있을지 모른다. 위브는 종교학자는 일부러 인문학자와 어울린다고 의심한다. 그것이 자신의 신학적 입장과 잘 맞는 행위이기 때문이다.

위브는 인문학의 배후에 신학을 발전시키려는 숨은 의도가 있다고 생각한다. 그러나 인문학은 종교에 대한 관심을 보통 조잡하게 다룬다. 이것을 고려할 때, 우리는 위브의 음모이론을 진지하게 받아들일 수 없다. 그러나 위브의 지적에도 일리는 있다. 어떤 자유주의 신학은 종교 연구의 상당 부분을 정말 뒷받침한다. 종교는 원래 도덕 가치를 전달하는 수단이며, 똑같은 기본 신념을 가르친다는 생각이 하늘에서 갑자기 떨어진 것은 아니다. 이런 생각은 자유주의 개신교 신학에서 나왔다. 자유주의 개신교 신학은 신학자이자 철학자인 프리드리히 슐라이어마허의 저작에서 탄생했다. 자유주의 신학이 낳은 상대주의를 과거보다 더 철저히 조사하고 비판해야 한다. 개신교는 점점 고등교육에서 힘을 잃고 있지만, 개신교가 남긴 유산은 종교 연구의 미래에 대한 토론의 구도를 여전히 결정한다.

에큐메니컬 개신교가 이제 미국 문화의 중심을 장악하지 못한다면, 미국도 더는 종교를 가르치는 방법이 하나밖에 없다고 선언하지 않을 것이다. 주류 개신교적 합의를 대신하여 뉴에이지 관점이 떠오른다. 뉴에이지 관점은 자유주의적 상대주의를 극단적으로 밀어붙이면서 전통적 개신교 윤리를 버린다. 그래서 이 관점은 다종다양한 영성을 종교 연구에 주입한다.18) 그러나 뉴에이지 패러다임이 종교 연구에서 주류가 될 만큼 학문적 힘이 있는지 의심스럽다. 뉴에이지 패러다임이 떠오르면서 종교학과 조직에도 다른 관점이 들어올 수 있게 되었다. 예를 들어, 최근 로마 가톨릭 주교단은 가톨릭교회와 가톨릭대학, 특히 가톨릭 신학자가 함께 책무를 감당해야 한다고 강조한다. 공립학교에서 종교 연구가 점점 분업화되는 문제를 풀려면, 19세기식 엄밀한 과학을 추구해선 안 된다. 학자는 탐구대상에 사사롭게 심정적으로 개입해선 안 된다는 위브의 생각에 동의하는 학자는 많지 않을 것이다. 종교 연구의 분업화 문제를 풀려면, 학자들이 자기의 생각에 기입된 종교적 · 반종교적 전제를 솔직하게 털어놓아야 한다.

안타깝게도, 위브는 바로 이것을 하지 않으려 한다. 학계에서 고백주의의 냄새라도 풍기면, 위브는 재빨리 신경을 곤두세운다. 여러 학문분야에서 연구하는 학자들은 개인전기 연구에 다시 관심을 가지면서 프로이트에서 아인슈타인에 이르는 지적 흐름에 맥락을 부여한다. 그런데도 위브는 종교 연구를 개성을 삭제한 무정한 학문으로 만들려고 한다. 종교 연구를 개인의 영적관심이 제거된 학문으로 만들려고 한다. 하지만, 완전히 중간에 서서 무심하게 종교를 연구할 수 없다. 포스트모더니스트가 열심히 지적하듯, 지적 연구에는 늘 개인적 의제가 도사리고 있고, 개인적 의제가 있어야 한다. 종교를 연구하든, 종교에 관련된 주제를 연구하든, 그저 지식만을 추구해선 안 된다. 삶의 가장 신성한 신비를 추구할 때 변화가 일어나듯이, 종교 연구에도 학생과 교사를 모두 바꿀 잠재력이 있어야 한다.

고백이라면 무조건 거부하는 바람에 위브는 자기가 내세우려는 의제마저 충분히 인정할 수 없다. 혹은 인정하지 않으려 한다. 참 곤란한 상황이다. 위브는 자신을 소개할 때, 종교를 사심 없이 탐구하는 연구자로서 사회과학의 경험 방법론에 의지한다고 말한다. 그러나 위브는 문화전쟁, 즉 공공기관에서 종교인이 힘과 영향력을 얼마나 가져야 하는지 논할 때, 분명히 한쪽 편을 든다. 두루뭉술하게 말하자면, 공공기관에서 기독교 신학과 비슷한 요소를 모조리 없애는 것이 위브의 목표이다. 위브가 제시한 의제는 나 같은 그리스도인 종교학자가 일자리를 잃게 한다.

위브의 제자인 러셀 맥커천Russell T. McCutcheon의 저작에서도 똑같은 문제가 나타난다.9) 맥커천도 원초적 종교들을 바라보는 엘리아데의 낭만적 관점을 거부한다. 맥커천은 이렇게 주장한다. 엘리아데는 종교가 다른 것과 구별되는 독특한 범주라고 주장하는데, 이것은 종교 신앙을 변호하는 변증론이다. 엘리아데가 은밀하게 신학을 수행한다면, 이것은 그럴듯한 가면이지만 매우 얄팍한 신학이다. 맥커천은 엘리아데의 암묵적 신학에 내재한 오류를 과학적 유물론으로 교정하려 한다. 그러나 맥커천은 자기가 설정한 방향으로 너무 많이 가버린다. 종교가 다른 것과 구별되는 독특한 범주가 아니어도, 종교를 다른 학문과 똑같이 다루면서 엄격하게 중립적으로 연구해야 한다고 주장할 필요는 없다. 종교 연구는 복잡하고 모호한 질문을 하는 학생을 다루기에, 종교 연구를 객관적 관점으로 수행할 수 없다.

종교 연구는 종교 연구가 탐구할 주제를 말 그대로 제조한다고 주장하면서, 맥커천은 위브의 저작을 탈현대적으로 해석한다. 여기서 맥커천 자신도 객관적 관점으로 종교 연구를 수행할 수 없음을 인정한다. 모든 종교 이론은 원래 자서전 쓰기임을 맥커천은 인정한다. 심지어 맥커천은 종교의 자율성을 옹호하려는 시도는 모두 반동적 정치의 산물이라고 주장한다. 맥커천을 따르면, 서구 학자는 종교를 비역사적 범주로 분류한다. 서구 학자는 종교를 더 큰 체계와 연결시키지 않으려 하기 때문이다. 정치 지배체제와 자본주의적 착취, 문화제국주의는 종교와 상관없다는 뜻이다. 서구 학자는 이런 체제들에서 이익을 얻기 때문에 이렇게 말한다. 맥커천은 정치적 급진주의를 앞세우며 이런 본질주의를 반박한다. 정치적 급진주의는 종교를 경제적 · 사회적 세력의 억압이 초래한 결과로 보려고 한다. 하지만, 맥커천이 강하게 거부하는 이론들이 개인의 생애와 정치의 산물이듯이, 좌익 유물론에 기대는 맥커천 자신의 종교이론도 자신의 생애와 정치가 낳은 산물이다.

맥커천은 종교 연구를 정치적 관점으로 새롭게 조망하려 하는데, 맥커천이 추구하는 정치적 읽기의 윤리는 무엇일까? 선입견이 어디서 중지되고, 종교에 대한 객관적 기술이 어디서 시작되는지 알 수 없다는 것이 맥커천의 윤리다. 나는 이렇게 주장하고 싶다. 우리는 보수적 종교해석과 급진적 종교해석 가운데 하나를 배제하지 말아야 한다. 공교육에서는 종교를 되도록 다양하게 연구할 수 있어야 한다. 학생의 필요에 민감하게 반응하는 한, 변증도 할 수 있고 급진적 해석도 할 수 있어야 한다. 맥커천은 내가 종교 연구를 반동적으로 탐구한다고 비난할 것이다. 나는 정치가 종교에 속하지, 종교가 정치의 부분집합은 아니라고 생각하기 때문이다. 내가 보기에, 종교 연구는 학생과 사회에 종교적으로 도전하려고 하지만, 그만큼 학생이나 사회를 정치적으로 바꾸려 하지는 않는다. 종교 연구가 학생을 밀어붙여야 한다면, 하나님을 더 깊이 사고하도록 학생을 밀어붙여야 한다. 하지만, 국가가 우리 문제의 근원인지 해결책인지 생각해보라고 밀어붙여선 안 된다. 반면, 맥커천은 이렇게 생각한다. 교수는 학생보다 종교를 더 깊이 이해해야 하며, 종교 활동을 기술할 때, 신학보다 정치경제학의 언어를 늘 먼저 고려해야 한다. 맥커천은 위브의 생각을 따르면서,

종교 연구 분야를 완전히 장악하려 한다. 그래서 맥커천은 특정한 정치적 관점을 지지함으로써, 자기가 옹호하는 유물론적 세계관에 맞지 않는 관점을 깨끗하게 털어내려고 한다.

신학이 종교 연구를 바꾼다

학문을 하는 사람은 탐구대상을 널리 알리려 한다. 탐구대상을 파괴하려고 노력하는 학자도 드물게 있다. 이런 의도에 오염되지 않은 학문분과는 없다. 문학을 가르치는 비평가는 소설과 이야기는 학생 개인의 삶에도 계속 도움을 주고, 더 나아가 우리 시대의 중대한 문제를 숙고하도록 돕는다고 생각하는 버릇이 있다. 걱정스럽게 손을 움켜쥐면서, 교사가 검토하는 세계로 들어오도록 학생에게 동기를 주려는 교사들은 종교 연구 분야에만 있다. 일부 학자는 종교 연구를 종교학이라 부르기도 한다. 종교교사가 종교를 믿고 실행하는 사람이라는 인상을 피하려고 그렇게 부른다. 학생은 무엇 때문에 종교 연구에 끌릴까? 삶을 바꿀 수 있고 자신을 더 깊이 알고 싶다는 바람 때문에 학생은 종교 연구에 참여한다. 그런데 종교교사는 바로 이것을 반대한다. 종교교사는 종교학을 넘어 종교옹호로 가버리지 않을까 걱정한다.

종교 연구에서 신학이 처한 형편이 내가 기술한 만큼 심각하게 나쁘지 않은 것 같다. 많은 종교교사가 신학적 관심을 가지며, 이것을 학생과 나누려 하기 때문이다. 하지만, 근본주의를 벗어나 자유주의적 신앙을 가지게 되었다는 흔한 이야기 방식 때문에 교사의 신학적 관심이 자주 희석된다. 사실 종교 연구와 신학은 종종 협력한다. 종교 연구 안에 신학이 있듯이 신학 안에 종교 연구가 있다. 신학과 종교 연구가 수렴하도록 이론을 개발하는 일도 중요할 수 있겠지만, 현실에서는 신학과 종교 연구가 다르다는 것을 지적하고 다름을 유지하는 것도 똑같이 중요하다. 그렇게 된다면, 신학의 목소리도 종교 연구의 자유주의적 패러다임에 재빨리 동화되지 않을 것이다. 영문학 교수인 제럴드 그라프Gerald Graff는 영문학 교사는 영문학과를 괴롭히는 사라지지 않는 차이를 억압하지 말고 오히려 가르쳐야 한다고 권한다. 종교교사도 학생이 다양한 종교 연구방법을 스스로 대면하게 해야 한다.[20]

이런 차이를 보존하는 일이 지나치게 어려우면 안 된다. 신학은 종교 연구가 억압하려는 것을 앞세우기 때문이다. 따라서, 신학은 종교 연구의 죄의식처럼 기능한다. 즉, 신학은 공허한 객관성과 중립성 밑에 숨어있는 영역을 상기시킨다. 주인이 알긴 하지만, 듣고 싶지 않은 말을 내뱉는 손님처럼 신학은 종교 연구의 집에 찾아온 불청객이다. 그만큼 신학은 대놓고 솔직하기 때문이다.

신학의 압력이 없어지면, 종교 연구는 나쁜 뜻에서 이론을 만들어낼 수 있다. 종교 연구는 다양성을 하나의 관점으로 축소함으로써 다양성을 지배하려는 패권적 행위가 될 수 있다는 뜻이다. 패권적으로 이론을 만들어내면, 진짜 열정과 갈등, 신앙에 대한 두려움을 가릴 수 있다. 또한, 종교 연구는 어려운 이론을 통달한 자라야 종교를 명명하고 종교를 알 수 있다고 말한다. 학생 가운데 교사보다 더 깊고, 더 다양한 종교체험을 한 학생도 많다. 그러나 어려운 이론을 통달한 자가 종교를 알 수 있다면, 학생은 학습기술을 자극하는 주제를 탐구할 때도 결국 마지못해 행동하게 될 것이다.

하여간, 종교적 열심이 공적 토론에 적합하지 않다면, 종교 연구는 종교적 열심을 훈육하면서 교실을 통제하려고 신기루나 환상을 만들어낸다. 이것이 종교 연구가 만들어내는 가짜 종교다. 이것은 종교 연구의 가장 나쁜 사례이기도 하다. 종교 연구가 만들어낸 가짜 종교는 제작된 담화이며, 인공 구문론이다. 이것은 특수한 묘사를 모호한 일반적 용어로 대체해버린다. 누구도 하나님을 사회적 지시대상이라고 말하지 않으며, 누구도 구원을 자기에서 벗어나 남을 바라보는 변화라고 말하지 않고, 누구도 예수 그리스도를 세계에 대한 우리의 궁극적 확신을 대변하는 분이라고 말하지 않는다. 따라서, 종교 연구는 학생에게 마치 외국어처럼 기능한다. 물론, 외국어는 자국민에게 자연스러우며, 일상용법과 사회적 필요에서 생겨난 낱말이 외국어를 구성한다는 사실이 종교 연구와 다르다. 오히려 종교 연구의 언어는 에스페란토 같은 언어와 비슷하다. 모든 사람이 말할 언어를 만들려고 19세기에 지식인들이 발명한 언어가 바로 에스페란토이다. 이런 언어도 결국 소수만 사용한다. 비슷하게, 종교학 교수를 제외하고 누구도 종교 연구를 말하지 않는다.

종교학 교수들은 영지주의적인 사제처럼 자기애에 빠져 전문용어를 보호하면서, 세계를 새롭게 말하는 방식을 배우려는 사람만 환영한다. 실제로 종교적 실천을 대체하는 담화를 찾는 길고 긴 과정이 바로 종교 연구라고 말할 수 있다. 이런 맥락에서 종교 연구를 사전에 빗댈 수 있다. 종교 연구라는 사전에는 종교용어에 반영된 최초의 열정과 신앙이 증발된 채 종교용어가 등장한다.

종교인과 다르게 종교를 말하는 것이 종교 연구의 목표이다. 그러나 다른 모든 언어처럼, 종교 연구에 뜻을 부여하는 사회적 조건과 연결돼야 종교 연구도 번성할 수 있다. 그래서 종교 연구도 학회와 책, 학술지를 통해 열심히 자신을 재생한다. 종교 연구는 유유상종하며 자신이 옳다고 확신한다. 종교 연구에 대한 이론과 비판은 힘도 없고 진리도 없다는 말은 아니다. 그러나 종교인이 말하는 종교적 언어가 계속 통용되기 때문에 종교 연구이론도 나름대로 설명력이 있다. 그만큼 종교 연구는 기생적 학문이다. 종교적 신념에서 빠져나와 독립하면, 종교 연구는 오히려 망해버릴 것이다. 종교 연구가 쓰는 언어는 믿음의 공동체가 사용하는 어휘를 사용해야 한다. 따라서, 종교 연구는 지나치게 종교적이라는 비난을 늘 들을 것이다. 종교 연구가 만들어낸 인공언어는 신앙이 만들어낸 방언에 봉사한다. 종교 연구가 신앙의 방언을 늘 상기해야만 종교 연구를 검사하고 종교 연구의 통찰력을 평가할 수 있다. 이렇게 종교 연구를 믿음과 비교하면, 종교 연구는 늘 연약하고 미약하게 보일 것이다. 종교 연구가 이해하려고 하는 종교적 신념을, 종교 연구는 절대 완전하게 대체할 수 없기 때문이다. 따라서, 교실에서도 종교공동체가 나누는 신앙이야기를 다루고, 신앙이야기에 주목해야 한다. 살아있는 담화인 신앙이야기를 통해 학생은 더 깊이 탐구하고, 더욱 타당한 이론을 만들 것이다.

신학은 종교 연구에서 자주 불청객 대우를 받는다. 신학은 이론으로서 자격이 부족하다고 판단하기 때문이다. 신학은 일상적 종교용어를 너무 가깝게 모방한다. 그래서 종교학 교수는 이 용어를 존중하지만 거리를 두면서 연구하려 한다. 유색인종 여성주의자나 교수는 자신들이 취한 방법이 충분히 비판적이지 않고, 충분히 이론적이지 않다는 말을 듣는다. 신학자도 똑같이 지적받는다. 하지만, 신학자와 유색인종 여성주의자는 모두 이론의 언어에도 신앙의 언어를 자연스럽게 반영하려 한다.

신학은 종교언어를 대체하지 않으려 한다. 오히려 신학은 종교언어의 문법을 분명히 밝히고, 종교언어의 어휘를 날카롭게 하고, 종교언어의 역사를 추적한다. 따라서, 신학은 이론을 추구하지만, 종교인이 실제로 말한 것에 여전히 충실하다. 이렇게 모든 종교이론은 종교답다. 종교이론은 종교인의 말을 고려하면서 자기 위치를 정하려 한다. 그래서 가장 비판적이고 추상적 종교이론이라도 그 이론은 신학적이다.

종교연구 이론들이 고급이론을 추구하면서 소멸하지 않으려면, 종교 연구 이론들은 교실 바깥에서도 뜻이 있어야 한다. 즉, 신도 석에 앉은 신자에게도 의미가 있어야 한다. 오늘날 종교 연구는 과거보다 종교적 목소리에 훨씬 귀를 열어야 한다는 뜻이다. 학생이 신앙을 벗어버리고 비판의 밝은 빛 아래 설 때까지 종교이론이 학생을 방치한다면, 학생은 삶을 이끌어 나갈 힘을 종교이론에서 거의 얻을 수 없을 것이다. 이렇게 된다면, 종교이론을 배운 학생도 자신과 자신이 배운 것이 분리됐다고 느낄 것이다. 학생은 결국 자기 종교생활을 기억하지 못하는 사람처럼 행세하거나, 개인의 신앙을 공적 인격과 분리하여 관리할 것이다. 종교 연구는 특정 학생만이 소비하는 사치품이 돼선 안 된다. 과거사나 사적 자아상과 충분히 거리를 둔 학생만이 소비하는 사치품이 돼선 안 된다. 종교 연구는 모든 학생을 초대해야 한다. 모든 학생이 종교 연구 덕분에 자신 안에 더 온전히 거하고, 자신을 더 일관성 있게 구축할 수 있어야 한다. 이때, 학생은 신앙을 더 넓어진 세계관에 통합할 것이다.

공립학교에서 종교를 가르치는 법

최근에 교육전문가는, 교사가 될 사람들이 종교에 더욱 민감하도록 훈련시켜 달라는 요청을 계속 받는다. 이 요청에 부응하는 최고의 책은 로버트 내쉬Robert J. Nash가 쓴 책이다. 내쉬는 버몬트 대학에서 교육학 교수로 일한다.21) 내쉬는 학생을 직접 가르치면서 느낀 점을 바탕으로 결론을 이끌어낸다. 분명히 내쉬는 종교에 공감하고 몰입하면서도, 공정한 비판적 논평가가 되려고 애쓴다. 사범대학의 교수가 쓴, 어떤 책보다 내쉬의 책은 종교를 있는 그대로 다룬다. 그러나 공적으로 종교를 가르칠 때, 우리는 신학을 제대로 알려주고 신학에 근거하여 가르치지 못했다. 이런 실패가 내쉬의 작업에도 나타난다.

내쉬의 작업이 공교육이 내놓을 수 있는 최선의 작업이라면, 아직 갈 길이 멀다.

내쉬는 네 개의 종교적 내러티브를 설명한다. 이것이 이 책의 핵심이다.

내쉬는 2장에 걸쳐 네 개의 종교적 내러티브를 기술하면서 장점과 단점을 평가한다. 네 개의 종교적 내러티브는 근본주의와 예언자 같은 종교해방신학, 대안 영성뉴에이지, 그리고 내쉬가 후기 유신론이라 부른 흐름포스트모던 불가지론이다. 내쉬는 근본주의를 평가하면서 논의를 시작한다. 이것은 칭찬받을 만하지만, 이 책의 문제 가운데 하나이다. 이 책 어디에도 근본주의가 아닌 기독교는 나오지 않는다. 내쉬는 근본주의와 해방신학의 논쟁을 기술하면서도, 근본주의에도 해방신학에도 속하지 않는다고 믿는 수많은 그리스도인을 고려하지 않는다.

내쉬는 네 개의 종교적 내러티브를 공정하고 자세하게 기술한다. 내쉬는 학생을 가르친 경험을 되돌아보면서, 교실에서 이 내러티브들을 어떻게 제시하고 비판할지 설명한다. 그러나 내쉬는 종교적으로 조금은 오류를 범한 것 같다. 물론, 종교를 가르칠 때, 이것이 반드시 나쁜 일은 아니다. 내쉬는 스스로 기독교 현실주의자라고 말한다. 기독교 현실주의자는 회의주의를 추구하며, "기독교에 수반되는 완전한 저 세상"을 거부한다.22) 내쉬의 관점은 니버를 위한 무신론자 운동에 포스트모던한 분위기를 가미한 것과 유사하다. 그렇지 않다면, 내쉬가 무슨 말을 하는지 모르겠다고 말할 수밖에 없다. 안타깝게도, 내쉬는 이렇게 혼동하는 바람에 기독교 역사와 전통을 진지하게 다룰 수 없었다.

내쉬는 전통적 기독교 관점들을 반성하고 기술해보라고 권하지 않으며, 심지어 그런 활동을 허용하지도 않는다. 내쉬는 데이비드 트레이시와 테드 피터스, 데이비드 레이 그리핀이 대변하는 신학을 '적응주의' 신학이라 부르고, 이것을 짧게 해설한다. 그러나 내쉬의 해석은 실망스럽다. 확실히 내쉬는 로마 가톨릭의 장점을 별로 지적하지 않는다. 선입견이 물씬 느껴지는 다음 논평을 보자. "아야톨라든 교황이든 사이비 종교지도자든 지미 스와거트든 이런 사람들은 '자기 안에서 활동하는 하나님의 손길'을 느끼며, 배교자를 단속하는 일을 '높은 곳에서 받은 소명'으로 여긴다. 민주주의 체제에서 참으로 두려워해야 할 사람들이 바로 이들이다."23) 그리스도인은 정통 신학을 따르면서도 자신이 받아들일 수 없는 다른 종교와 신앙에도 마음을 열고 대할 수 있다는 가능성은 내쉬에게 존재하지 않는 것 같다.

근본주의에는 반대하지만, 전통적 기독교를 믿는 학생이 내쉬가 가르치는 학생 가운데 많지 않은 것 같다. 그러나 이런 학생이 많지 않다면, 교사는 오히려 기독교 신앙의 핵심은 좌파와 우파의 정치학을 넘어선다는 것을 보여주려고 더 노력해야 한다.

내쉬는 후기 유신론 모형을 옹호하는 것으로 마무리한다. 그래서 내쉬는 종교적 상대주의를 지지한다. 내쉬가 궁극적으로 관심이 있는 대상은 종교가 아니라 자유롭게 부유하는 영성이다. 여기서 내쉬는 교사에게 이렇게 조언한다. "다원주의를 지향하는 종교적 불가지론은 이런 원리와 가치, 덕성을 분리하고, 사사롭게 하며 세속화한다. 이 원리와 가치, 덕성은 교회교리와 계시, 신학의 제도적 기구가 필요하지 않다. 이것들을 뒷받침하는 제도적 기구가 필요하지도 않다. 교육학의 관점에서 세속의 교사는 교회 교리와 계시, 신학을 모두 교파의 활동으로 존중해야 한다. 당연히 이런 것들은 특정한 신앙 공동체에게 매우 중요하다. 그러나 교파 바깥에 있는 사람과 회의주의자에게 이것들은 핵심이 아니다."24) 내쉬처럼 생각한다면, 우리는 결국 소비자처럼 영성의 겉만 훑어볼지 모른다. 이런 태도로 영성을 이해하려는 사람은 중요하고 도전적인 기독교 신앙의 요소들을 길들이려고 할 것이다.

개인은 역사와 상관없이 자신의 종교를 발명할 수 있다는 듯이, 내쉬는 다소 순진하게 영성을 신학에서 떼어내려고 한다. 이런 태도는 종교를 향한 내쉬의 양가감정을 반사한다. 내쉬는 그런 태도를 취할 수밖에 없다.

모든 교사는 자신의 종교적 신념과 열정을 교실에서 연속극처럼 상연하기 때문이다. 하지만, 고등학교에서 종교를 가르치려면, 포스트모던한 회의주의적 상대주의자가 돼야 하는가?

다문화주의 모형을 받아들이라고 학생을 윽박지른다면, 학생은 그런 요구를 거부할 것이다. 또한, 당신은 학생의 믿음을 검토하고 비판하지도 못할 것이다. 오히려, 학생이 유대교인이라면, 가장 최선의 유대교인이 되도록 학생을 도와보라. 그러면 학생은 다른 전통과 견해에도 자신 있게 마음을 열 것이다. 교실에서 기독교를 가르칠 때, 우리는 풍부하고 복잡한 기독교 유산을 다시 발견하도록 기독교를 믿는 학생을 도와야 한다. 우리가 기독교를 이렇게 가르친다면, 기독교를 믿는 학생은 비서구권 전통을 무시하지 않으면서도 기독교 유산을 재발견할 것이다.

내쉬도 학생들이 이제 기독교를 잘 모른다는 것을 수차례 인정했다. 그런데도, 내쉬는 학생이 주류 전통에 신물이 났다고 반복해서 지적한다. 한 번도 전통에 참여하거나 전통을 실천하지 않은 학생들이 어떻게 전통에 신물이 날 수 있을까?

학생에게 교회는 외국과 같고 신학은 외국어와 같다. 그러면, 서구의 종교를 가르칠 때, 유일신 신앙의 역사적 특수성과 지적 통합성을 지적하면서 시작하면 어떨까? 학생은 서구 전통의 기본이 무엇인지도 모르는데, 내쉬는 메뉴를 내밀며 선택을 제안한다. 더구나 내쉬가 내민 메뉴에는 기독교의 가장 중요한 목소리가 빠져있다. 기독교 역사를 유념하면서 기독교 신앙에 헌신하지만, 문자주의자도 좌파도 아닌 그리스도인이 내쉬의 메뉴판에는 없다. 내쉬는 자기 관점에 도사리는 한계를 간과한다. 이것이 진짜 위험하다. 내쉬는 전통적 신앙을 약간의 이탈로 볼 뿐이다. 하지만, 내쉬가 옹호하는 불가지론도 전통적 신앙만큼 배타적이다. 내쉬는 어떻게 이런 일이 벌어지는지 간파하지 못했다.

종교교사의 권위

내쉬는 온갖 신앙을 공평하게 대하려 한다. 그러나 내쉬는 결국 상대주의를 옹호하고 만다. 상대주의는 전통적 기독교를 위한 자리를 거의 허용하지 않는다. 내쉬의 이런 태도는 종교 연구에서 다소 흔하다. 어떤 집단이나 관점을 배제하지 않으면서 어떤 주제라도 가르칠 수 있을까? 교사는 어쩔 수 없이 학생에게 많은 것을 주입한다. 가르침은 조금은 이렇게 이뤄진다. 가르침은 요구하고, 북돋고, 알려주고, 가르치고, 지도하고, 검사하고, 평가한다. 교사는 자기 견해를 학생에게 주입한다. 하지만, 교사는 학생이 마음 놓고 질문하고 탐구하도록 허용한다. 그래도 보통 다음과 같은 합의는 있다. 교사가 신앙을 학생에게 주입하는 것은 가장 나쁜 교육학적 죄이다. 이 주장은 분명히 일리 있다. 그러나 종교를 염려하는 마음에는 대단히 잘못된 것이 있다. 종교를 주입할까 두려워하면, 교육이 마비될 수 있다. 종교라면 무조건 피하게 되는 것이다. 이렇게 되면 교실은 너그럽게 관용하는 자리가 아니라 세속적이고 무신론적인 자리가 된다.

종교를 가르치는 권위는 어디서 나올까? 교사가 종교는 무엇이며, 신앙은 어떻게 생기고, 사람들이 왜 믿는지 학생에게 말할 때, 교사는 무슨 근거로 그렇게 말할까? 요즘처럼 견해가 밑도 끝도 없이 갈리는 상황에서 종교를 가르치는 일은 위태로운 작업이다. 당연하다. 종교교사의 권위는 하나밖에 없다. 즉, 종교교사는 대단히 절도 있게 주제를 파고든다는 것이다. 그래서 교사는 역사에 나타났던 수많은 신앙을 귀담아 듣는 법을 배운다.

따라서, 학생이 자기가 믿는 종교에 익숙해지려고 하듯, 교사도 학생들의 목소리를 잘 들을 수 있다. 교사가 자신의 신앙을 잘 알면, 학생의 신앙 이야기도 제대로 이해할 수 있다. 신앙의 법은 이렇게 말한다. 자기애를 북돋는 반성이 아니라 다른 사람의 힘 앞에 자신을 노출시킬 때, 사람들은 자신을 돌아보기 시작한다. 종교를 가르치는 권위는 결국 종교적 권위이다. 하나님은 모든 삶의 저자이다. 지성에서 물질까지 모든 이야기를 쓰신다. 하나님은 우리가 반성하게 하신다. 자기를 돌아보는 행위는 하나님을 알아가는 여정이다.

종교 교육이 영성의 여정이라면, 종교 교육은 늘 위험한 모험이 될 것이다. 합리성의 객관적 확실함도 이 위험을 없앨 수 없다. 권력자와 전문가를 양성하는 것이 종교수업의 으뜸 목표가 돼서는 안 된다. 이런 목표 때문에 학생은 더욱 두려워한다. 즉, 수업내용을 통달하려면 수업내용을 더 고상하고, 더 추상적으로 관찰하면서 자신을 드러내지 말아야 하는데, 학생은 이것을 두려워한다. 오히려 교사는 수많은 힘과 영향력이 학생의 삶을 어떻게 만들어 가는지 탐구해보라고 학생에게 요구해야 한다. 여기서 학생은 자신의 종교체험이 더 큰 양식과 전통, 역사와 어떻게 어울리는지 살펴야 한다. 이런 교육학은 교사에게 위험하다. 교사가 이런 교육학을 구사하려면, 교사는 마음을 열면서도 개인적으로 개입해야 한다. 고백을 중요하게 여기는 교사는 동료 교사가 자신을 우습게볼까 봐 걱정한다. 고백을 중요하게 여기는 교사에게 이것이 아마 가장 큰 위험일 것 같다. 수업시간에 개인적 고백을 한다면, 동료 교사는 이렇게 의심할 것이다. 교재를 충분히 다루었을까? 수업이 잡담 시간으로 변질되지 않았나? 교사는 지금 학문영역을 마음대로 휘젓고 다니는 것이 아닐까?

하지만, 배우는 자가 되어 평가를 받는 학생이야말로 가장 큰 위험을 감수한다. 그래서 교사는 학생이 삶의 이야기를 가지고 학문세계로 들어오도록 학생에게 자신감을 줘야 한다. 학생이 그렇게 자신감을 가질 때, 지적 논쟁은 건조하거나 공허하지 않으며 사람들에게 진정으로 관여하면서 열매가 있는 선택을 유도함을 학생은 알게 될 것이다. 종교수업은 위험하면서도 안전한 곳이 돼야 한다. 종교수업에서 학생은 종교인으로 행동할 수 있다. 이런 활동을 통해서 학생은 즐기고 상상하며 머뭇거리기도 하면서, 자신에게 도전하고, 자신을 괴롭히며, 자신을 바꿀 것이다.

요컨대, 학생은 체험을 통해 더 넓게 볼 수 있다. 따라서, 학생이 풍성한 삶의 맥락을 신앙과 통합하도록 도와야 한다.

신앙이 있는 학생이 자기 목소리를 온전히 내려면, 그 학생이 남을 화나게 하고 심지어 공격할 수 있음을 인정해야 한다. 이것이 가장 중요한 원리이다. 이 원리는 교실과 민주주의에도 유익하다. 스티븐 카터가 주장하듯, "종교가 시민과 국가 사이에 끼어들어 나름대로 도덕적 목소리를 낼 수 있을 때, 민주주의가 가장 잘 된다."25) 학생이 다른 사람을 관용하지 않고, 수업토론을 활기 있게 하는 시민적 교양을 존중하지 않을 때, 교사는 그런 행동을 지적할 권한과 책임이 있다. 그렇다고 해서, 토의를 시작하기도 전에 어떤 의견을 배제할 필요는 없다. 오늘날 교실의 분위기는 탈현대적이다. 이런 상황에서는 어떤 믿음이라도 사람들을 분열시킬 수 있다. 그만큼 학생도 어떤 운동을 자신과 동일시하려고 애쓴다. 종교가 분란을 일으키는 미심쩍은 믿음이라고 가정하더라도, 교실에서는 학생 대부분이 공유하는 유순한 믿음을, 분란을 일으키는 미심쩍은 믿음과 구분하기 어렵다. 종교를 진보적 믿음과 반동적 믿음으로 나누어서도 안 된다. 진보적 믿음은 사회정의를 증진하지만, 반동적 믿음은 특정한 대의를 방어한다는 식으로 종교를 구분하지 말아야 한다. 정의나 진리 같은 더 큰 선을 추구하다 보면, 어떤 믿음이라도 사람들을 구분하게 마련이다. 따라서, 어떤 믿음은 사람들을 원래 분열시킨다고 주장하면, 토의가 처음부터 막힌다. 하지만, 우리는 진리와 정의, 사회의 선을 토의해야 한다.

어떤 학생은 교사가 편안하게 말할 수 있는 주제를 벗어나 변두리 관점을 옹호하고 논쟁을 일으킨다. 어떤 수업이든 이런 학생이 있어야 한다. 교사라면 누구나 지나치게 공격적으로 나서거나 지나치게 방어하는 학생을 만난다. 그러나 수업시간에 열심히 의견을 내세우지 않으면, 배움은 일어나지 않는다. 솔직히, 웬만한 수업에서는 입을 막는 규칙이 작동한다. 이 규칙은 궁극적 관점과 신앙고백적 관점을 억압한다. 교실에서는 종교적 열정이 사람들을 특히 불편하게 한다. 종교적 열심을 가진 사람은 토의를 관리하는 교사의 능력을 의심하면서, 세속교육의 권위까지 의심하기 때문이다. 따라서, 교실에서 신앙은 교육을 이끄는 독립된 힘이다. 교사와 학생은 종교적 목소리를 접하면서 다음 사실을 다시 한 번 생각하게 될 것이다.

합리성에 대한 유일한 해석은 없으며, 교육받는 과정을 지도하는 유일한 권위도 없다. 종교를 믿는 교사나 학생은 교육제도를 넘어서는 권위들이 있다고 주장하면서 교육에 관여하는 사람들에게 도전할 수 있다.

여기서 내 동료 교수들도 인정하는 경향을 하나 소개하겠다. 내가 생각하는 최고의 학생들 가운데, 종교가 있고, 신학적으로 복음주의를 지향하며, 정치적으로 보수적 학생들이 점점 많아진다. 이들은 가장 독자적으로 사고하며, 글을 가장 잘 쓰고, 공부도 가장 열심히 한다. 아마 이것을 설명할 사회·경제적 요인이 있을 것이다. 종교적으로 보수적 부모는 아이를 키울 때, 매우 진지하게 더 큰 기대를 품는 것 같다. 이런 부모에게 교육받은 아이는 삶을 형성하는 경전의 힘을 어릴 때부터 중요하게 여긴다. 더구나, 이런 학생들은 종교 덕분에 강압적 소비주의자의 요구에서 벗어날 수 있다. 수많은 십 대가 보기에, 강압적 소비주의자는 유행의 정상에 서 있다. 종교에 힘입어 젊은이는 대형할인점이 판치는 미국의 길에서 벗어나 다른 길을 선택할 수 있다. 세속 사회를 조금이라도 공격하는 것은 너무나 어렵다. 현대문화에서 약간 물러나 비판적으로 바라보는 것조차 매우 어렵다. 젊은이는 종교의 도움을 받아 또래 집단에서 거리를 둘 수 있다. 그래서 교실에서 토의할 때, 우리를 가장 불편하게 만들 수 있는 요인이 가장 독자적으로 사고하는 학생에게 실제로 도움이 된다.

아무튼, 인터넷은 교사의 지위를 바꾼다. 교사는 교실에서 나타나는 권위의 근원이었지만, 인터넷이 이것을 바꾼다. 학생도 이제 수많은 정보원에 접근할 수 있다. 학기 중에 하는 수업내용을 더는 통제할 수 없다. 학생이 무엇을 읽고, 학생이 어디서 정보를 얻는지 모르는 교사에게 이런 상황은 혼란스럽고 난처하게 보인다. 그러나 학생은 이것을 해방으로 느낄 것이다. 교실에서 이야기를 잘 못하는 학생은 다른 소통방법을 선택할 수 있다. 학생은 다른 권위 있는 자료로 교사에게 도전할 수 있다.

내가 아는 어떤 학생들은 우리가 읽은 책의 저자 이메일을 추적하여 그들에게 직접 연락하고, 수업할 때 우리가 다룬 질문을 저자에게 직접 말하기도 했다. 이 학생들은 저자에게 받은 이메일을 수업시간에 가져와 교재를 보충하는 글로 활용했다. 학생이 가져온 이메일 덕분에 나는 자극도 받고, 저자의 책에 대한 관점도 넓힐 수 있었다. 물론, 나는 학생에게 이렇게 지적한다. 저자라고 해서 자기 책에 나오는 사상을 어떻게 해석해야 할지 가장 잘 아는 것은 아니다. 이런 상황은 앞으로 점점 흔해질 것이다. 학생이 일으키는 이런 '반란'을 차단하여 기를 꺾지 말고, 어디서나 자기 목소리를 찾도록 학생에게 용기를 줘야 한다. 교실 바깥에서 교사의 손을 벗어나 자기 목소리를 찾더라도 우리는 학생을 도와야 한다.

학생이 자기 생각을 말하도록 놔둘 때 굉장히 곤란한 교육학적 상황이 발생할 수 있다. 토의를 잘 이끌려면 혼돈과 순종이란 쌍둥이 잘못을 피하는 기술을 잘 다듬어야 한다. 수업에서 감정이 지나치게 드러날 때, 교사는 너무나 자주 토의의 흐름을 재빨리 끊으려 한다. 진짜 토의가 터져 나오면서 감정이 상할까 두려운 것이다. 그러나 이때, 교사는 수업에 가장 깊이 개입하며, 교사 자신의 선입견과 욕망을 가장 민감하게 느낀다. 학생이 아는 대로 본 대로 말하면서 생생하게 수업에 개입하면, 학생은 교사에게 갑자기 살아있는 실재로 다가올 것이다. '착한 학생'이란 역할에서 벗어나 솔직하게 자신을 드러내면서 교사를 불편하게 할 것이다. 교사가 통제하지 않고 가만히 놔둔다고 학생이 학장에게 불평을 늘어놓을까 봐 교사는 겁낸다. 그리고 다른 교사가 교실에서 나는 소음을 듣고 교사가 수업을 장악하지 못한다고 생각할까 봐 두려워한다. 그러나 정확히 바로 이때, 학생은 가장 중요한 것을 알았다고 느낀다. 의견충돌을 몸으로 겪으면서 갈등을 잘 마무리하는 법을 배우는 기회가 있어야 한다. 종교수업을 할 때, 다른 종교적 견해들을 잘 버무려 앞뒤가 맞는 그림을 만들어내지 말아야 한다. 종교적 어긋남을 잘 녹여서 감정적으로 하나가 되게 이끄는 것은 교사가 할 일이 아니다. 예를 들어, 우리는 모두 같은 신을 믿는다. 모든 종교는 같은 가치를 가르친다. 믿는 내용보다 행동하는 방식이 중요하다. 마음 깊은 곳에서 사람들은 모두 하나다. 이런 말들은 그럴듯한 일반화이다. 이 일반화는 이성의 검사를 거의 이겨내지 못한다. 더구나, 이렇게 일반화를 할 때도 학생은 공손하게 미소짓지만, 그것을 거의 믿지 않는다. 어떤 신앙이든 자신의 뿌리에 응답한다. 그리스도인은 기독교적 계시에 응답하려 한다. 그래서 종교는 대부분 일반화나 동화에 원래 저항한다.

고백이 허용되는 교실: 다시 한 번 따져보자

교사는 수업시간에 지나친 쾌락을 말하지 않으려 하며, 몸으로 하는 활동을 언급하지 않으려 한다. 똑같이, 교사는 수업시간에 종교체험을 이야기하지 않으려 한다. 교사는 수업에 열매가 있으려면 추상적이어야 한다고 생각한다. 교사는 학생이 자신을 존경하지 않을까 염려한다. 학문적 규범에 맞지 않는 토의를 허용했다가 학생이 자신을 무시할까 겁낸다. 우리는 교실에서 나누는 이야기가 대화와 다르길 바란다. 교실에서 나누는 담화가 일상 대화와 다르지 않다면, 교사가 토의를 지도하는 대가로 월급을 받는 것을 무슨 수로 정당화하겠는가? 수업이 살기등등하지만, 자극적 종교논쟁으로 빠져든다면, 교사는 당황하여 자신이 쓸모없다고 느낄 것이다. 그런 수업에서는 교사의 권위가 주목받지 못하기 때문이다. 이런 종교논쟁은 늦은 밤 기숙사에서도 벌어질 수 있다. 교사는 수동적이고 시무룩한 학생을 못마땅하게 여기지만, 그런 학생도 엄격하게 관리된 교실에 들어오기 전에는 똑같이 논쟁에 열을 올린다. 교실이 아닌, 일상에서는 그런 학생도 논쟁을 한다. 교사는 수업에서 벌어지는 논쟁을 기계 다루듯 조작할 수 없다.

물론, 우리는 개인체험을 조심스럽게 다뤄야 한다. 개인체험은 토의로 이어지지 않고 토의를 닫아버리기도 한다. 개인체험은 토의가 시작된다는 표지가 돼야지 토의가 끝날 거라는 표지가 돼선 안 된다. 그렇지 않으면, 토의는 정체성 정치로 끝나버린다. 다시 말해, 학생은 자기 관점이 독특하다고 주장하면서, 다른 사람이 자기 관점에 개입하지 못하게 할 것이다. 어떤 사람이 종교체험을 했더라도, 그런 체험을 하지 않은 사람을 무시할 특권은 그에게 없다. 종교체험은 깊이 있는 통찰이나 전달된 정보의 정확성을 보증하지도 않는다. 그러나 종교체험을 말하는 학생은 교실 바깥의 생활을 수업내용에 과감히 연결하려 한다.

종교교사는 교실에서 개인 이야기를 나누면서도 지나치게 진지해지지 않을 수 있다. 이런 수업을 준비하는 데 도움이 되는 신학 자료는 참 많다. 수업을 할 때, 우리는 인격을 다루기도 하고 다루지 않기도 한다. 신학자도 이것을 안다. 그리스도인에게 인격은 개인과 절대 똑같지 않기 때문이다. 인격은 삼위일체 하나님의 형상으로 창조되었음을 뜻한다. 하나님은 본성상 함께 나눈다. 하나님의 하나님 됨은 넘쳐흐르는 선goodness에서 드러난다. 선은 창조적이며, 관계를 맺는다. 테오페다고지 관점으로 볼 때, 인격적 교실은 눈먼, 자의적 주관주의에 빠지지 않을 것이다. 오히려 인격적 교실에서 학생들은 자기 이야기를 나눠보자고 서로 격려할 것이다. 교사가 제시한 교재와 생각, 논증에 주목하듯이, 학생들은 동료의 이야기를 들어보자고 할 것이다.

계몽주의를 따르면, 객관성은 사심 없음이다. 개인적 욕망과 필요를 모두 괄호 칠 때, 객관성에 이를 수 있다. 개인의 인격이 전혀 걸려 있지 않아야 객관성에 도달할 수 있다. 테오 페다고지는 이런 객관성에 반대하면서 무엇이든 괜찮다고 선언하지는 않는다. 변화나 성장을 위해 전혀 도전받지 않은 채, 자기 자리를 지키라고 학생에게 말하지도 않는다. 테오 페다고지는 객관성을 새롭게 이해하려고 한다. 테오 페다고지가 이해한 객관성을 따르면, 엄밀함은 중립성이 아니라 사심 없음을 뜻한다. 여기서 사심 없음이란 다른 견해를 허용하고, 심지어 진리까지 허용하는 태도를 뜻한다. 현대의 신비주의자인 시몬느 베이유Simone Weil는 중요한 글에서 객관성을 종교적으로 어떻게 이해할지 설명한다. "공부를 기독교적으로 이해할 때, 주의집중으로 기도가 이뤄진다는 것을 꼭 알아야 한다."26) 주의를 집중하려는 시도는 헛되지 않다. 주의를 집중하려면, 욕망에 규율을 세워야 하고, 절도 있는 욕망이 생겨나야 하기 때문이다. 절도 있는 욕망은 겸손하게 명상을 추구한다.

주의를 집중하면서 우리는 우리의 한계와 부적절함을 깨닫는다. 이기심의 죄 때문에 우리는 일하면서도 산만해진다. 주의집중도 일이지만, 주의집중에는 의지력 말고 다른 요소도 있다. 맑아진 혼은 너그럽게 타자에게 마음을 연다. 주의집중의 능력 덕분에 우리는 하나님께 더욱 마음을 열고, 고통 받는 자와 더욱 함께 할 수 있다. 고통은 우리가 교실에서 다룰 수 있는 주제이다. 그러나 우리는 교실에서도 고통이 발생한다고 생각하지 않는다. 하지만, 올바른 말을 과감히 말하려고 애쓸 때, 고통과 분노를 전혀 느끼지 않는 것은 아니다.

물론, 이것보다 더 심한 고통도 있다. 그러나 올바른 말을 용감하게 하려고 애쓸 때 느끼는 고통은 바로 우리가 교실에서 대면하는 고통이다. 우리는 이 고통에도 주목해야 한다. 주의를 집중하려면 마음을 비우고 기다려야 한다. 주의집중을 교육학적 실천으로 번역하면, 주의집중을 이렇게 정의할 수 있다. 교사는 가르치면서 주의 깊게 듣는 법을 배운다. 또한, 교사가 듣는 법을 배울 때, 교사는 듣는 법을 가르치게 된다.

우리가 흔히 말하는 가르치기는 실패의 표시다. 배우는 과정이 간섭을 받았다고 인지할 때, 우리는 가르친다. 대화가 끊어질 때만 논증이 일어난다고 주장한 철학자도 있다. 따라서, 논증의 목적은 대화를 대체하는 것이 아니라 대화를 수리한다. 나는 이렇게 제안하고 싶다. 서로 대화하면서 배움이 일어나는데, 배움이 잠시 멈추는 곳에서 '가르침'이 일어난다. 해석학을 연구하는 철학자는 오랫동안 이렇게 주장했다. 두 사람이 소통하든, 사람이 텍스트와 사상, 예술작품과 소통하든, 대화는 모든 참된 소통의 모형이다. 헌신과 참여, 변화가 일어나야 배울 수 있다. 서로 주고받으면서 대화해야만 헌신하고, 가담하고, 변할 수 있다. 예를 들어, 두 명 이상의 사람이 책을 논할 때, 책의 주제는 독자를 압박하면서 이해하라고 요구한다. 독자가 책의 주제를 이해하려면, 지속적으로 시간을 보내야 한다. 즉, 계속 대화해야 한다. 대화하는 독자들은 책에 나타난 사상들을 무대 위로 보내려고 한다. 복잡하고 도발적 사상을 뿜어내는 고전은, 우리가 아무리 대화해도 그 사상을 완전히 독파할 수 없을 것이다. 물론, 대화는 실제로 끊긴다. 어떤 부분을 점검해야 한다. 다시 말해, 다른 정보가 필요하다. 다음 사실을 더 주목해야 한다. 의견이 서로 충돌할 때, 텍스트를 읽는 독자들은 한발 물러나 상대방의 말을 더 자세히 들어야 한다. 그래서 논증은 대화 가운데 일어난다. 대화를 복구하는 수단이 바로 논증이다. 우리는 논증함으로써 대화를 끝내버리지 않고, 대화를 계속 이어나간다.

비슷하게, 소통이 어긋나면서 가르침이 일어난다. 가르치면서 대화할 때, 어떤 것을 설명해야 할 상황이 오게 마련이다. 루터의 성만찬 해석을 가르칠 때, 보통 나는 대화를 멈추고 화체설을 설명해야 했다. 그래서 우리는 루터가 성만찬에 대해 어떤 불만이 있는지 계속 토론할 수 있었다. 학생은 중요한 역사적 논쟁을 평가해야 하는데, 내 설명이 학생의 평가에 도움이 되는 한, 내 설명은 유익하고 중요하다.

학생이 평가할 때, 교사는 교사로서 개입해야 한다. 교사는 학생이 무엇을 모르는지 말해야 한다. 그러면 대화는 이어질 수 있다. 그런데 이렇게 지적하는 것으로 교사의 개입이 끝나지 않는다. 강의는 위기에 대처하는 응급조치다. 위기가 아무리 사소하더라도 그렇다. 문제를 풀어서 배움이 계속 일어나게 하려는 행위가 바로 강의다. 내가 가르칠 때, 내 목소리가 아무리 좋고, 내 말이 아무리 조리 있어도, 내 말이 아무리 인상 깊게 들려도, 실패했다는 느낌이 든다. 이처럼 가르침이란 활동하다가 일어난 생각에 불과하다. 가르침은 대화하다가 일어난 생각일 뿐이다. 가르침을 강의로 이해한다면, 다시 말해, 가르침이 정보를 주고, 복잡한 문제를 폭넓게 숙고하며, 다루는 사건을 권위 있게 해설하고, 학생이 어떻게 행동해야 하는지 설교하는 행위라면, 가르침은 대단히 위험한 유혹이 될 것이다. 이때, 가르침은 올바른 길로 돌아가려고 하는 행위를 넘어서 버리기 때문이다. 대화하다가 발생한 위기에 대처하는 것을 넘어서 무언가 다른 것을 하려고 할 때, 교사의 가르침은 재앙이 된다. 모든 가르침에는 재앙을 낳을 위험이 도사린다. 가르침은 보여주기보다 말하는 행위가 돼버릴 수 있다.

물론, 어떤 학급에서는 학생 수 때문에 어쩔 수 없이 강의를 해야 한다. 그러나 이런 학급에서도 학생이 문제를 이야기하도록 해야 한다. 교실 바깥에서 하든, 작은 모둠으로 하든, 아무튼 학생이 문제를 논하게 해야 한다. 강의는 대화를 북돋는 배경이 된다. 강의를 들음으로써 학생은 예전에

하지 않았던 대화를 할 수 있다. 교수들은 대체로 강의를 상당히 꺼린다. 이것은 60년대 좌파 이념의 잔재이다. 학생을 바깥의 권위에서 해방하려는 어긋난 욕망에서 나온 태도이다. 교사에게 너무 많은 권위가 있기 때문에 강의는 무조건 틀리거나 나쁘다는 말이 아니다. 오늘날 교사의 권위는 무너지고 있다. 교사의 권위를 세워야지 약하게 해선 안 된다. 교사는 새롭고, 어렵고, 도전하는 자료를 종종 학생 앞에서 발표해야 한다. 교사에게 강력한 권위가 없다면, 이런 일을 감당할 수 없다. 그렇지만, 가르침의 목표는 학생이 교실에서 나누는 체험을 넓히는 것이다. 교사가 가장 먼저 주목하는 자료는 교육과정이 아니라 학생이다. 교사가 가장 먼저 책임져야 하는 대상은 교재가 아니라 학생이다. 먼저 교사는 학생이 무엇을 배워야 하는지 자세히 들어야 한다. 강의계획대로 수업을 진행하는 것은 다음 일이다.

가르치기는 대화하면서 자기를 잊는 행위다. 가르침을 통해 대화는 통제와 조작에서 벗어나 자유롭게 흐른다. 가르침은 내기이기도 하다. 이 내기에서는 질문을 꼼꼼하게 따라가는 가운데 인격이 새로 형성될 수 있다. 교사는 믿고 희망하고 너그럽게 베풀면서 가르친다. 즉, 교사는 배움이 일어난다고 소망해야 한다. 배움을 계획하거나 설계할 수 없기 때문이다. 교사는 믿어야 하는 상황에 처한다. 은총과 비슷한 사건이 일어나길 교사는 기다린다. 기독교 전통에서 은총은 힘없음의 힘이며, 높이 올라가는 체험이다. 하나님의 신비스런 도움으로 여러 힘이 협력하여 우리를 높이 들어 올린다. 이것이 은총이다. 교실에 들어갈 때, 우리는 믿음 위에 선다. 교실에 들어가면서 우리는 최종 해답은 없다고 선언한다. 단지, 우리는 질문에 답하면서 진리로 나아갈 뿐이다. 가르침이 내가 교사로서 하는 행위에 의존한다면, 가르침은 내 공적과 가치, 자부심을 벗어나지 못할 것이다. 이런 가르침도 잘 개발하면, 돋보일지 모른다. 그러나 이 가르침은 배움을 거의 일으키지 못할 것이다. 이런 가르침은 어떤 것을 주거나 어떤 것을 내기에 걸지 않기 때문이다. 노력만으로 절대 가르침의 목표에 이를 수 없다. 노력이 결국 다른 것으로 변해야만 열매를 낳을 수 있다.

왜 종교교사는 모두 신학자일까?

대학은 대화를 제한하지 않는다. 이것도 대학에 대한 인상이다. 제한이 없는 대화에는 시민의 소명이 담겨있다. 관용과 열린 마음을 가르쳐 민주주의를 유지하는 것이 시민의 소명이다. 따라서, 주입은 가장 중대한 교육학적 죄다. 시카고 대학의 총장인 로버트 메이나드 허친스Robert Hutchins가 매카시즘 시대에 출판된 책에서 주장하듯, 유토피아에 대학이 있다면, 그 대학에서 교수는 "확신을 가져야 한다. 깊이 확신할수록 좋다. 교수는 자기 확신을 학생에게 살포하지 말아야 한다. 절대 다수가 교수의 의견을 공유하더라도 그렇게 해선 안 된다."27) 허친스가 주장하는 이런 이상주의에도 문제가 있다. 첫째, 대학이 대화를 규제하지 않을 수 있을까? 대화를 규제하지 않는다는 생각이 논리적으로 앞뒤가 맞는지 분명하지 않기 때문이다. 모든 기관은 어떤 종류의 발화를 추켜세우고, 다른 발화를 제한한다. 예를 들어, 정부는 편파 발언을 법으로 규제하며, 대학은 발언 규약을 세운다.

둘째, 공언과 열정, 옹호는 주입과 분명하게 구분되지 않는다. 옹호교수법advocacy teaching은 실제로 여러 학과에서 규범이 되었다. 특히, 다문화주의가 문제가 될 때, 옹호교수법이 규범으로 사용된다.

대학이 정치적으로 양분될 때, 대학은 마음껏 대화하는 자리라는 허식을 벗어던질 것이다. 대학은 상쟁하는 담화가 오가는 자리임을 인정해야 하고, 대학의 규범에 맞지 않는 견해를 억압하려고 관용이란 광고를 사용하지 말아야 한다. 문학이론가인 제프리 H. 하트만Geoffrey H. Hartman은 이렇게 말했다. "새로운 정치문화에서도 타자 공감의 수사학은 반대자에 대한 배제를 여전히 동반하며, '주도권을 쥔 자의 담화'를 없애기보다 또 다시 만들어낸다."[28] '안에' 있는 집단이 '밖에' 있는 집단을 거칠게, 근거도 없이 반대하는 것도 허용된다. 반면, 학문적 담화를 정치적으로 이용하지 말자고 지적하면, 정치적으로 올바르지 않다는 비난을 받는다. 이 상황을 해소할 유일한 방법은 다원주의를 슬그머니 밀어붙이지 말고 더욱 진지하게 밀어붙이는 것이다. 그러나 문제는 여전히 남는다. 다른 사람을 배제하거나 무시하는 위험을 무릅쓰지 않고도 사회집단을 논평할 수 있을까? 다른 사람의 의견을 제한하지 않고도, 교사와 학생이 똑같이 자기 상황에서 이야기할 방법이 있을까?

나는 종교 교육 연수에서 강연을 한번 했다. 그때 나는 이렇게 제안했다. 이제 교실에서 개인 이야기를 할 수 있다고 새롭게 강조한다. 이런 맥락에서 종교를 가르치는 모든 교사는 신학적 문제에 민감해야 한다. 나는 아예 이렇게 선언했다. 포스트모던 세계에서 우리 종교교사는 모두 신학자다. 종교사를 가르치는 교사가 내 주장에 곧장 반대했다. 내가 너무 거대한 주장을 하면서 정작 종교사 교사를 위한 자리를 없앤다는 것이다. 그 교사는 내가 제시한 우산 안으로 들어가지 않으려 했다. 내가 상상한 우산이 아무리 거대하더라도, 그는 그것을 거부했다. 종교를 가르치는 행위에는 불가피하게 종교적 신념이 배어있음을 그에게 설명해보려 했다. 하지만, 나의 선언은 그를 계속 위협하고 있었다. 그가 보기에 나는 그의 전공을 잡아먹고, 종교 연구에 대한 그의 업적을 지우려 한다. 내가 정말 그렇게 행동했다면, 그것은 편협하고 공격적인 행동이 되었을 것이다. 나는 일단 이렇게 말했다. 종교교사는 모두 역사학자이자 윤리학자이며, 비교종교학자이자 주석가이다. 그래도 그의 기분은 풀리지 않았다. 신학자인 나는 역사학자가 돼도 괜찮지만, 역사학자인 자신은 신학에 절대 손대지 않으려 했다.

나는 그에게 신학자가 되라고 요구하지 않았다. 나는 종교인만이 훌륭한 종교교사를 만든다고 생각하지도 않는다. 모든 상황이 같다면, 종교인이 비종교인보다 종교를 제대로 통찰할 것이다. 하지만, 일부 종교인은 지나치게 믿는 바람에 종교를 효과적으로 가르칠 수 없다. 그러나 종교인만큼 종교에 민감한 비종교인도 있다. 나는 이것을 인정하고 싶다. 나는 그 종교 사학자에게 다음 사실을 성찰해보자고 요구했다. 종교교사라면 누구나 때때로 여러모로 신학자처럼 행동한다. 교실이란 특수 환경에서 학생은 여전히 자기 신념을 교실에 가져오고, 학생과 교사는 서로 이야기한다. 이들은 합리적 행위자라는 보편적 청중에게 말하지 않는다. 이들은 교실에 있는 상대방에게 말한다. 교실에서 우리는 모두 구상하는 사고가가 된다. 이 사고가는 기술하거나 비판하는 사고가는 아니다. 우리는 나름대로 무언가를 확신하며 종교수업에 들어온다. 그리고 비판과 의심의 전략을 믿음에 덧붙인다. 다른 사람에게 들은 말과 마음에서 나는 목소리가 우리의 믿음을 떠받친다. 우리는 모두 이성과 신앙이 어울리는 방식을 구상한다. 그래서 우리는 모두 신학자다.

교과과정에 아퀴나스와 어거스틴, 칼 바르트를 삽입한다고 해서 신학을 학교에 다시 도입할 수 있는 것은 아니다. 신학을 학교에 다시 가져오려면, 우리가 전제하는 교육학을 바꿔야 한다. 교육학이 바뀌면, 학생은 신앙을 교실에서 드러내도 된다고 느낄 것이다. 그리고 학생은 믿음에 대한 도전도 받아들이면서 영적 존재로서 성장할 수 있을 것이다. 물론, 교사는 학생 대부분의 목소리를 존중하고, 수업시간에 자기를 얼마든지 드러낼 수 있다고 생각한다. 하지만, 교사가 변두리로 몰린 집단 출신이 아니라면, 교사는 복음주의 신앙을 가진 학생의 고민을 쉽게 놓칠 수 있다. 복음주의 신앙을 가진 학생은 신앙을 드러내지 말고 고이 간직해야 한다고 다짐하면서 학교에 온다.

종교적 열심을 품은 학생을 인도하면서도, 종교수업에서 진리와 믿음에 대한 질문을 무시하지 않는 다원주의적 접근방법이 오늘날 과연 가능할까? 여기서 3개의 종교교수법을 한번 제안해보겠다. 너무 단순한 이해일 수 있지만, 일단 하나씩 살펴보자.

첫 번째 종교교수법은 종교를 사회구조로 파악한다. 이 구조는 다른 기관과 똑같이 힘을 사용한다. 종교는 이념체계이다. 따라서, 종교를 분석하고 설명해야 한다. 사회과학에서 나온 범주와 이론으로 종교를 분류할 수 있다. 따라서, 종교 연구는 종교의 작동방식을 밝혀서 종교의 힘과 권위를 비신화화한다. 이것이 종교 연구의 핵심이다. 종교를 이렇게 파악하는 방식에는 어떤 문제가 있을까? 일단, 이 방법은 종교를 사회적·심리학적 근본요인의 부수효과로 본다. 종교는 나름대로 본질과 통합성을 갖춘 현상이 아니라는 뜻이다. 이 방법은 학생의 종교적 신념에 직접 개입하지 않는다. 자칫 이 방법은 통속적 마르크스주의의 음모이론으로 전락할 수 있다. 즉, 인간이 어떤 짓을 하든지 거기에는 이익을 보려는 마음이 숨어 있다는 식으로 주장할 수 있다. 이렇게 되면, 인간의 탐욕과 욕망을 뛰어넘는 것은 있을 수 없다. 종교가 전하는 은총과 시poetry도 지배와 착취를 용이하게 하는 비법으로 바뀐다.

종교를 가르치는 두 번째 방법을 보자. 두 번째 방법을 따르면, 하나의 종교체험이 다양하게 변주되어 나타난 현상이 바로 종교이다. 따라서, 종교수업은 일반화와 비교, 추상화를 추구하면서 범주를 만든다. 수없이 많은 종교를 설명할 범주를 개발한다. 종교는 지식을 조직하고 신자에게 동기를 부여하는 독특한 방법이다. 이런 방법으로서 종교를 존중할 수 있다. 그러나 개별 종교는 유일하지 않다. 독특하지 않다. 근본을 따지면, 모든 종교는 같은 일을 한다고 말할 수 있다. 모든 종교는 신자를 절대 신비로

이끈다. 여기서 종교를 가르치는 두 번째 방법의 문제를 지적해보자. 종교를 이렇게 이해하고 가르치면, 우리는 두 개의 종교관점만 존중할 수 있다. 하나는 에큐메니컬 기독교와 다른 전통 안에 있는 에큐메니컬 요소이며, 다른 하나는 뉴에이지 추종자이다. 뉴에이지 추종자는 종교를 이용하여 개인 목표를 성취하려 한다. 이것보다 더 걱정스러운 문제가 있다. 두 번째 방법은 종교생활을 자본주의적 시장처럼 기술한다. 이 시장에서 종교는 개인소비를 위해 재화와 용역을 제공한다. 종교는 유용한 상품으로 환원되며, 변덕스런 개인취향에 굴복한다. 종교들의 차이점도 되도록 제거된다. 종교적 진리를 물으면, 그런 질문은 부적절한 것으로 평가받는다.

세 번째 종교교수법은 종교전통을 가르친다. 세 번째 방법은 종교전통을 속속들이 탐구하면서, 종교전통을 하나님의 계시에 대한 독특한 응답으로 여긴다. 세 번째 방법은 종교를 참으로 진지하게 다루면서, 종교를 궁극적 현실에 대한 현실적 응답으로 본다. 궁극적 현실은 사회적 힘이나 공통된 하나님 해석으로 환원될 수 없다.

종교를 연구할 때, 우리는 스스로 탐구하고 불가피하게 선택하게 된다. 종교는 응답을 요구하는 주장을 하는데, 이 주장은 대단히 범위가 넓고 서로 배타적이기 때문이다. 물론, 학생은 교실에서 종교를 선택할 필요는 없다. 하지만, 종교 연구를 통해 학생은 선택에 도움이 되는 지적 도구를 얻어야 한다. 적어도 선택할 마음을 품었다면. 세 번째 방법의 문제점은 무엇일까? 종교교사가 이 방법을 사용하면, 종교교사는 학생에게 종교를 팔려는 사람처럼 보일 것이다. 더구나 종교교사는 어떤 종교전통을 가르쳐야 할지 고민하게 된다. 수업시간은 정해졌고, 학생도 다양하다면, 종교교사는 종교전통을 모두 가르쳐야 한다는 압박감을 느끼지 않을까? 아무튼, 종교전통은 하나의 공통된 것을 여러모로 예시한다고 생각하면서 종교교사는 압박을 받지 않을까?

그러나 다원주의에 따라 종교 연구를 한다면, 앞서 말한 세 개의 교수방법을 모두 사용할 수 있다. 기독교 신학만 고려해도, 세 번째 방법뿐만 아니라 첫 번째, 두 번째 방법에도 정당한 근거가 있다. 기독교는 유대교의 예언자 전통에 빚지고 있다. 그래서 오래전부터 종교와 권력의 공모관계를 인정했다. 기독교는 종교와 권력을 구분하는 것은 종교적 의무라고 주장했다. 성서 바깥에서 드러난 하나님의 계시에도 진리와 힘이 있다고 상상할 만한 신학적 근거가 있다. 일단, 내 주장은 이렇다. 세 번째 방법은 교사와 학생이 신앙고백적으로 종교에 접근하도록 유도하므로 세 번째 방법을 쓰지 말아야 한다고 주장하지 말자는 얘기다. 종교에 접근할 때, 개인은 기본적으로 위험을 무릅쓰면서 전통을 탐구한다. 어떤 접근방법이 신앙을 위험하게 하고 교회의 전통에 열려있더라도, 그 방법을 배제하지 말아야 한다.

세 번째 방법을 허용하면, 모든 종교 연구수업에서 신학을 필수요소로 다룰 수 있다. 이렇게 하면, 국가와 지성계, 교회에서 그다지 많은 관심을 끌지 못하는 학문신학이 힘을 얻을 것이다. 20세기 중반에 신학자는 점점 약해지는 신학자의 지위에 적응하려고 공동의 종교체험에 호소했다. 그러나 시민 평등권운동과 여성주의는 이런 꿈을 흔들어놓았다. 오늘날 학자들은 대체로 경험은 모두 개별적이며, 그만큼 우리가 공유하는 것은 거의 남아있지 않다고 전제한다.

신학자도 공공 지식인이 될 수 있다는 생각이 최근에 인기가 있다. 폴 틸리히와 라인홀드 니버도 그런 지식인이었다. 이것은 기껏해야 희망사항 같다. 신학자가 어떤 성찰을 해도 주목하는 사람들이 거의 없다. 오히려 신학은 신학의 근원으로 돌아가 신학에 가장 귀를 기울일 만한 공동체에게 말하는 법을 배워야 한다. 이것이 신학이 바랄 수 있는 최선이다.

학자가 아닌 사람들이 성스러움에 대한 담화를 주도한다. 신학자가 하나밖에 없는 참된 청중을 잃어버렸기 때문이다. 즉, 교회는 이제 신학을 주의 깊게 듣지 않는다. 학문적 신학에는 개인과 감정, 도덕을 성찰하는 내용이 거의 없다.[29] 요즘 예산이 점점 줄어들면서, 상당히 많은 교수가 대중적인 종교논쟁에 뛰어들기보다 전공영역을 보호하는 데 더 신경을 쓴다. 이것도 분명히 문제이다. 특히, 신학자는 학계의 동료들도 인정하도록 자기 작업을 정당화해야 한다는 압박을 느낀다. 사람들은 기독교 신학자에게 이런 일까지 기대한다. 교회가 수 세기 동안 저지른 잘못을 신학자가 사과하라는 것이다. '신학을 하지' 않고, 종교비판에 모든 힘을 쏟아 붓는 신학자도 상당히 많다. 일부 신학자는 아예 다른 종으로 진화했다. 그들은 종교적 신념의 가장자리에 적응하면서 비판자와 개혁가와 함께 목소리를 높이지만, 객관성을 내세우며 안전하게 거리를 유지한다. 하지만, 그들은 종교를 실컷 비판하고 나서 무엇이 남는지 절대 묻지 않는다. 결국, 사람들은 종교학자에게 종교적 통찰을 구하지 않는다. 현재 학계의 상태를 볼 때, 종교학자에게서 종교적 통찰을 구하지 말아야 한다.

어떤 글쓰기에도 따라다니는 문제가 있다. 예를 들어, 저자는 글의 청중이나 독자가 누구인지 밝혀내려 한다. 교수나 연구원들은 대부분 가장 일반적이고 폭넓게 독자를 정한다. 보편적 독자나 이상적 독자를 상상한다. 이 독자는 개성이 없지만 유능하고, 모호하지만 모든 것을 안다. 물론, 학자가 쓴 두꺼운 책은 보편적 독자가 아니라, 비슷한 생각을 하는 동료의 작은 동아리를 겨냥한다. 그렇지만, 학자는 대부분 모든 사람을 대상으로 글을 쓰는 것처럼 말한다. 그러나 학자들은 결국 독자가 없는 글을 쓰고 만다. 신학이 점점 전문 직업으로 바뀌면서 신학자도 강단을 떠나 교실로 들어가게 되었다. 이제 설교집을 출간하는 신학자는 거의 없고, 유명한 신학자를 알아보는 신자들도 거의 없다.

그래서 신학에 관심 있는 청중이 줄어들었다.

교사는 가르치면서, 보편적 청중이나 독자는 없다는 것을 배운다. 즉, 얼굴이 중요하다. 너무 자주 학자는 글을 쓰듯이 가르친다. 그래서 정확하고, 분명하며, 복잡하고, 종합적으로 가르치는 것을 목표로 삼는다. 요즘 이런 생각이 더 강하게 든다. 오히려 가르치듯이 글을 쓰는 것이 교사에게 점점 중요해질 것이다. 특히, 신학자에게 더 그렇다. 가르침이 정말 좋은 이유는 교실에서는 주석을 달만한 기회가 거의 없기 때문이다. 가르침은 글쓰기보다 더 직접적이고 개인적이다. 가르침은 우리의 목소리를 발견하는 수단이 돼야지 이론을 시험하는 수단이 돼선 안 된다. 신학은 신앙고백을 겨냥해야 한다. 그렇다고, 신학이 내용을 보충하고 투명하게 하려고 철학이나 다른 학문에 기대지 말아야 한다는 뜻은 아니다. 신학자는 가장 치밀한 이론적 저작을 쓰면서도 자기를 기꺼이 드러내야 한다는 뜻이다. 이런 뜻에서 신학은 신앙고백을 겨냥해야 한다. 똑같이 교사도 교실에서 자기를 드러내도록 이끌린다.

교실에서 자기를 드러내는 행위의 목적은 인격 자체를 드러내는 것이 아니라, 학생을 있는 그대로 만나 학생 자신이 알지 못했던 과거로 학생을 끌어들이는 것이다. 학생에게 학생 자신의 뿌리를 보여줘야 신학자는 미래 계획을 비로소 말할 수 있다. 신학자가 공공영역에서 청중을 되찾으려면, 신학은 다시 교리문답식으로 탐구해야 한다. 즉, 기독교 실천과 믿음을 조사하고, 이것의 함의와 결과를 검사하며, 이것을 일관성 있고 종합적으로 적용해야 한다.30) 기독교와 일반 문화를 창의적으로 연결하지 말아야 한다는 뜻은 아니다. 그러나 기독교는 기독교 전통의 깊이를 학생에게 소개하는 일에 계속 초점을 맞춘다.

일부 학자가 보기에, 신학을 가르치면 종교 연구는 그만큼 좁아진다. 공공기관이 관용할 수 없는 분파주의적 초점이 바로 신학이다. 그러나 이 문제를 다르게 볼 수 있다. 자유주의 개신교 패러다임은 종교를 공공영역의 중요한 문제에 연결하면서도 교회에는 연결하지 않았다. 그래서 학계는 종교적으로 벌거벗은 상태가 되었고, 종교 연구는 직업 경쟁력과 전문성 기준에 이르지 못했다. 종교 연구는 관용과 개방성이란 시민 덕성을 배우는 방법이 되었다.

물론, 이것은 민주주의에는 꼭 필요하다. 그러나 종교 연구가 시민 덕성을 배우는 방법이 되면, 사람들은 종교적 주제를 목적이 아니라, 기본 덕성을 전달하는 수단으로 여길 것이다. 심지어 틸리히와 니버 같은 신정통주의 신학자들이 인기가 있었던 이유도 그들이 신학을 문화적 · 정치적 · 인간주의적 용어로 번역했기 때문이다. 틸리히와 니버는 20세기 중반에 신학을 놀랄 만큼 다시 부흥시켰다. 신학은 신학에 고유한 규범과 어휘를 포기함으로써 교육계에서 성장했다. 이렇게 주류 개신교는 종교를 공교육에 팔려고 노력했는데, 우리는 여기서 다음과 같은 교훈을 얻었다. 종교 연구가 학계에서 학문분과로 인정을 받아야 한다면, 종교를 일반 범주로 다룰 수 없다. 종교는 지적 내용이 없는 인간체험의 도덕적 차원이라고 이해할 수 없다는 뜻이다.

신학은 최근 몇 년간 부흥했다. 바로 신학자가 기독교 교리의 특수성에 더욱 주목했기 때문이다. 틸리히와 니버의 시대가 끝나고, 60년에 들어서면서 신학은 분과학문으로 나눠지고 정치적으로 분열되었다. 다시 말해, 다른 학문이 더 잘할 수 있는 것을 신학도 반복했다. 신학은 '무슨 무슨 주의'가 부르짖는 소리를 그저 반사하는 메아리가 되었다. 그러나 이런 흐름은 오히려 분위기 역전의 신호였다. 지난 10년 동안 신학자는 삼위일체 같은 고전적 교리를 되살렸다. 이것은 놀라운 결과를 낳았다. 정통교리는 새롭게 발전했다. 이것은 급진적이면서 여유가 있었다. 이런 발전 덕분에 신학자도 더욱 진중하고 솔직하게 말할 수 있었다. 신학자는 학계에서 신학의 자리를 마련하려고 신학의 지적 유산을 희생할 필요가 없음을 깨달았다. 종교 연구가 전문화되면 복잡한 교리와 미묘한 신학적 논증을 당연히 더 세심하게 의식해야 한다. 전문화돼야 한다는 요구에는 어떤 암시가 있다. 즉, 신앙고백적 관점이 종교적 지식을 더 많이 얻고, 종교들이 상대 종교를 더 온전히 이해하는 유일한 방법일지 모른다.

미국 역사의 초기에 누군가 교리문답식 신학을 공립학교에서 가르치자고 주장했다면, 그는 비난을 많이 받았을 것이다. 어떤 교회에서 어떤 교리를 가르쳐야 하는가? 당시에는 이 문제를 풀 수 없었을 것이다. 그러나 요즘은 사정이 달라지고 있다. 많은 학자가 보고하듯, 종교적 진리를 구현하는 기관으로서 교파는 점점 변두리로 몰린다.[31]

따라서, 교파는 예전만큼 분열을 조장하지 않는다. 더구나 에큐메니컬 운동을 통해 여러 교파가 교류하면서 기독교 신앙의 중심이 무엇인지 논하게 되었다. 교파는 다른 교파와 대화하면서 비로소 자기를 더 분명하게 정의할 수 있었다. 교파들이 고전적 기독교 주제를 더 깊이 파헤칠 때, 교파들의 대화도 진전될 것이다. 학생에게 신앙을 제대로 숙고해보라고 요구할 때, 학생들의 차이점이 드러날 것이다. 그러나 다르다고 해서 서로 싸우거나 무시할 필요는 없다. 믿음의 근거를 발견하고 종교 차이가 중요한지 평가한다면, 학생들은 오히려 해방감을 느낄 수 있다. 신학의 특수성을 충분히 고려할 때 우리가 얻을 수 있는 결과를 그냥 분파주의라고 부른다면, 공립학교에서 신학을 가르치는 일은 분파주의와 비슷할 것이다.[32] 여기서 분파주의는 공교육에서 두려워하고 혐오하는 대상이 아니다. 따라서, 교리문답식 신학은 기독교 신앙의 넓이와 깊이를 학생에게 충분히 보여줄 것이다.

그러나 공립학교에서 가르치는 교리문답식 신학이 교회를 세계적 기관으로 보는 관점을 널리 퍼뜨려야 하는 것은 아니다.[33] 그리스도인이 공유하는 보편적 체험을 전제하고 시작하면, 하나의 종교전통이란 에큐메니즘의 꿈을 반복할 위험이 있다. 이 꿈을 정의할 때, 자유주의 개신교의 개념을 쓸 수밖에 없다. 교리문답식 신학도 기독교의 통일성을 가정한다. 그러나 교리문답식 신학은 신학을 도덕성이나 경건함으로 대체하지 않으며, 학생이 신학적 믿음의 두께에 주목하게 만든다.34) 있지도 않은 이상적 기독교를 구상하기보다, 교리문답식 신학은 학생이 자신의 교회경험을 돌아보게 한다. 교리문답식 신학은 종교에 늘 충실하다는 것이 무엇을 뜻하는지 학생에게 가르친다. 이때, 교사는 학생이 교실에서 드러내는 종교적 차이를 존중하며, 종교적 배경이 없는 학생도 존중한다. 교사가 신학을 이렇게 가르친다면, 교사는 학생의 믿음이 대변하는 국지적 종교전통에 초점을 맞출 것이다. 교사는 공동체가 세운 기준과 지역 역사에 주목하면서 국가 내 종교흐름과 국제적 발전에도 민감해질 것이다.35)

종교수업에서 어떤 교회와 어떤 교리를 주로 다뤄야 할까? 학생이 다니는 교회나 회당, 회교사원을 주로 다뤄야 한다. 종교 교육은 국지적이고, 선택과목이며, 신앙과 상관이 있다. 따라서, 교육계의 세속주의자는 종교교육에 대해 놀라지 말아야 한다. 의학, 법, 예술 같은 과목은 학생들에게 쓸모가 있다. 학생이 실습할 작업실을 갖추지 않고 예술을 가르치는 학교는 없을 것이다. 똑같이, 종교적으로 사는 문제를 토의할 기회를 학생에게 주지 않는다면, 종교를 가르칠 수 없다. 고등학교와 고등교육기관에서는 학생의 종교적 필요를 존중할 시간과 공간을 따로 마련해야 한다. 고등학교는 학생이 종교모임 하는 것을 허용하며, 대학도 채플시간을 두고 종교적 목회활동을 한다. 어떤 대학은 공식적으로 지원하며, 다른 대학은 그냥 허용한다. 이런 활동과 조화를 이루도록 종교수업을 섬세하게 조율해야 한다. 종교수업에서 하는 토의도 잘 구성해야 한다. 학생이 정말 고민하는 종교적 문제를 다루고, 그것이 학생의 종교생활에도 전이되려면, 토의의 구조를 잘 만들어야 한다. 물론, 종교 활동을 종교수업에서 곧바로 할 수는 없다. 그러나 학교교육 바깥에서 믿음대로 사는 삶을, 학생은 종교 연구를 통해 미리 연습할 수 있다. 우리는 연습이 어떻게 이뤄지는지 주목할 수 있다.

크레이그 다이크스트라는 실천개념을 다음과 같이 이해해야 한다고 주장한다. "실천이란 협력을 통해 생겨난 행위 양식에 참여하는 것이다. 많은 사람이 오랫동안 교류하면 복잡한 행위 전통이 축적된다. 실천은 이런 전통을 바탕으로 생겨난다."36) 종교 연구도 실천이다. 가르침의 오랜 전통이 종교 연구를 지탱한다. 그러나 처음부터 종교에 주목하는 지적·신앙적 습관을 종교 연구와 완전히 분리할 수 없다. 학생에게 종교를 가르칠 때, 우리는 종교적 행위를 요구한다. 그리고 종교적 행위에 영향을 줄만큼 학생에게 개입한다. 우리는 학생 앞에서 우리의 마음과 행위의 습관을 솔직하게 드러내야 한다. 우리는 배움과 신앙생활을 통합하도록 학생을 격려해야 한다. 우리가 이런 활동을 하나라도 소홀히 한다면 종교 연구를 제대로 했다고 말할 수 없다.

1장 · 어느 한 신학자의 고백

1. 의회는 1984년에 평등기회확보법(Equal Access Act)을 통과시켰다. 그래서 학생들은 종교모임을 더 쉽게 만들 수 있게 되었다. 내가 고등학교를 다니던 때부터 이렇게 되었다. 이 법은 학생이 시작하고 인도하는 모임이나 조직을 보호한다. 학교에서 종교문헌을 배포하는 권리를 학생에게 허가할 때, 학생은 어떤 지침을 따라야 할까? 미교육성은 이 지침을 제시했다. 이 지침을 따르면, 학교는 종교문헌을 지정하여 그것만 특별히 금할 수 없다.

2. Jane Tompkin, *A Life in School: What the Teacher Learned* (Reading, Maine: Perseus Books, 1996), 128.

3. Mark Edmundson, "My First Intellectual," Lingua Franca (March 1999): 59.

4. Ibid.

5. See the fine essay by Paul A. Marshall, "Religious Toleration and Human Rights," in *Should God Get Tenure? Essays on Religion and Higher Education*, ed. David W. Gill (Grand Rapids: Eerdmans, 1997).

6. 복음주의에 대한 묘사한 더욱 미묘한 차이를 보려면, 다음 책을 보라. Christian Smith, *Christian America? What Evangelicals Really Want* (Berkeley: University of California Press, 2000).

7. 일부 복음주의 신학의 한계를 공감하면서 비판하는 책을 보려면, 다음 책을 보라. Mark Noll, *The Scandal of the Evangelical Mind* (Grand Rapids: Eerdmans, 1994). 복음주의 신학의 역사와 가능성을 훌륭하게 조사했다. 다음 책을 보라. Gary Dorrien, *The Remaking of Evangelical Theology* (Louisville: Westminster John Knox Press, 1998).

8. See George M. Marsden, *The Outrageous Idea of Christian Scholarship* (New

York: Oxford University Press, 1997).

2장 · 종교: 공교육에서 사라졌다 다시 발견되다

1. *The Bible and Public Schools: A First Amendment Guide* (1999). the National Bible Association과 the First Amendment Center가 이 책을 출간했다. 성서를 다시 교실로 가져오려면 어떤 조건이 필요한지 이 책은 훌륭하게 요약한다. 그렇지만, 이 책은 단순한 이분법을 여전히 받아들인다. 한쪽에는 학문적 · 객관적 성경읽기가 있고, 다른 쪽에는 분파적이고 신앙고백적 성경읽기가 있다고 한다. 학문적 성서연구가 누구에게나 열려있다면, (다시 말해, 종교를 가장 잘 가르치는 방법과 훌륭한 종교교수법을 학자도 확실하게 모른다면) '신앙을 고려하는' '신앙고백적' 교육전략을 배제하려고 '객관성' 이나 '학문적' 이란 용어를 언급할 수 없을 것이다. 공립학교에서 성서를 가르치는 행위를 뒷받침하는 가장 강력한 근거는 헌신에서 나온다. 유대교인과 그리스도인이 성서의 말씀을 소중하게 여기는 그런 헌신에서 나온다. 따라서, 성서 가르치기를 종교규범과 관심에서 완전하게 분리할 수 없다.

2. See Robert S. Michaelson, "Constitutions, Courts, and the Study of Religion," Journal of the American Academy of Religion 45 (1977): 291–308 and W. Royce Clark, "The Legal Status of Religious Studies Programs in Public Higher Education," in Beyond the Classics? Essays in Religious Studies and Liberal Education, ed. Frank E. Reynolds and Sheryl Burkhalter (Atlanta: Scholars Press, 1990). 사람들은 종교를 '논하는 행위' 와 종교를 '가르치는' 행위를 구분한다. 그러나 이런 구분은 자의적이다. 일단, 그렇게 구분하는 이론적 근거도 없고, 정말 그렇게 구분할 수도 없기 때문이다. (오늘날 교육학 이론 가운데, 객관성 개념으로 그렇게 단순하게 구분하는 교육학 이론은 없다. 물론, 가장 가슴 아픈 경우가 있다. 예를 들어, 어떤 교사는 종교적 관점을 옹호하면서 학생을 무시하고, 토의 주제에 적절하지 않게 행동한다. 이럴 때, 교사는 종교를 논하는 행위와 종교를 가르치는 행위를 구분한다.) 사실 대법원이 말한 객관적인 교육학은 여러 사례에 적용되는 지침으로 사용하려고 개발된 것이다. 더욱이 이 지침은 공립학교에서 하는 종교 연구와 직접 관계가 있는 것도 아니다. 또한, 대법원이 제시한 지침은 반드시 결정을 수반하지 않는다. 따라서, 이 지침은 구속력이 없으며, 전례/판례로서 기능하지도 않는다. 그렇지만, 객관적 종교 교육과 신앙고백적 종교 교육을 나누는 언어 습관은 교사의 사고에 상당한 영향을 줬다. 공립학교에서도 종교를 가르쳐야 한다고 생각하는 교사의 사고방식에 영향을 줬다. 예를 들어, 클린턴 대통령은 이렇게 복잡한 문제를 학교가 숙고하도록 도우려고, 1995년에 미 교육성을 통해 다음과 같은 지시를 내렸다. 학생은 교실에서 종교적 믿음을 토의할 권리가 있다. 그러나 교사는 어떤 종교교리나 종교적 믿음도 옹호해서는 안 된다. 이 지침을 만든 의도는 훌륭하지만, 이 지침에도 문제가 있다. 즉, 교육학에서 말하는 객관성은 그렇게 간단한 주제가 아니다. 공립학교교사는 대법원이 제시한 언어를 활용하여 종교 교육을 제한한다. 종교 교육은 순수하게 역사적 문제만 다루어야 한다는 것이다. 이렇게 되면, 종교의 진리주장

을 신학과 철학, 비교종교학으로 검토하는 일을 허용하지 않을 것이다. 물론, 대법원은 가장 효과적으로 종교를 가르치는 방법을 원래 말하려고 한 것은 아니다. 대법원은 먼저 헌법을 해석하려고 했다. 하지만, 대법원이 제시한 지침에도 나름대로 교육학적 뜻이 숨어있다. 이것을 무시하는 바람에 대법원은 교실에 유익하지 않은 결과를 우발적으로 일으키고 있다.

3. See Frank Guliuzza III, *Over the Wall: Protecting Religious Expression in the Public Square.*(Albany: SUNY Press, 2000) 중립성을 지켜야 한다고 해서, 정부가 종교를 모든 공립기관에서 배제해야 하는 것은 아니다. 교회와 국가를 완전히 분리해야 한다면, 교회는 자신을 드러낼 기회를 거의 얻지 못할 것이다. 그만큼 현대에서는 국가가 거의 모든 삶의 영역에 미치기 때문이다. 중립성을 좁게 해석하면, 종교를 적대적으로 대하게 된다. 오히려 종교적 관점도 다른 관점처럼 합리적으로 표현할 수 있도록 똑같이 기회를 얻어야 한다. 이 관점을 자비로운 중립성 혹은 비편파적 적응이라고 종종 부른다. 교육에서 논하는 객관성과 중립성을 비판한 훌륭한 책이 있다. Stanley Fish, *The Trouble with Principle.*(Cambridge: Harvard University Press, 1999) 자유주의 중립원리는 정말 도덕적 주장을 하며 절차적 공정성만 추구하지 않는다. 피쉬는 어떻게 이런 일이 벌어지는지 주목한다. 피쉬는 공공영역에서 종교적 관점을 배제하려고 자유주의 중립원리가 어떻게 사용되는지 밝힌다.

4. Stephen L. Carter, *The Culture of Disbelief: How American Law and Politics Trivialize Religious Devotion* (New York: Basic Books, 1993), 12.

5. Warren Nord, "Religion-free Texts : Getting an ILLiberal Education," The Christian Century (July 14-21, 1999): 711-715. Also see Nord's comprehensive and ground breaking work, from which I have learned much, Religion and American Education (Chapel Hill: University of North Carolina Press, 1995).

6. Leo Reisberg, "Enrollments Surge at Christian Colleges," The Chronicle of Higher Education (March 5, 1999): A42-A44.

7. For an excellent analysis of hypocrisy, see James S. Spiegel, *Hypocrisy: Moral Fraud and Other Vices* (Grand Rapids: Baker Books, 1999).

8. Mary Field Belenky, et.al., *Women's Ways of Knowing* (San Francisco: Harper Collins, 1986), 227. 여성과 종교 교육에 관한 유익한 책들을 보려면, 다음 책을 보라. Mary Donovan Turner and Mary Lin Hudson, *Saved From Silence: Finding Women's Voice in Preaching* (St. Louis: Chalice Press, 1999). Also see Jane McAvoy, "Hospitality : A Feminist Theology of Education," Teaching Theology and Religion 1/1 (February 1998): 20-26.

9. Women's Ways of Knowing, 217.

10. Robin Lovin, "Confidence and Criticism: Religious Studies and the Public Purposes of Liberal Education," in Beyond the Classics? Essays in Religious of Liberal Education, ed. Frank E. Reynolds and Sheryl Burkhalter(Atlanta: Scholars Press, 1990), 81.

11. Quoted in Scott Heller, "The New Jewish Studies: Defying Tradition and

Easy Categorization," The Chronicle of Higher Education (January 29, 1999): A21.

12. Julie A. Reuben, *The Making of the Modern University : Intellectual Transformation and the Marginalization of Morality* (Chicago: University of Chicago Press, 1996), 19. Also see Jon H. Roberts and James Turner, *The Sacred and Secular University*(Princeton: Princeton University Press, 2000), ch. 1.

13. 스탠리 하우어워스는 인기 있는 여러 책에서 이런 주장을 한다. See, for example, *Sanctify Them in the Truth: Holiness Exemplified*(Nashville: Abingdon Press, 1998).

14. 선을 계속 추구하는데, 유익한 영적 실천을 강조하는 도덕성을 기술하는 책을 보라. William C. Spohn, *Go and Do Likewise: Jesus and Ethics* (New York: Continuum, 1999).

15. 후기자유주의 신학자인 조지 린드백과 윌리엄 C. 플레처, 스탠리 하우어워스 같은 사람들이 이 관점을 발전시켰다. 이들은 한스 프라이의 작업에 영향을 받았다.

16. Alasdair MacIntyre, *Whose Justice? Which Rationality?* (Notre Dame, Ind.: University of Notre Dame Press, 1988), 382.

17. Alice Kaplan, *French Lesson: A Memoir* (Chicago: University of Chicago Press, 1993), 209.

18. Ibid., 134.

19. Pamela L. Caughie에게서 이 주제를 많이 배웠다. *Passing and Pedagogy: The Dynamics of Responsibility* (Urbana and Chicago: University of Illinois Press, 1999) and Amy Robinson, "It Takes One to Know One: Passing and Communities of Common Interest," Critical Inquiry 20 (Summer 1994): 715-736.

3장 · 가르침의 신학과 신학의 가르침

1. 훅스씨는 성이나 이름을 대문자로 쓰지 않는다. 보통 대문자를 쓰는데, 훅스는 이 관습을 버렸다. 그래서 나도 훅스의 의지를 존중해서 훅스대로 표기하기로 했다.

2. Parker J. Palmer, *The Courage to Teach: Exploring the Inner Landscape of a Teacher's Life* (San Francisco: Jossey-Bass Publishers, 1998), 31.

3. Ibid., 24.

4. Peter C. Hodgson, *God's Wisdom: Toward a Theology of Education* (Louisville: Westminister John Knox Press, 1999).

5. Gabriel Moran, *Showing How : The Act of Teaching* (Valley Forge, Pa.: Trinity Press International, 1997), 18.

6. *God's Wisdom*, 6.

7. Ibid., 11.

8. Ibid., 106.

9. Ibid., 70.

10. Ibid., 71.

11. Ibid., 77.

12. Bell Hooks, *Teaching to Transgress : Education as the Practice of Freedom* (New York: Routledge, 1994), 13.

13. Ibid., 19.

14. Ibid., 3.

15. Ibid., 6.

16. 작문연구의 맥락에서 프레이리의 작업을 섬세하게 발전시킨 작업을 보려면, 다음 책을 보라. Bradford T. *Stull, Amid the Fall, Dreaming of Eden*: Du Bois, King, Malcom X, and Emancipatory Composition (Carbondale: Southern Illinois University Press, 1999).

17. Teaching to Transgress, 29–30.

18. Jake Ryan and Charles Sackrey, eds., *Strangers in Paradise: Academics from the Working Class* (Lanham, Md.: University Press of America, 1996), 205.

19. *Teaching to Transgress*, 187.

20. Ibid., 181.

21. Wayne Booth, *The Company We Keep: An Ethics of Fiction* (Berkeley : University of California Press, 1988).

4장 · 고백하는 교실: 교육학을 서술하는 신학적 비유를 구속하다

1. 제임스 듀크가 지적하듯, 교리가 아니라 그리스도가 있다는 말이 교리가 없다는 뜻은 아니다. See his "The Question of Confession Among Disciples," Impact (1990): 16–28.

2. See Martin L. Cook, *The Open Circle : Confessional Method in Theology* (Minneapolis: Fortress Press, 1991).

3. George Lindbeck, *The Nature of Doctrine* (Philadelphia: Wesminister Press, 1984).

4. Michel Foucault, *The History of Sexuality, Vol. 1: An Introduction*, trans. Robert Hurley (New York: Vintage Books, 1980), 21.

5. 성례의 역사를 두루 살핀 책. Joseph Martos, *Doors to the Sacred: A Historical Introduction to Sacraments in the Catholic Church* (Liguori, Mo.: Triumph Books, 1991), ch. 9.

6. 1215년에 열린 라테란 공회의는 고행과 고해를 법으로 만든다. 푸코는 이 사건의 중요성을 과장한다. see Pierre J. Payer, "Foucault on Penance and the Shaping of Sexuality," Studies in Religion 14 (1985): 313–320.

7. The History of Sexuality, Vol. 1, 59.

8. Ibid.

9. Ibid., 57.

10. 다음 저자는 고백도 치료로 볼 수 있다고 주장한다. 상당히 근거 있는 주장을 펼친 다. see Sharon Hymer, "Therapeutic and Redemptive Aspects of Religious Confession," Journal of Religion and Health 34 (Spring 1995): 41-54.

11. Miroslav Volf, *After Oure Likeness : The Church as the Image of the Trinity* (Grand Rapids: Eerdmans, 1998) 149.

12. Ibid., 150.

13. Richard B. Miller, *Casuistry and Modern Ethics* (Chicago: University of Chicago Press, 1996), 208-209.

14. Ibid., 288.

15. Ibid., 217.

16. Miriam Peskowitz, "Identification Questions," Journal of the American Academy of Religion 65 (Winter 1997): 711.

17. Ibid., 721.

18. Ibid., 716.

19. 그러나 고백은 개신교에서 다시 부활했다. 기독교 상담운동이 성장한 것을 보면 알 수 있다. 다음 책을 보라. Kenneth L. Faught, "Catholic Issues for Protestant Pilgrims," The Theological Educator 51 (Spring 1995): 9-17.

20. John Murray Cuddihy, *No Offense: Civil Religion and Protestant Taste* (New York: The Seabury Press, 1978)

21. Kimberley C. Patton, "Stumbling Along Between the Immensities: Reflections on Teaching in the Study of Religion," Journal of the American Academy of Religion 65 (Winter 1997): 847.

22. Friedrich Nietzsche, *Beyond Good and Evil, trans. R. J. Hollingdale* (New York: Penguin Books, 1990), 37.

23. Quoted in David Wisdo, "Kierkegaard on Confession and Understanding a Life," Journal of Religious Studies 17 (1991): 92.

24. Soren Kierkegaard, *Philosophical Fragments*, ed. and trans. Howard V. Hong and Edna H. Hong (Princeton : Princeton University Press, 1985).

25. Ibid., 37. 토론하다가 요하네스 클리마쿠스는 자기가 표절을 했다고 고백한다. 진 리를 소유함은 도둑질과 같다고 지적한다. 진리는 늘 다른 사람에게 속하기 때문이 다. (철학으로 말하자면 진리는 다른 사람에게 속하고, 신학으로 말하자면 하나님께 속한다.)

5장 · 포스트모던 대학의 폐허에 둘러싸여

1. Bill Readings, *The University in Ruins* (Cambridge : Harvard University Press,

1996).

2. Gabriel Moran, *Showing How : The Act of Teaching* (Valley Forge, Pa.: Trinity Press, 1997), 3.

3. Immanuel Kant, *The Conflict of the Faculties* (Der Streit der Fakult), trans. Mary J. Gregor (Lincoln: University of Nebraska Press, 1992).

4. *The University in Ruins*, 63.

5. Ibid., 77.

6. Ibid., 165.

7. Paul J. Griffiths, *Religious Reading: The Place of Reading in the Practice of Religion* (New York: Oxford University Press, 1999).

8. 저자는 포스트모던 같지 않으면서 더욱 드러내놓고 의무를 설명한다. 저자는 의무를 교육학의 기초로 제시한다. 다음 책을 보라. Donald Kennedy, *Academic Duty* (Cambridge: Harvard University Press, 1997).

6장 · 교목은 왜 사라졌을까?: 워배시 대학의 사례

1. 주석이 없는 인용문은 워배시 문고에 있는 문헌에서 나와 있다. 문서보관 담당자인 조애나 헤링에게 감사드린다. 그리고 딕 리스틴과 홀 피블스는 나와 연락을 하며 대화를 나눴다. 그들에게도 감사드린다.

2. Robert S. Harvey, ed., *These Fleeting Years : Wabash College, 1832-982* (Crawfordsville, Ind.: Wabash College, 1982), 6.

3. See James Insley Osborne and Theodore Gregory Gronert, *Wabash College: The First Hundred Years* (Crawfordville, Ind.: R. E. Banta, 1932). 이 글을 쓰면서 이 책을 계속 이용했다.

4. *These Fleeting Years*, 18.

5. Ibid., 31.

6. See Julie A. Reuben, *The Making of the Modern University : Intellectual Transformation and the Marginalization of Morality* (Chicago: University of Chicago Press, 1996), 23. 교육의 역사에 관한 나의 설명은 다음 책으로도 도움을 받았다. Conrad Cherry, *Hurrying Toward Zion*: Universities, Divinity Schools, and American Protestantism (Bloomington: Indiana University Press, 1995), Robert Shepard, God's People in the Ivory Tower: Religion in the Early American University (New York: Carlson Publishing, 1991), W. Clark Gilpin, *A Preface to Theology* (Chicago: University of Chicago Press, 1996), and George Marsden and Bradley J. Longfield, eds., The Secularization of the Academy (New York: Oxford University Press, 1992).

7. 워배시에서 행한 종교 교육의 역사를 가장 믿을 만하게 기술했다. 다음 글을 보라. "The History of Religious Education at Wabash College," by Edgar H. Evans, Wabash College archives.

8. Byron K. Trippet, *Wabash on my Mind, ed. Paul Donald Herring* (Crawfordsville, Ind.: Wabash College), 35-36.

9. 1860년에는 대학에 들어갈 연령대 인구의 1퍼센트가 안 되는 사람들이 고등교육을 받았다. 1930년에는 그 비율이 12.4퍼센트까지 올라갔다.

10. *See The Making of the Modern University.*

11. 다음 책을 보면, 이 주장이 설득력 있게 제시되어 있다. D. G. Hart, *The University Gets Religion: Religious Studies in Higher Education* (Baltimore: The Johns Hopkins University Press, 1999).

12. Douglas Sloan, *Faith and Knowledge: Mainline Protestantism and American Higher Education* (Louisville: Westminster John Knox Press, 1994), 337.

13. George Marsden, *The Soul of the American University : From Protestant Establishment to Establised Nonbelief* (New York: Oxford University Press, 1997).

15. Martin E. Marty, *Second Chance for American Protestants* (New York: Harper & Row, 1963). 나는 이 책을 인용했는데, 마크 툴루즈에게 감사드린다.

16. 이 보고서의 제목은 다음과 같다. "Report of Hans Frei to Faculty-Trustee Committee on Educational Programs, January 19, 1953," 이것은 워배시 대학 문고에 있는데, 한번도 출판되지 않았다.

17. Ibid., 3.

18. Ibid., 7.

8장 · 신학과 종교 연구: 이제 종교교사는 모두 신학자다

1. Robert Wuthnow, in Steve Moore, ed., *The University Through the Eyes of Faith* (Indianapolis: Light and Life, 1998), 149-50.

2. *A Preface to Theology,* 149.

3. *Hurrying Toward Zion,* 123.

4. Erik J. Sharpe, "Religious Studies, the Humanities, and the History of Ideas," Soundings 71 (1988): 251 (italics are the author's).

5. Ibid., 251.

6. Ronald Knox, *The Hidden Stream* (London : Burns, Oates, 1952), 105.

7. Eric J. Sharpe, *Comparative Religion : A History,* 2d ed. (La Salle, ILL.: Open Court, 1986), 2.

8. Ibid., 3.

9. Steven M. Wasserstrom, *Religion After Religion: Gershom Scholem, Mircea Eliade, and Henry Corbin at Eranos* (Princeton: Princeton University Press, 1999), 3.

10. Donald Wiebe, *The Politics of Religious Studies: The Continuing Conflict with Theology in the Academy* (New York: St. Martin's Press, 1999), 9.

11. Ibid., x.

12. Ibid., 142.

13. Ibid., 143.

14. Ibid., 155.

15. Ibid.

16. Ibid.

17. See Daniel L. Pals, "The Faith of the Scholars," The Chrsitian Century (September 8–15, 1999): 859.

18. See Eldon Eisenach, *The Next Religious Establishment: National Identity and Political Theology in Post-Protestant America* (Lanham; Md.: University Press of America, 2000).

19. Russell T. McCutcheon, *Manufacturing Religion: The Discourse of Sui Generis Religion and the Politics of Nostalgia* (New York: Oxford University Press, 1997).

20. Gerald Graff, *Beyond the Culture Wars: How Teaching the Conflicts Can Revitalize American Education* (New York: Norton, 1992).

21. Robert J. Nash, *Faith, Hype, and Clarity: Teaching About Religion in American Schools and Colleges* (New York: Teachers College Press, 1999).

22. Ibid., 91.

23. Ibid., 56–57.

24. Ibid., 193.

25. *The Culture of Disbelief*, 16.

26. Simone Weil, *Waiting for God*, trans. Emma Craufurd (New York: Harper & Row, 1973), 105.

27. Robert Hutchins, *The University of Utopia* (Chicago: University of Chicago Press, 1953), 96.

28. Geoffrey H. Hartman, "Higher Education in the 1990s," New Literary History 24 (Autumn 1993): 734.

29. 신학을 접하는 사람이 적다. 이 문제를 분석하고 해결책을 제시한 글이 있다. 윌리엄 C. 플레처가 쓴 논문 2개를 보라. "Helping Theology Matter: A Challenge for the Mainline," The Christian Century, (October 28, 1998): 994–998, and "Taking Risks to Reach a Popular Audience," Religious Studies News, (November 1998): 20.

30. 학문적 신학은 원래 목회를 지향한다는 주장도 있다. 다음 책을 보라. Ellen T. Charry, *By the Renewing of Your Minds: The Pastoral Function of Christian Doctrine* (New York: Oxford University Press, 1997). 에드워드 팔리는 신학교육의 역사와 본성을 논한 중요한 책을 썼다. *Theologia : The Fragmentation and Unity of Theological Education* (Philadelphia: Fortress Press, 1983).

31. See Roberth Wuthnow, *The Restructuring of American Religion: Society and*

Faith since World War II (Princeton: Princeton University Press, 1988).

32. 분파적/고립적이란 용어는 적을 공격하는 데 사용된다. 이 용어를 수사학으로 정치하게 분석한 것을 보면, 내 관찰이 옳았음을 알 수 있다. 어떤 사람이 종교적 믿음과 연관된 지적 문제를 제기하는데, 이것이 자유주의적 에큐메니컬 패러다임에 동화될 수 없다고 하자. 그는 분파주의자다. 종교를 분파주의자처럼 접근하는 사람은 솔직하게 다음 사실을 인정한다. 중요한 지적 문제를 분명하게 하지 않으면, 종교들의 불일치를 해소할 수 없다. 종교에 연관된 대화는 합의에 이르기 전에 복잡한 신학적 논증을 뚫고 나가야 한다. 에둘러 가서는 안 된다.

33. See, for example, the recent proposal by Joseph C. Hough and John B. Cobb, *Christian Identity and Theological Education* (Chico, Calif.: Scholars Press, 1985).

34. 이 저자는 내가 지키는 관점을 잘 보여준다. 그는 교회를 특정한 삶의 방식이라고 강조한다. 그는 이렇게 주장한다. 미국의 삶의 방식을 애국자처럼 추켜세우는 담화에 교회는 포섭되지 말아야 한다. Rodney Clapp, *A Peculiar People: The Church as Culture in a Post Christian Society* (Downers Grove, ILL.: InterVarsity Press, 1996).

35. See James F. Hopewell, "A Congregational Paradigm for Theological Education," in *Beyond Clericalism: The Congregation as a Focus for Theological Education*, ed. Joseph C. Hough Jr. and Barbara Wheeler (Atlanta: Scholars Press, 1988).

36. Craig Dykstra, "Reconceiving Practice," in *Shifting Boundaries: Contextual Approaches to the Structure of Theological Education*, ed. Barbara G. Wheeler and Edward Farley (Louisville: Westminster John Knox Press, 1991), 43.